야단법석

명리학 실무 대강
(命理學 實務 大講)
2券

설 진 관 편저

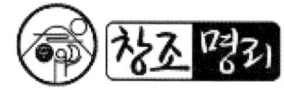

머리말 - 운명의 판도라 상자를 열면서...

설 진 관 (薛 鎭 觀)
1969년 경남 밀양 출생
在野 역학 연구가. 법학석사, 동양학 박사
명리학, 기문둔갑, 팔주법, 매화역수, 진여비결,
사계단법, 하상역법, 사주심역, 추신론 등 연구

　청소년 시기에 명리학에 입문한 이래 知天命의 시기를 지내 머지않아 耳順이 됩니다. 돌아보면 지난날 처음 명리학을 입문할 무렵에는 이 학문이 아주 생소한 것이었는데 수십 년이 지난 지금은 명리학이 命我一體가 되어 이제 그 자체가 생활이 되었습니다. 하루라도 명리학을 생각하지 않고 지낼 수 없고, 매 순간 명리학적 논리는 저의 뇌리를 벗어날 수 없으므로 명리학은 생활의 큰 방향타가 되어 왔습니다. 덕분에 필자는 주변분들로부터 과분한 명성과 명예도 얻었습니다. 그러면서도 가슴속 한편에 늘 생각하고 있었던 것은 '내가 명리학의 지식을 세상에 내놓고 떠나야겠다.'라는 것이었습니다.

　기회가 있을 때마다 여기저기 흩어진 필자의 경험이 깨알같이 적힌 메모지와 강의 내용을 주섬주섬 모으고 필자의 강의 내용을 모아 둔 분들의 도움도 받았습니다. 이제는 제법 그럴싸하게 분량도 늘었습니다. 이제는 책으로 엮어 출간하는 것도 좋겠다는 생각과 주변의 의견도 있었기에 출간하기로 결심했습니다. 이제 출간을 위하여 원고 전반을 둘러보니 명리학의 주요 고전과 통변에 필요한 내용을 제법 수록되었다는 마음에 안도감도 들지만 반면에 미처 수록하지 못한 상당수의 내용도 생각나니 또 다른 아쉬움이 남으니 그것은 다음에 출간하기로 합니다.

　인간은 제각각 주어진 진여의 운명이라는 그 틀 속에 갇힌 채 세상에 던져집니다. 그리고 하늘은 인간에게 매 순간 선택의 기회를 주어 스스로의 삶을 창조적으로 만들어 갈 수 있도록 했습니다. 동일한 운명일지라도 다양한 형태의 삶을 말할 수 있는 것도 연결선상에서 말할 수 있는 것입니다. 그렇지만 인간의 사욕과 사심은 신이 주신 선택의 기회를 보지 못할 뿐만 아니라 자신에게 주어진 진여의 운명조차도 보지 못한 채 눈뜬 장님으로의 삶을 살아가고 있습니다. 하늘은 어리석은 우리 인간에게 진여의 운명과 창조의 기회를 찾을 수 있는 하늘의 거울을 엿볼 수 있는 천상의 선물인 '명리학'을 내려 주셨으니 이 얼마나 다행인지 모릅니다. 이제는 명리학을 수학해야 합니다. 그리고 그것을 생활에 최대한 활용할 줄도 알아야 합니다. 아무리 명리학적 지식이 높다고 한 들 실천하지 못하는 것이라면 그것은 허구입니다.

　본서는 위에서 언급한 진여의 운명과 창조의 운명을 밝혀줄 수 있는 善 기능을 충분히 할 수 있으리라 생각합니다.

　세상은 아는 만큼 보입니다. 명리학도 그러합니다. 많이 알면 알수록 바라보는 세상의 폭과 넓이는 그 이상의 것입니다. 그리고 지식은 지배의 수단이 되어서는 안 되며 나누는 것이어야 합니다. 이제 여러분의 손에는 운명의 판도라 상자를 여는 열쇠와 인연하셨습니다. 많은 연구를 거듭할수록 많이 보이는 것이니 꾸준히 정진하셔서 세상 사람들의 운명의 판도라 상자를 열어 보시기 바랍니다.

 마지막으로 본서가 세상에 나오기까지 도움을 주신 박상호 회장님을 비롯한 회원님들, 그 외 진관역학회 회원이면서 본서의 출간에 도움을 주신 김초희 창조명리 대표님, 편집을 맡아 주신 윤경선 선생님, 교정을 맡아 주신 문태식 선생님, 부산과학기술대 이남연 박사님, 울산 김건희 동양학 박사님, 필자의 역학 활동을 묵묵히 지켜봐 준 처 성은주 그리고 사랑하는 딸 윤서에게 감사드립니다.

2023년(癸卯) 어느 봄날
부산 서구 서대신동에서,
설 진 관

추천사

현정 신 수 훈
진여원 원장(경기도 성남)
진여비결 창안
진여명리강론 전5권 등 다수의 저술이 있다.

　동양철학의 한 분야인 명리[命理]학은 음양오행학으로서 인간의 생존과 운명을 다루는 매력 있는 학문이면서 안분지족 수기치인 경세제민의 수양 학문이다.

　누구나 명리를 배우기는 쉬운데 그 심오한 이치를 깨달아 일상의 인생사에 적용하기란 매우 어려운 학문이다. 명리학 관계 서적 [이론]이 중국 고전을 비롯하여 우리나라 여러 명리 학자 주해서 편저까지 합치면 다양한데 십수 년을 두루 학습하고 암기하다시피해도 실제로 현재의 문제점을 제대로 해결하고 미래의 가상 현실을 예측하기가 쉽지 않다.

　인간은 인간관계 속에서 매 순간 선택하고 결정하며 살아간다. 행복하려고 치열하게 경쟁하며 살아가는 사람들이 〈현명하고 신속한 선택과 결정〉을 위해 명운 상담[예측]을 하지만 그 해법과 대안 방법을 얻기가 매우 힘들다. 오랜 세월 명리학 공부를 한 사람도 명리 이론과 실제 적용이 매우 어려운 것이 명리학의 활용법이기 때문이다. 그런데 이미 〈야학신결〉과 〈진여비결 인연법〉 주해서를 펴낸 바 있는 설진관 선생이 이번에 〈명리학 실무 대강〉을 지은 것은 명리학계에 단비와 같은 희소식이 아닐 수 없다. 명리학의 연원과 발전사는 물론 〈자평진전〉을 비롯한 고금의 제반 명리학설을 두루 섭렵하고 융합하여 급변하는 오늘날 현실에 맞게 풀이하고 있다. 그 어려운 명리 이론을 실전 상담에 응용할 수 있도록 친절하게 해설한 〈명리학 실무 대강〉은 명리를 공부하고 명리를 활용하지 못하는 학인들에게 확실한 이정표가 되리라 확신한다. 명리는 실전이다. 그러나 그 실전도 명리학적으로 논증할 수 있어야 진정한 역술인이다. 명리 이론과 실전 상담 능력을 겸비한 본서의 발간을 반기고 축하하면서 명리를 공부하는 모든 분에게 일독을 권한다.

癸卯年 봄에
현정 신 수 훈

추천사

박영창

現 글로벌사이버대학교 동양학대학 학장
자평진전 평주 번역서 등 다수.

　본서 명리학실무대강은 명리학의 여러 이론을 상담 실무에 활용할 수 있도록 체계적으로 서술한 책이다. 본서의 저자 설진관 박사는 20년 전부터 명리학 연구가로 이름을 날리셨고 진관역학회와 자연의 소리에서 오랫동안 후학을 양성하셨다. 본서의 목차만 보아도 다양한 내용을 담고 있는 역작임을 짐작할 수 있을 것이다. 추천인은 평소 설진관 박사의 탁월한 명리 해석 실력을 알고 있었기에 본서의 목차만 보고서도 알차고 좋은 내용으로 이루어져 있는 실용성이 높은 명리서인 것을 알 수 있었다.

　본서는 음양론, 오행론, 천간론, 지지론, 격국론, 용신론, 형충파해론, 십이운성론, 십이신살론, 내정법, 인연법, 육친론, 추명가 등 명리학을 구성하는 제반 이론을 실무에 활용할 수 있도록 일목요연하게 잘 설명하고 있다. 본서의 내용에는 일반적인 명리학 이론과 함께 설진관 박사의 독특한 견해도 포함되어 있을 것이다.

　명리학은 인간이 생존하는 동안 겪게 되는 여러 가지 상황을 음양오행의 이치에 따라 이론적으로 추산하여 인간이 생존해 있는 동안의 부귀빈천과 길흉화복을 파악하는 학문이다. 그러므로 사후세계와 영계는 명리학의 연구 대상이 아니며, 명리학은 음양오행론에 기반한 독립적 학문 체계인 것이다.

본서는 명리학의 중요 이론을 실무에 활용할 수 있도록 자세하게 설명하고 있다. 그러므로 본서를 정독하면 명리학 상담 실무에 많은 도움이 될 것이라 믿고 강호 제현에게 일독을 권한다.

2023년 봄에
글로벌사이버대학교 동양학대학 학장
박영창 근배

추천사

박 상 호
의학박사
前 부산대학교 정형외과 전임강사
前 한양대학교 의과대학 외래교수
前 도원정형외과 원장
現 진관역학회[鎭觀易學會] 회장

사주 명리학 공부는 대개 운명의 길흉화복 흐름이나 피흉추길의 방편에 대한 궁금증으로 시작합니다. 평소에 접하지 못한 공부이고 쉽게 할 수도 없습니다.

역사적으로 중국 전국 시대 사상가 추연은 음양오행설을 제창하고 오행설의 기초가 되었다고 하나 저서가 전해지지 않는 것이 명리 공부하는 사람으로서 참으로 안타까운 일입니다. 명리학이 천기누설이라는 이유로 제왕들의 탄압으로 역사는 흘렀고, 최근까지도 명리 공부는 비법으로 소개하고 음성적으로 전수될 뿐이었습니다. 그 이후 인터넷 발달로 정보 전달이 쉬워 대중화가 빨리 일어나 올바른 정보나 지식 없이 무분별하게 책과 강좌가 난무하였고, 그에 따른 부작용과 피해도 발생했습니다. 그때 제가 명리 공부 시작 시절이었습니다. 전국을 다녔는데 어떤 모임에서 설진관 선생님을 뵙게 되어 배움을 청하여 배우게 되었습니다.

그 이후 여러 가지 어려움도 있었지만 진관 회원님들 협조 덕분으로 오늘날 진관회를 이끌게 되었습니다. 물론 易에 대한 첫 관심 책은 1985년 정다운 스님의 인생 12진법이었지만 인연의 때가 아니었나 봅니다. 설진관 선생님의 제자가 된 지도 15년 훌쩍

지났습니다. 저를 부끄럽게 만든 〈야학신결〉을 시작으로 〈진여비결 해설〉 〈추명가 해설〉이 출판되었고 그 이후에 설진관 선생님께서는 늘 좋은 명리학 책을 생각하셨고 구상하셨습니다.

금년 초에 〈야단법석 명리학 실무 대강 1, 2, 3권〉이라는 책 제목을 말씀하시는데 제목에 〈실무〉라는 글에 놀랬고 내용을 보고 또 감탄하였습니다.

고전 명리를 서술하였고 야학신결 진여비결뿐만 아니라 간명할 수 있는 금옥 같은 설진관 선생님 강의 내용들이 들어있어서 공부에 걸림이 없으리라 생각됩니다.

從心所慾 제자로서 스승님께 부끄럽습니다. 그리고 진관회를 대표하여 설진관 선생님께 감사드립니다.

2023. 初春
박 상 호 드림

추천사

김 분 재
前 동아대학교 평생교육원 교수
前 글로벌사이버대학교 동양학과 겸임교수
現 진관역학회 연구위원
現 심안철학원장(경남 진해시 여좌동)

시중에 역학 서적은 많지만 실제 상담 현장에서 필요한 통변 중심의 이론을 다루는 역학 서적은 많지 않다. 많은 역학인들이 역학 고전 이론서로 입문하여 학습과 연구에 매진하지만 그것이 실제 상담현장에서는 별 쓸모가 없다는 것을 깨닫기까지는 그렇게 오랜 시간이 걸리지 않는다.

교양으로서의 역학이라면 고전 연구만으로도 그 목적은 달성할 수 있겠으나 역학의 원래 목적은 인간 개개인의 타고난 운명을 파악하여 자신이 살아갈 길을 찾고 피흉취길하며, 나아가 올바른 삶의 방법을 찾기 위함이다. 그러나 피상적 표피적 원론적 내용만으로 가득한 시중의 서적들로는 단언컨데 그 목적을 달성키 어렵다. 인터넷으로 쉽게 자료를 구할 수 있어 누구나 책을 쓸 수 있는 시대이고 약간의 경험과 지식만으로도 책은 양산해 낼 수 있지만 실제 상담 현장에서 절실히 필요한 내용은 소위 비결로 감추어져 공개되지 않으니 시중의 책으로 이런 내용은 알 길이 없다.

이런 상황에서 상담을 통해 다른 이의 운명을 감정해야 하는 직업 역술인이 볼 만한 책은 더더욱 구하기가 어렵다. 거액을 들여비결을 구입하거나 소위 선생에게 배우기도 하지만 그 효과는 의심스럽고 돈과 시간만 낭비하는 경우도 많다. 다행이 몇 년 전부터 실용 역학 서적을 전문적으로 출판하는 창조명리 출판사에서 그 전엔 비결로 전해지던 실제 역학 상담에 필요한 주옥 같은 내용들을 담은 좋은 서적들을 많이 펴내고 있어 역업 현장의 역학인들로부터 가뭄의 단비 같은 호평을 받고 있다. 특히 그 책들 중 설진관 선생님의 강의록인 야학신결은 시중에 알려지지 않은 수많은 비결들을 담고 있어 책 내용을 실제 역업 현장에서 적용한 결과 신묘한 통변 적중률을 경험한 현장 술사들의 필독서가 되었다. 그러나 당시 그 책이 출판될 때 설진관 선생님을 스승으로 모신 우리 진관역학회 원로회에서는 책의 내용 중 일부 내용에 대해서는 아직은 때가 아니라고 공개를 강력하게 반대하여 실리지 못한 내용이 있는 것도 사실이다.

『야학신결』이후 6년이 지난 지금 설진관 선생님께서 평생 연구하신 역학 이론을 집대성하여 한국 역학계에 한 획을 그을 역작을 책으로 엮어 내놓으시니 바로 이 '야단법석 명리학 실무 대강'이다. 교정을 위해 원고를 찬찬히 들여다보니, 이 책 한 권으로 역학계의 양지와 음지의 거의 모든 역학 이론을 종횡으로 습득할 수 있을 뿐만 아니라 『야학신결』때 공개를 반대했던 내용 또한 들어 있는 것을 확인할 수 있었다. 역학인들에게 꼭 필요한 내용을 전달하고픈 스승님의 마음을 읽을 수 있어 이번에는 반대하지 않았으니 깊이 있게 파고들어 연구해 본다면 후학들에게 큰 도움이 될 것이다.

이 책은 방대한 역학 이론의 보고이기도 하지만 이론에 그치지 않고 그 활용 사례를 이해하기 쉽도록 도식으로 자세하게 설명하고 있어 역학인들이 경쟁력 있는 실전 통변술을 익히는데 큰 도움이 되리라 확신한다. 본인이 설진관 스승님에게 23년간 배운 상당 부분의 내용이 이 책 전체에 잘 정리되어 들어 있으니 역업 현장에서 학습과 통변의 어려움을 겪는 역학인들에게 반드시 권하고 싶은 책이다. 좋은 책은 좋은 스승과 같으니, 이 책을 통해 간접적으로나마 설진관 선생님께 배움을 얻기를 바란다.

2023. 初春
진해 심안철학원장 김 분 재

목 차

머리말-운명의 판도라 상자를 열면서	2
추천사	5

제8강 격국론 대요(格局論 大要)   33

제1편 格에 대한 小考	34
1. 격(格)	34
2. 격(格)을 定하는 법	34
3. 격(格)의 원칙	36
4. 격(格)의 3가지 시점(1, 2. 3인칭)	37
5. 격(格):어느 六神을 쓸 것인가를 선택하는 것	40
제2편 格과 관점	44
1. 격(格)의 관점	44
2. 격(格)과 국(局)	44
3. 관점:사주를 보는 관점	45

제9강 격국론(格局論)   51

제1편 억부용신론(抑扶用神論)	52
제1장 신강과 신약	52
제1절 신강, 신약의 조건	52
제2절 신강, 신약의 기준	53
제2장 억부용신	53
제1절 일주가 신강일 때 반드시 인수, 비겁이 旺하다	53
제2절 일주가 신약일 때 반드시 식상, 재성, 관성이 旺하다	54
제2편 격국론(格局論)	56
제1장 정격(正格)을 정하는 법	56

제1절 건록격(建祿格)	57
제2절 양인격(羊刃格)	58
제3절 인수격(印綬格)	59
제4절 식신격(食神格)	60
제5절 상관격(傷官格)	61
제6절 정재격(正財格)	62
제7절 편재격(偏財格)	63
제8절 정관격(正官格)	64
제9절 편관격(偏官格)	65
제2장 외격(外格)을 정하는 법	66
제1절 종왕·강격(從旺·強格)	66
1. 종왕격(從旺格)	66
2. 종강격(從強格)	67
3. 종왕·강격(從旺·強格)의 희기	68
제2절 종약격(從弱格)	68
1. 종관살격(從官殺格)	69
2. 종재격(從財格)	69
3. 종아격(從兒格)	70
4. 종약격(從弱格)의 희기	70
제3절 종화격(從化格)	71
1. 종화격(從化格)의 희기	73
제4절 가종격(假從格)	73
제3장 특수격(特殊格)	74
제3편 주요 개념 정리	85

제10강 자평진전(子平眞詮) 완결 ... 91

제1편 자평진전(子平眞詮)의 목적 ... 92
1. 자평진전을 공부하는 목적 ... 92
2. 역학(易學)과 역술(易術) ... 92
3. 건물과 사주(四柱) ... 92
4. 통변을 위한 자평진전 개론 ... 93

제2편 자평진전 개요 ... 99
1. 자평진전이란 ... 99
2. 자평진전을 왜 알아야 하나 ... 99
3. 억부용신 관법과 자평진전 관법의 차이 ... 99
4. 자평진전 학습 시 주의점 ... 100

제3편 용신(用神)과 격(格) ... 101
1. 八字의 用神은 오로지 월령(月令)에서 구한다 ... 101
2. 用神이 곧 格이다 ... 103
3. 월령에 用神이 없을 때도 있다 ... 105
　예-1 月令 본기가 辛 比肩이다 ... 105
　예-2 月令 본기가 庚 比肩이다 ... 106
　예-3 建祿格 → 正官 透出 → 正官格 ... 106
　예-4 建祿格 → 木三合局 → 食神格 ... 107
　문의 : 戌은 丙의 根이 되는가? ... 110
　■천간의 글자에 따라 해석이 달라진다 ... 113
　■地支 위치에 따라 통변도 달라진다 ... 114
　■因緣法에 따라 달라진다 ... 114

제4편 용신(用神)의 변화 ... 118

1. 用神의 변화	118
예-1 會合에 의한 변화	118
예-2 透干에 의한 변화	120
2. 월령에서 무엇이 透出 되는가?	122
예-1 같은 五行이라도 陰陽이 다를 경우 透出로 보지 않는다	122
제5편 格의 성패(成敗)	125
1. 길신격(吉神格)과 흉신격(凶神格)	125
2. 성격(成格)과 파격(破格)	127
3. 성격(成格)의 조건 - 吉神格 順用	129
예-1 吉神格이 吉神의 도움을 받아 成格이 됨	129
예-2 吉神格이 凶神의 도움을 받아 成格이 됨	129
4. 길신 성격(吉神 成格)	130
5. 길신 패격(吉神 敗格)	139
6. 흉신 성격(凶神 成格)	142
7. 성격(成格)의 조건 - 凶神格 역용(剋泄無)	143
예-1 凶神格인데 剋을 당하여 成格이 됨	143
8. 흉신 패격(凶神 敗格)	149
제6편 格의 성패(成敗) 종합정리	153
제7편 格의 변화	156
1. 格의 成敗 변화	156
2. 格의 좋은 변화	156
궁금점:會合이 되면 局으로 변하는가?	157
3. 格의 나쁜 변화	159

4. 格의 불변화	159
5. 用神의 순잡(順雜)	160
제8편 강약(強弱)과 선후(先後)	**161**
1. 日干의 強弱도 중요하다	161
2. 生剋의 先後에 따라 吉凶이 달라진다	165
제9편 격(格)과 운(運)	**166**
1. 사주 格의 成敗는 運에서도 그대로 적용된다	166
2. 天干運은 天干에만, 地支運은 地支에만 영향을 미친다	166
제10편 자평진전 압축	**169**
1. 사주 분석 순서	169
2. 格을 정하는 순서	169
3. 용어(用語) 주의	169
※雜氣格	172
4. 격 용신법(格 用神法)과 억부용신법(抑扶用神法)의 차이	173
5. 運을 보는 법	174
6. 자평진전의 중요 개념	174
7. 자평진전 책을 볼 때 주의점	175
8. 사주 관법의 큰 틀	175
제11편 격국 통변 실제 사례	**176**
1. 사례 - 1 (자신의 길을 찾지 못해 방황할 사주)	176
2. 사례 - 2 (공부에서 손을 놨네요)	183
3. 사례 - 3 (뒤통수 치는 남편을 굴복시키는 사주)	188
4. 사례 - 4 (자녀 진로 상담)	193
5. 사례 - 5 (나이 들어 늦공부)	194

6. 사례 - 6 (공부에 인연이 없지만 인기를 먹고살 팔자) 195
  7. 사례 - 7 (공주가 산속에서 홀로 거울 보며 돈을 센다) 195
  8. 사례 - 8 (사막 한가운데 길 잃은 신세라) 196
  9. 사례 - 9 (공무원이 상관견관운보다 정관운이 더 힘든 이유는?) 196
  10. 사례 - 10 (간호사가 된 베트남 새댁) 197
  11. 사례 - 11 (황무지에 새싹이 돋는다) 198
  12. 사례 - 12 (그런 게 나와요?) 198
  13. 사례 - 13 (직업 관련 두 사례) 199
  14. 사례 - 14 (30대 때 힘들었다) 200
  15. 사례 - 15 (폭풍우 치는 바다를 홀로 비추는 등대) 201
  16. 사례 - 16 (여린 화초가 폭풍을 만났다) 201
 제12편 격국 종합 통변 사례 202
  1. 격국 종합 통변 사례 - 1 202
  2. 격국 종합 통변 사례 - 2 211
   질문:亥卯合으로 亥가 木으로 변하여 영향을 끼치는가? 215

제11강 조후(調候) 225

제1편 절기가단(節氣歌斷) 226
  1. 寅月 226
  2. 卯月 226
  3. 辰月 226
  4. 巳月 226
  5. 午月 227
  6. 未月 227

7. 申月	227
8. 酉月	227
9. 戌月	228
10. 亥月	228
11. 子月	228
12. 丑月	228
제2편 일주(日主)의 조후론(調候論)	229
제1장 甲木 일주의 조후론	229
1. 寅月의 甲日	229
2. 卯月의 甲日	229
3. 辰月의 甲日	230
4. 巳月의 甲日	230
5. 午月의 甲日	231
6. 未月의 甲日	231
7. 申月의 甲日	232
8. 酉月의 甲日	232
9. 戌月의 甲日	233
10. 亥月의 甲日	233
11. 子月의 甲日	233
12. 丑月의 甲日	234
제2장 乙木 일주의 조후론	235
1. 寅月의 乙日	235
2. 卯月의 乙日	235
3. 辰月의 乙日	235

    4. 巳月의 乙日   236
    5. 午月의 乙日   236
    6. 未月의 乙日   236
    7. 申月의 乙日   237
    8. 酉月의 乙日   237
    9. 戌月의 乙日   237
    10. 亥月의 乙日   238
    11. 子月의 乙日   238
    12. 丑月의 乙日   238
제3장 丙火 일주의 조후론   239
    1. 寅月의 丙日   239
    2. 卯月의 丙日   239
    3. 辰月의 丙日   239
    4. 巳月의 丙日   240
    5. 午月의 丙日   240
    6. 未月의 丙日   240
    7. 申月의 丙日   241
    8. 酉月의 丙日   241
    9. 戌月의 丙日   241
    10. 亥月의 丙日   242
    11. 子月의 丙日   242
    12. 丑月의 丙日   242
제4장 丁火 일주의 조후론   243
    1. 寅月의 丁日   243

2. 卯月의 丁日 … 243
  3. 辰月의 丁日 … 243
  4. 巳月의 丁日 … 244
  5. 午月의 丁日 … 244
  6. 未月의 丁日 … 244
  7. 申月의 丁日 … 244
  8. 酉月의 丁日 … 245
  9. 戌月의 丁日 … 245
  10. 亥月의 丁日 … 245
  11. 子月의 丁日 … 246
  12. 丑月의 丁日 … 246
제5장 戊土 일주의 조후론 … 247
  1. 寅月의 戊日 … 247
  2. 卯月의 戊日 … 247
  3. 辰月의 戊日 … 247
  4. 巳月의 戊日 … 248
  5. 午月의 戊日 … 248
  6. 未月의 戊日 … 248
  7. 申月의 戊日 … 249
  8. 酉月의 戊日 … 249
  9. 戌月의 戊日 … 250
  10. 亥月의 戊日 … 250
  11. 子月의 戊日 … 250
  12. 丑月의 戊日 … 251

제6장 己土 일주의 조후론 — 252
  1. 寅月의 己日 — 252
  2. 卯月의 己日 — 252
  3. 辰月의 己日 — 252
  4. 巳月의 己日 — 253
  5. 午月의 己日 — 253
  6. 未月의 己日 — 253
  7. 申月의 己日 — 254
  8. 酉月의 己日 — 254
  9. 戌月의 己日 — 254
  10. 亥月의 己日 — 255
  11. 子月의 己日 — 255
  12. 丑月의 己日 — 255

제7장 庚金 일주의 조후론 — 256
  1. 寅月의 庚日 — 256
  2. 卯月의 庚日 — 256
  3. 辰月의 庚日 — 256
  4. 巳月의 庚日 — 257
  5. 午月의 庚日 — 257
  6. 未月의 庚日 — 257
  7. 申月의 庚日 — 258
  8. 酉月의 庚日 — 258
  9. 戌月의 庚日 — 258
  10. 亥月의 庚日 — 259

11. 子月의 庚日　　　　　　　　　　　　259
  12. 丑月의 庚日　　　　　　　　　　　　259
제8장 辛金 일주의 조후론　　　　　　　　260
  1. 寅月의 辛日　　　　　　　　　　　　260
  2. 卯月의 辛日　　　　　　　　　　　　260
  3. 辰月의 辛日　　　　　　　　　　　　260
  4. 巳月의 辛日　　　　　　　　　　　　260
  5. 午月의 辛日　　　　　　　　　　　　261
  6. 未月의 辛日　　　　　　　　　　　　261
  7. 申月의 辛日　　　　　　　　　　　　261
  8. 酉月의 辛日　　　　　　　　　　　　262
  9. 戌月의 辛日　　　　　　　　　　　　262
  10. 亥月의 辛日　　　　　　　　　　　　263
  11. 子月의 辛日　　　　　　　　　　　　263
  12. 丑月의 辛日　　　　　　　　　　　　263
제9장 壬水 일주의 조후론　　　　　　　　264
  1. 寅月의 壬日　　　　　　　　　　　　264
  2. 卯月의 壬日　　　　　　　　　　　　264
  3. 辰月의 壬日　　　　　　　　　　　　264
  4. 巳月의 壬日　　　　　　　　　　　　265
  5. 午月의 壬日　　　　　　　　　　　　265
  6. 未月의 壬日　　　　　　　　　　　　266
  7. 申月의 壬日　　　　　　　　　　　　266
  8. 酉月의 壬日　　　　　　　　　　　　266

9. 戌月의 壬日	267
10. 亥月의 壬日	267
11. 子月의 壬日	267
12. 丑月의 壬日	268
제10장 癸水 일주의 조후론	**269**
1. 寅月의 癸日	269
2. 卯月의 癸日	269
3. 辰月의 癸日	269
4. 巳月의 癸日	270
5. 午月의 癸日	270
6. 未月의 癸日	270
7. 申月의 癸日	270
8. 酉月의 癸日	271
9. 戌月의 癸日	271
10. 亥月의 癸日	271
11. 子月의 癸日	272
12. 丑月의 癸日	272
제3편 조후(調候)와 통변(通辯)	**274**
1. 통변에서 가장 중요한 것이 日干이다	274
2. 十干과 十二支의 만남	275
3. 자연에 투영된 十干과 十二支	278
제4편 춘하추동(春夏秋冬)	**282**
제1장 봄 - 봄이라는 것을 보면 꽃이 핀다	**282**
제2장 여름 - 여름 7월은 덥다 더워 시원한 물이 좋다	**285**

제3장 가을 - 단풍 들고, 성장이 멈추는 만물은 수렴의 시기	287
제4장 겨울 - 만물이 얼어 있어 태양과 장작불이 필요하다	290
제5편 조후의 활용과 예시	293
1. 조후 예시	293
2. 조후 활용 사례 - 1	301
3. 조후 활용 사례 - 2	303
4. 조후 활용 사례 - 3	304
5. 조후 활용 사례 - 4	305
6. 조후로 정리하여 설명	308
제12강 회화 사주학	**319**
회화 사주학 十干 관계론	320
1. 甲論	320
甲 + 甲	320
甲 + 乙	321
甲 + 丙	321
甲 + 丁	323
甲 + 戊	323
甲 + 己	324
甲 + 庚	324
甲 + 辛	325
甲 + 壬	325
甲 + 癸	326
2. 乙論	329
乙 + 甲	329

乙 + 乙	329
乙 + 丙	329
乙 + 丁	330
乙 + 戊	330
乙 + 己	331
乙 + 庚	331
乙 + 辛	331
乙 + 壬	332
乙 + 癸	332
3. 丙論 봄, 여름 旺盛하다	336
丙 + 甲	336
丙 + 乙	336
丙 + 丙	336
丙 + 丁	337
丙 + 戊	337
丙 + 己	337
丙 + 庚	338
丙 + 辛	338
丙 + 壬	339
丙 + 癸	339
4. 丁論	341
丁 + 甲	341
丁 + 乙	341
丁 + 丙	341

丁 + 丁	342
丁 + 戊	342
丁 + 己	343
丁 + 庚	343
丁 + 辛	344
丁 + 壬	344
丁 + 癸	345
5. 戊論	346
戊 + 甲	346
戊 + 乙	346
戊 + 丙	347
戊 + 丁	348
戊 + 戊	349
戊 + 己	349
戊 + 庚	349
戊 + 辛	350
戊 + 壬	350
戊 + 癸	350
6. 己論	353
己 + 甲	353
己 + 乙	354
己 + 丙	354
己 + 丁	354
己 + 戊	355

己 + 己	356
己 + 庚	356
己 + 辛	357
己 + 壬	358
己 + 癸	358
7. 庚論	366
庚 + 甲	366
庚 + 乙	366
庚 + 丙	366
庚 + 丁	367
庚 + 戊	367
庚 + 己	368
庚 + 庚	368
庚 + 辛	369
庚 + 壬	369
庚 + 癸	370
8. 辛論	377
辛 + 甲	377
辛 + 乙	377
辛 + 丙	378
辛 + 丁	379
辛 + 戊	380
辛 + 己	381
辛 + 庚	382

辛 + 辛	383
辛 + 壬	383
辛 + 癸	383
9. 壬論	388
壬 + 甲	388
壬 + 乙	388
壬 + 丙	388
壬 + 丁	389
壬 + 戊	389
壬 + 己	389
壬 + 庚	390
壬 + 辛	390
壬 + 壬	391
壬 + 癸	391
10. 癸論	394
癸 + 甲	394
癸 + 乙	394
癸 + 丙	395
癸 + 丁	395
癸 + 戊	396
癸 + 己	397
癸 + 庚	397
癸 + 辛	398
癸 + 壬	398

癸 + 癸	399
사례 - 1 辛 - 壬	402
사례 - 2 辛 - 壬	402
사례 - 3 丁 - 庚	403
六神 - 회화론	405
스토리 전개(十干關係)	405
사례 - 4 戊- 丙, 甲, 己	406
회화 四柱學(十干 關係論)	411
참고문헌	421
진여명리강론 시리즈 소개	422
사주명리학과 인연법 진여비결 해설 소개	423
설진관 명리학 야학신결 소개	424
사주 명리학 통변술 설진관 추명가 해설 소개	425
인상12강명요 소개	426
실용 육효학 소개	427

일러두기

◆ 본서에 수록된 명조는
입춘 본기 기준과 동지 중절기 기준 모두
혼용하였으니 오해 없기를 바란다.

◆ 편저자는 火土同宮과 水土同宮을 모두
취하는 입장이므로 화토동궁과 수토동궁을
곳곳에 표시해 두었다.

◆ 대운 수는 일반적 대운 수가 아니라 7, 3, 1
삼재 대운 수를 기록하였다.

> 寅申巳亥年生 대운 수 - 7
> 子午卯酉年生 대운 수 - 3
> 辰戌丑未年生 대운 수 - 1

제8강
격국론 대요
(格局論 大要)

제1편 格에 대한 小考

1 격(格)

일간을 중심으로 월지를 살펴서 가장 강하게 작용하는 五行에 대한 사회적 관계의 성분인 십성(육신)을 확인하는 것을 말한다.

※格을 잡는 이유를 살펴보자
  格:틀(Frame) → 구조 → 큰 줄기 → 분위기(주위 환경)
※주위 환경:학교, 시장, 상가, 도시, 시골, 산골 등
※틀(Frame)은 성격과 그릇을 알 수 없다.

2 격(格)을 定하는 법

(1)원칙:月支를 中心으로 가장 氣勢가 強한 五行에 대한 六神을 잡는다.
  ①月支를 中心으로 실령과 득령을 판단한다.
  ②月支를 中心으로 旺相休囚를 살펴라.
(2)변칙:格은 月支(月令)에서 求한다.
  ① "求한다" 라는 말을 사람들은
    "선택한다, 선별한다" 라고 받아들이고 있다.
    그러나 '月支를 중심으로 格을 정한다.' 라고 이해해야 한다.
  ②月支에서 구한다는 것을 월지에서 선택한다고 생각하니 地藏干에서 선택하는 방식을 따르고 있다.

예-1 辰月에 土,水,木은 어떠한가?   (辰: 戊, 癸, 乙)

⑴辰月에 가장 强한 五行은?
  (五行 : 五行 - 旺相休囚死 / 五行 : 四季 - 旺相休囚)

  ① 五行 : 五行 - 旺/相/休/囚/死(통설)

  ○ 戊 庚 癸   ㈎辰月에 金이 旺하다.(庚, 辛 得令)
  ○ ○ 辰 ○   →五行:五行의 旺相休囚死의 관점
                        에서는 金이 辰月에 相이되며,
                        辰이 土生金하여 旺이라한다.
                     ㈏水(壬,癸)는 休되어 土剋水이므로
                        弱이라 한다.

  ② 五行 : 四季 - 旺/相/休/囚

  ○ 戊 庚 癸   ㈎辰月에 金은 囚이다.(庚, 辛 失令)
  ○ ○ 辰 ○   旺相休囚의 관점에서는 金이 囚이
                        므로 실령이다.
                     그러므로, 水(壬癸)는 金에 비하여
                        상대적으로 강하다고 할 수 있다.
                     ㈏五行의 生剋이 아님에 주의하라.

⑵일반적으로 旺相休囚死를 적용하여 득령과 실령을 각각 논하고 있지만, 사실은 旺相休囚를 논하는 것이 타당하다.

생각해볼 문제 辰月에 天干에 癸水가 透干 되어 있다고 해서 癸水로 格을 잡는 것이 타당한가?
→ 旺相休囚死로는 土剋水로 癸水가 쇠약하므로 격을 삼기는 불합리 하나, 旺相休囚로 논한다면 庚金이 囚이므로 休인 癸水로 격을 잡는 것이 더욱 타당하다.

| 예-2 | 辰月에 癸水가 투간(透干) 되었다. |

(1) 일반적으로 癸 정관이 月支 地藏干에서 透干되었다.

```
        格○  格×
  ○  丙  庚  癸
  ○  ○  辰  ○
           戊
           癸
           乙
```

① 그러므로 正官格이라 한다.
② 그런데 旺相休囚死에서는 癸水보다 庚이 더 旺하다는 것은 인정하지 않을 수 없다.

(2) 지장간의 투간으로 格을 논한다면 癸水로 格을 논하는 것이 당연하겠지만, 만일 강한 월지를 기준하여 오로지 월지 정기를 기준으로 강한 五行을 선별하는 측면에서는 癸水보다는 庚金으로 격을 삼아 偏財格으로 보기도 한다.

3 격(格)의 원칙

月支를 中心으로 가장 氣勢가 強한 五行에 대한 六神을 格이라 한다.

⑴현재는 陰陽의 旺相休囚로 득령과 실령을 논하면서 地藏干의 透出로 格을 잡고 있다.
⑵地藏干의 透干
　①旺相休囚死와는 관련이 없는 관계이다.
　②旺相休囚死보다 旺相休囚의 개념이 우선한다.

※格을 정하는 방식이나 강약을 논하는 방식은 명리서나 역학자들 마다 제 각각의 방식으로 논의되고 있다. 그러므로 어떤 것이 옳은지에 대한 깊은 연구가 필요하다.
필자는 이번 旺相休囚死와 旺相休囚의 문제점을 통하여 역학계가 정도의 길을 찾기를 바라는 마음에 필자의 생각을 약술해 보았다.

4 격(格)의 3가지 시점(1, 2, 3인칭)

四柱의 : 오로지 日干을 中心으로 六神을 펼친다.

⑴日干(나)-1인칭 시점에서→억부론
　①日干(나)을 中心으로 四柱 전체를 살피고, 六神을 정의한다.
　②日干의 입장에서 六神의 희기와 상태를 살핀다.
　　내게 도움이 되는가? 되지 않는가? - 喜忌 - 연해자평
　③六親 분석

나의 주위가 도움 되는 것이 많은가? 도움 되지 않는 것이 많은가? 를 살핀다.

※억부(抑扶)→ ㈎印比 〉食財官:
　　　힘이 强해서 食財官을 다스릴 수 있다.
　　㈏印比 〈 食財官 :
　　　힘이 弱해서 印比를 필요하게 된다.
㈐나와 내 주변의 기세를 살펴보는 즉 내가 强하냐 弱하냐를 살펴보는 위의 내용이 억부론의 시작이다.
㈑따라서 1인칭 자기 중심으로
　㈀日干과 四柱 전체의 관계를 살핀다.(전체적 분위기)
　㈁日干(나)을 중심으로 주변 환경을 살핀다.

(2)日干(나) - 2인칭 시점에서
　①月支 五行을 살펴본다 - 나에게 주어진 환경 五行의 有無 즉 환경을 살펴본다.
　　㈎印綬가 强하다. ㈏食傷이 强하다. ㈐財星이 强하다.
　　㈑官星이 强하다. ㈒比劫이 强하다.
　②月支에 대해
　　㈎어떻게 적응해 나갈 것(환경)인가에 대해 살피게 된다.
　　㈏즉 日干인 나를 中心으로 月支와의 관계성을 탐구하게 된다.
　　㈐日干(我, 나)+月支 상대방의 관계

㈀日干이 强하다면 月支 偏官도 기쁠 것이다.
㈁日干이 弱하다면 月支 官星, 財星, 食傷을 꺼려할 것이다.
㈂나(日干)와 月支 간의 상호 관계를 살피게 된다.
→ 2인칭 시점에서

③日干의 力量(强弱)이 중요하다→나(日干)과 상대와의 관계.
㈎日干인 나를 중심으로 月支와의 관계성을 탐구하게 된다.
㈏日干 强弱을 기준하여 月支 상대방을 의식한다.
㈐日干(나)를 위해서 무엇을 쓸까?
  ㈀나를 위해서 쓰는 五行이다.(用神 = 喜神)
  ㈁日干 중심으로 月支를 본다.
   (나를 위해 쓴다)
  ㈂나를 위해 쓰는 五行(用神)이 어떤 것인가를 살핀다.(用神=喜神)

※1인칭 입장, 中和論 - 억부론

(3) 日干 - 月支(格) ┬→ 食神, 財星, 正官, 印星 : 順用
                  └→ 傷官, 偏官, 劫財, 羊刃 : 逆用

①3인칭 관찰자 시점
㈎상대(月支) 중심 즉 제3者의 관점에서 格과 日干과의 관계성을 살피게 된다.

㈏日干의 역량보다는 月支를 順用할 것인가? 逆用할 것인가?를 살핀다.
㈐月支 中心으로 필요한 五行을 찾는다 … 相神
　※格局論 : 子平眞詮
②月支 中心에서 제일 强한 것을 쓰는 것을 의미한다 … 用神(格局)
㈎日干보다 月支를 中心으로 제3자적 관점에서 보는 것으로
㈏ ⑴, ⑵가 합쳐진 것이다.

⑷위 ⑴, ⑵, ⑶ 모두 五行을 바라보는 관점은 같다.
하지만 바라보는 관찰 시점이 달라진 것이다(1, 2, 3인칭).

5 격(格) : 어느 六神을 쓸 것인가를 선택하는 것

⑴日干:나(我) - 나를 中心으로 살펴본다.
　1인칭 입장 - 연해자평
　①내가 내 역량을 살피고 나아갈 길, 方向을 살피는 것이다.
　②나에게 이로울까 해로울까를 살핀다.
　③日干(나를) 中心으로 해서 六神을 분류한다.
　④格을 잡는 데 있어 月支에서 구한다.(자평진전)
　　㈎月支 地藏干에서 투간된 字(六神:神)를 쓴다.(用)
　　　→ 用神이다. 즉 用과 神이다.

※地藏干:地支를 중심해서 가장 强한 五行을 地藏干이라 한다.
②格을 잡는 데 쓰는 神이 正官이면 正官格
　　　　　　　　　　正財이면 正財格
따라서 格 = 用神이라 한다(子平眞詮).

⑵日干: 나(我) - 五行의 有無를 본다(환경).
보다 발달된 1인칭 시점, 중화론 - 명리정종, 적천수
①먹을 것, 일할 것의 有無를 본다. 多少
②印星, 比劫 〉食傷, 財星, 官星이면
　食財官을 다스린다.
③印星, 比劫 〈 食傷, 財星, 官星이면
　印比가 필요하다.
→ 억부론의 시작이다.

⑶日干-月支:나를 기준하여 月支(상대방)를 바라보면서 상관관계를 본다.
2인칭 시점, 중화론, 日干 중심 격국론
①日干 강약을 기준하여 月支를 본다.
②日干인 내가 강약을 살펴 月支와의 관계성을 살펴본다.
　즉 日干인 나를 중심으로 月支와의 관계성을 탐구한다.
③月支 偏官 旺, 印綬 旺, 正財 旺인 경우 月支의 旺한 各 六神에 적응을 잘할까.
④나와 格의 관계성을 이어 주는 것이 상신이다(대개 喜神).

⑷ 日干 - 月支 :

제3자적 시점에서 평가함, 3자 시점 중심 격국론

① 위 ⑴, ⑶을 합친 것인데 日干 중심이 아닌 제삼자적 관찰 시점에서 평가하는 것이다.

② 日干보다 月支를 중심으로 제삼자적 관점에서 보는 것이다.

日干	月支	順用	月支	逆用
	食神 財星 正官 印綬	좋으면 취하므로	偏官 傷官 劫財 羊刃	나쁘므로 거부

③ 月支 기준으로 3인칭 관점에서 順用, 逆用을 쓸까 하는 것은 月支 중심에서 본다.

㈎ 이것을 用神이라 한다.

㈏ 月支 中心으로 순용, 역용하는 것을 用神이라 한다.

㈐ 喜神을 잡기 위해서 쓰는 六神을 用神이라 한다.

㈑ 내가 格을 감당할 수 있는지 여부를 본다.

나와 格의 역량(順用, 逆用)을 보아야 한다.

格을 볼 때 "나" 基準으로 본다.

日干을 위해 쓰는 것을 "中和"라 한다.

좋은 것을 喜神이라 하고 用神이라 한다.

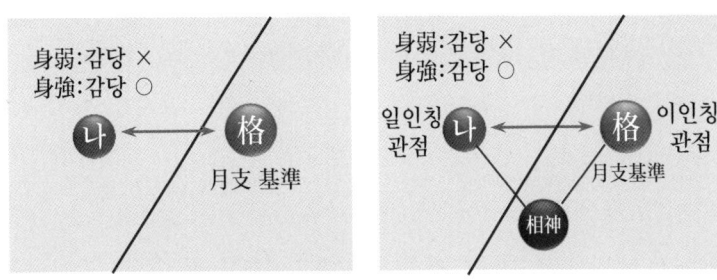

따라서 (1), (3), (4)에서 말하는 用神의 개념이 모두 다르다.

※格이란 어느 六神을 쓸 것인가 선택하는 것이다.
(1)순용, 역용이 나오고 나서 格을 보았다.
(2)순용:食神, 財星, 正官, 印綬
　＊比肩格이 없는 것은 月支와 나의 관계성이라 상대가 아니기 때문이다.
(3)역용:殺(偏官), 傷官, 劫財, 羊刃
　＊생각해볼 문제
　　일반적으로 格은 六神에서 구한다. 그러므로 과연 羊刃과 建祿으로 格을 잡는 방식이 옳은 것인가?
(4)格을 따를 것인가? 따라간다 - 순용 - 사회 구조에 순응
(5)羊刃과 劫財는 다르고, 建祿과 比肩은 다르다.

```
  ○ 甲 ○ ○            ○ 戊 ○ ○
  ○ ○ 卯 ○            ○ ○ 巳 ○
    (乙겁재)              (丙편인)
     羊刃格                 建祿格
```

제2편 格과 관점

1. 격(格)의 관점

(1) 1인칭 관점
　　五行 개념: 日干에 도움이 되는 육친을 살피는 것 → 自然中心
　　自然의 모습, 자연 현상, 자연 철학

(2) 2인칭 관점
　　자연의 움직임 즉 十干 十二支의 형상에 日干과의 관계를 살핀다.

(3) 3인칭 관점
　　六神 개념: 사람, 인간 중심
　　日干에서 月支를 보아서 쓸 것인가 말 것인가를 살핀다.
　　① 순용: 食神. 財星, 正官, 印星 … 좋은 것.
　　② 역용: 傷官, 偏官, 劫財, 羊刃 … 나쁜 것.
　　六神星이 많이 발달해 있고 十干十二支의 개념은 약하다.

2. 격(格)과 국(局)

(1) 局: 무리를 지었다.(合)　　… 무리　　⎫
(2) 格: 글자 하나가 틀을 잡았다 … 우뚝　⎬ 局과 格은 결국 같은 개념이다.

1. 日干 中心

편관격

1, 2인칭 관점

(1) 日干의 역량 즉, 日干의 강약을 먼저 살핀다.
  ① 日干의 강약이 중요하다.
  ② 日干의 생존이 우선이다.
(2) 日干이 신강할 경우 庚 偏官을 쓸 수 있다.
① 나 日干을 위해 格(申)을 쓸 수 있다.
② 그래서 用神으로 쓸 수 있다(格 = 用 동일)
自然의 순환이 중요하다.

2. 格 中心

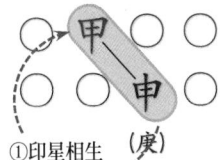
① 印星相生 (相神)
← 편관격
② 食傷制剋
③ 劫財合
* 관계성을 이어주는 六神(相神)

3인칭 관점

(1) 月令(格)의 역량이 더 중요하다.
  ① 日干보다 月令(格)이 중요하다(月支 환경)
  ② 제삼자의 시점으로 格을 잡기 위해 사용하는 六神을 의미한다(月支 用)
(2) 순용, 역용을 살핀다.
  ① 偏官(庚)이기에 제어를 하게 된다(生, 合, 剋).
    → 人間의 마음이 개입된다.

3 관점 : 사주를 보는 관점

다음와 같은 명조가 있으면 이 命造를
■ 五行으로 보는 시각과

■ 六親으로 보는 시각으로 구분.

自然의 命造	自然인 五行	사람이 製造한 것(人爲的)
時 日 月 年 丁 丙 己 甲 酉 午 巳 寅 (辛)(丁)(丙)(甲)	時 日 月 年 火 火 土 木 金 火 火 木	時 日 月 年 劫財 丙 傷官 偏印 正財 劫財 比肩 偏印

(1) 자평명리학은
　① 自然인 命造의 五行을 六神的 시각으로 보아 좋고 나쁨을 구분했다.
　② 六神의 喜忌는 自然에 의한 것이 아니라 사람이 인위적으로 구분되었다.
　③ 따라서 시대의 상황에 따라 六神의 喜忌가 달라져야 한다.

예시 - 1　偏財인 경우

① 100년 전만 해도 첩을 두는 것을 나쁘게 생각하지 않았다.
② 현재는 偏財를 취하는 것을 나쁘게 생각한다.
③ 법적 문제가 발생한다.

예시 - 2　桃花인 경우

① 옛날에는 桃花는 나쁘게 보았다.
② 현재는 연예인으로 인기가 좋아 필수가 되고 있다.

⑵五行에 의한 喜忌는 변하지 않는다.
  ①그러므로 六神에 의한 喜忌와 五行에 의한 喜忌에서 서로 차이가 발생하면 自然을 우선시하여 보아야 한다.
  ②六神에 의한 분류
    ㈎모든 五行에서 陽은 陽, 陰은 陰이면 偏이라고 하고, 陽과 陰이 혼합된 것을 正이라 하여
    ㈏偏, 正으로 구분한다.
  ③十干에 의한 분류
    ㈎甲이 戊土를 보는 것과 丙이 庚金을 보는 것은 서로 性質이 다르게 일어난다.
    ㈏즉 命造를 六神을 십간으로 세분화할 경우 또 다른 차이가 있는 것이다.
⑶命造를 보는 데는
  ①六神보다는 十干의 관점에서 보아야 정확하다.
  ②六神은 참고 사항이고 十干의 관계에 따라 달리 풀이한다.
⑷밖으로 드러내는 것이 食傷이다.
  ①나와 陰陽이 같은 것은 食神, 陰陽이 다른 것이 傷官이다.
  ②食神:陰陽이 같은 것→육체적 노동
    →시키는 대로 열심히 일하는 것.
  ③傷官:陰陽이 다른 것→정신적 노동
    → 눈치, 꾀, 창조, 창작, 비판적 시각.

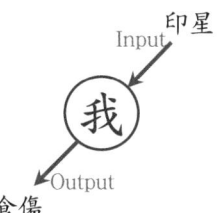

④食傷은 日干의 힘이 泄氣되는 것이므로 印星으로 채워 주어야 한다.

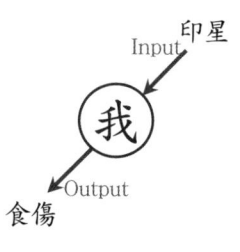

⑤日干은 月支의 영향을 가장 많이 받는다. 만일, 傷官格이라면 다음과 같이 나눌 수 있다.

日干	月支	格	日干	月支	格
弱	상관	진상관	旺	상관	변화 상관
旺	①상관 ②인비+상관용	가상관	弱	①상관 ②인비+상관용	변화 상관

■六神 변화의 의미

※六神 : "나"라는 기준이 있다 → 기준+평가+재평가

기준   +   평가   +   재평가

철수는 | 다른 사람보다 | 잘 생겼다 | 30년 후 못 생겼다.
철수는 | 나 보다는 | 못 생겼다 |

↓ 我   ↓ 比肩 변화가 생긴다 ↓ 변화된 比肩

體	用
나(我) + 十神(六親)	+ 十神(六親)
기준 + 평가	+ 변화된 모습
體(100가지)	用(100가지)
10000가지 경우의 수	

※10,000개의 조합이 이루어질 때 完全한 十干과 六親의 결합이 이루어진다 → 여기에서 喜忌는 없다.

※死亡은 五行에 없다
~喜忌는 없다(사람의 마음에 있을 뿐이다).
~六親에는 喜忌가 없다.
六神 : 나와 상대와의 관계성이다.
나(本人)의 기준점이 있다.

自然은 喜氣가 없다.
自然은 陰陽이다.
陰陽은 空이다.
道는 喜氣가 없다.

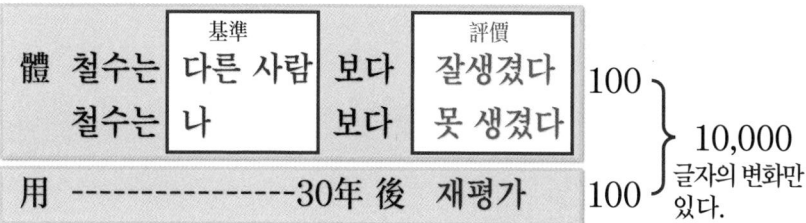

戊　辰月　　완성된 소우주:생명 옷 입은 상태:戊=甲+乙
乙　卯月　陰 乙 完了
甲　寅月　陽 甲 成長

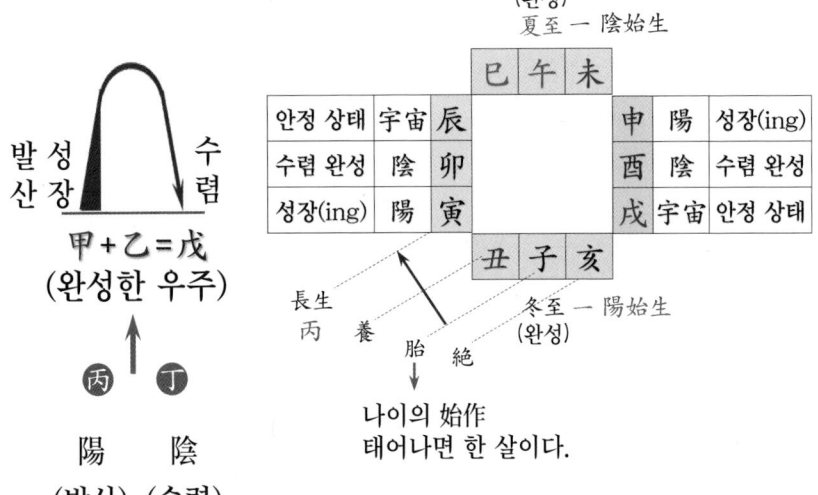

甲+乙=戊
(완성한 우주)

陽　陰
(발산) (수렴)

▶陽이 있어야 陰이 있다.
　生이 있어야 死가 있다.
▶陽+陰이 합쳐져야 완성을
　이룰 수 있다.

申 - 庚 ①
酉 - 辛 ② 金이 제일 强하다.
戌 - 戊 ③

※入庫
　내가 갇히는 상황
　답답함, 정체됨

※根
　내 뿌리가 되므로
　내가 절대 죽지 않는다.

제 9 강
격국론
(格局論)

제1편 억부용신론(抑扶用神論)

제1장 신강과 신약

 사주 일간의 강약을 논하는 것이 가장 중요한 것이므로, 우선 일간의 강약을 살펴보아야 한다. 신강 및 신약을 구별하는 표준은 다음과 같다.
 실제 명식에서 일간의 강약을 보는 것이 쉽지는 않다. 그러므로 다년간 경험한 학자일지라도 실수가 잦은 것이 일주의 신강 신약을 구분하는 것이다. 신강 신약의 조건과 기준을 정리하면 다음과 같다.

제1절 신강, 신약의 조건

1. 신강의 조건
    ①득령(得令): 일간이 월지에 왕상인 경우이다.
    ②득지(得地): 일간이 일지 지장간에 비겁을 두어 뿌리를 두는 경우이다.
    ③득세(得勢): 일간이 월일지 이외 지장간 혹은 천간에 비겁, 인수가 3개 이상이면서 세를 이루는 경우이다.
2. 신약의 조건
    ①실령(失令): 일간이 월지에 휴수인 경우이다.

②실지(失地): 일간이 일지 지장간에 비겁이 없어 뿌리를 두지 못한 경우이다.

③실세(失勢): 일간이 월일지 이외 지장간 혹은 천간에 비겁, 인수가 없거나 1~2개 있으면서 미약한 경우다.

제2절 신강, 신약의 기준

1. 신강으로 판단
    ① 득령(得令)+득지(得地)+득세(得勢)
    ② 득령(得令)+실지(失地)+득세(得勢)
    ③ 득령(得令)+득지(得地)+실세(失勢)
    ④ 실령(失令)+득지(得地)+득세(得勢)

2. 신약으로 판단
    ① 실령(失令)+실지(失地)+실세(失勢)
    ② 실령(失令)+득지(得地)+실세(失勢)
    ③ 실령(失令)+실지(失地)+득세(得勢)
    ④ 득령(得令)+실지(失地)+실세(失勢)

제2장 억부용신

제1절 일주가 신강일 때 반드시 인수, 비겁이 旺하다.

1. 인수(印綬)가 왕(旺)할 때
   ①인수용재격(印綬用財格) :
   인수(印綬)가 왕(旺)하면 재성(財星)이 용신이다.
   ②인수용식상격(印綬用食傷格) :
   인수(印綬)가 왕(旺)한데 재성(財星)이 없거나 약하면 식상(食傷)이 용신이다.

2. 비겁(比劫)이 왕(旺)할 때
   ①비겁용관격(比劫用官格) :
   비겁(比劫)이 왕(旺)하면 관성(官星)이 용신이다.
   ②비겁용재격(比劫用財格) :
   비겁(比劫)이 왕(旺)한데 관성(官星)이 없거나 약하면 재성(財星)이 용신이다.
   ③비겁용식상격(比劫用食傷格) :
   비겁(比劫)이 왕(旺)한데 관성(官星)과 재성(財星)이 모두 없거나 약하면 식상(食傷)이 용신이다.

제2절 일주가 신약일 때 반드시 식상, 재성, 관성이 旺하다.

1. 식상(食傷)이 왕(旺)할 때
   ①식상용인격(食傷用印格) :
   식상(食傷)이 왕(旺)하면 인수(印綬)가 용신이다.

②식상용비격(食傷用比格) :
　식상(食傷)이 왕(旺)한데 인수(印綬)가 없거나 약하면
　비겁(比劫)이 용신이다.

2. 재성(財星)이 왕(旺)할 때
　①재성용비격(財星用比格) :
　　재성(財星)이 왕(旺)하면 비겁(比劫)이 용신이다.
　②재성용인격(財星用印格) :
　　재성(財星)이 왕(旺)한데 비겁(比劫)이 없거나 약하면
　　인수(印綬)가 용신이다.

3. 관성(官星)이 왕(旺)할 때
　①관성용인격(官星用印格), 관인상생격(官印相生格) :
　　관성(官星)이 왕(旺)하면 인수(印綬)가 용신이다.
　②관성용식상격(官星用食傷格), 식상제살격(食傷制殺格) :
　　관성(官星)이 왕(旺)한데 인수(印綬)가 없거나 약하면
　　식상(食傷)이 용신이다.
　③관성용비격(官星用比格) :
　　관성(官星)이 왕(旺)한데 인수(印綬)와 식상(食傷)이 모두
　　없거나 약하면 비겁(比劫)이 용신이다.

제2편 격국론(格局論)

제1장 정격(正格)을 정하는 법

1. 월지 지장간의 정기가 투간되면 그것으로 우선 격을 삼는다.
2. 월지 지장간 정기가 투간 되지 않았다면, 중기나 초기 중에서 투간 된 것으로 격을 정한다.
3. 만일 중기나 초기 모두 투간 되었다면, 그 둘 중에서 더 강한 것으로 격을 정한다.
4. 월지 지장간 중 아무것도 투간되지 않았다면 주 중에서 가장 강한 것으로 격을 정한다.
5. 유의 사항
   ①월지가 子午卯酉인 지장간이 투간되지 아니하였다면, 그 정기 지장간으로 즉시 격을 삼을 수 있고,
   ②辰戌丑未月인 경우 격 이름 앞에 잡기(雜氣)라는 말을 붙인다.
   ③건록과 양인으로 격을 잡을 수 있다.
   ④비견,겁재는 격을 삼지 않는다.
   ⑤그 외 비견은 건록이 아니고, 겁재는 양인이 아님에 절대 유의 바란다.

제1절 건록격(建祿格)

```
乙 甲 丙 己
亥 午 寅 巳
(壬)    격
용신
```

1. 건록용인격(建祿用印格)
   건록격이고, 식상이나 관살이 많아 신약이 되어 인수를 용신하는 것이다.

```
      용신
辛 乙 丁 甲
巳 巳 卯 午
      격
```

2. 건록용비격(建祿用比格)
   건록격이고, 식상이나 재성이 많아 신약이 되어 비겁을 용신하는 것이다.

```
   용신
丁 乙 丁 甲
亥 卯 卯 子
      격
```

3. 건록용식상격(建祿用食傷格)
   건록격이고, 비겁이 많아 신강이 되며 관살이 없을 때 식신을 용신하는 것이다.

```
丙 乙 乙 庚
戌 亥 卯 亥
(戌)   격
용신
```

4. 건록용재격(建祿用財格)
   건록격이고, 인수가 많아 신강되어 재성을 용신하는 것이다.

```
戊 丙 丁 戊
戌 子 巳 午
  (癸) 격
  용신
```

5. 건록용관살격(建祿用官殺格)
   건록격이고, 비겁이 많아 신강되어 관살을 용신하는 것이다.

제2절 양인격(羊刃格)

```
戊 庚 癸 己   용신
寅 午 酉 亥
      격
```

1. **양인용인격(羊刃用印格)**
   양인격이고, 상식이 많아 신약되어 인수를 용신하는 것이다.

```
庚 甲 辛 丙
午 申 卯 戌
      격
     (乙)
     용신
```

2. **양인용비격(羊刃用比格)**
   양인격이고, 식재관이 많아 신약되며 인수가 없는 경우 비겁을 용신하는 것이다.

```
용신
丁 甲 乙 癸
卯 子 卯 亥
      격
```

3. **양인용식상격(羊刃用食傷格)**
   양인격이고, 비겁이 많아 신강되며 재관이 없는 경우 식상을 용신하는 것이다.

```
         용신
丙 丙 甲 辛
申 午 午 未
      격
```

4. **양인용재격(羊刃用財格)**
   양인격이고, 인수가 많으면서 신강되며 관살이 없는 경우 재성을 용신하는 것이다.

```
용신
壬 丙 甲 丙
辰 申 午 寅
      격
```

5. **양인용관살격(羊刃用官殺格)**
   양인격이고, 비겁이 많아 신왕되어 관살을 용신하는 것이다.

제3절 인수격(印綬格)

```
    격
    용신
辛 丁 甲 戊
丑 酉 寅 戌
```

1. 인수용인격(印綬用印格)
   인수격이고, 식신이 많으나 관살이 많아 신약되어 인수를 용신하는 것이다.

```
      격
乙 庚 戊 己
酉 寅 寅 卯
(辛)
용신
```

2. 인수용비격(印綬用比格)
   인수격이고, 재성이 많아 신약되어 비겁을 용신하는 것이다.

```
용신
丙 甲 庚 戊
寅 午 亥 子
     (壬)
     격
```

3. 인수용식상격(印綬用食傷格)
   인수격이고, 재관이 없거나 미약하여 신강되어 식상을 용신하는 것이다.

```
丙 乙 癸 癸
戌 亥 亥 亥
(戌) (壬)
용신  격
```

4. 인수용재격(印綬用財格)
   인수격이고, 인수가 많아 신강되어 재성을 용신하는 것이다.

```
          격
己 丙 丙 甲
亥 午 寅 午
(壬)
용신
```

5. 인수용관살격(印綬用官殺格)
   인수격이고, 비겁이 많아 신강되어 관살을 용신하는 것이다.

제4절 　식신격(食神格)

```
    [격]
戊 戊 庚 癸
午 申 申 酉
(丁)
용신
```

1. 식신용인격(食神用印格)
   식신격이고, 식상이 많아 신약되어 인수를 용신하는 것이다.

```
丙 乙 丙 壬
戌 卯 午 午
  (乙)(丁)
  용신 격
```

2. 식신용비격(食神用比格)
   식신격이고 재성이 많아 신약되어 비겁을 용신하는 것이다.

```
      [격]
      용신
己 戊 辛 庚
未 午 巳 午
```

3. 식신용식상격(食神用食傷格)
   식신격이고, 인비로 신왕되며 재관이 없는 경우에 식신을 용신하는 것이다.

```
    [격]
壬 戊 庚 戊
戌 午 申 子
       (癸)
       용신
```

4. 식신용재격(食神用財格)
   식신격이고, 인수가 많아 신강되어 재성을 용신하는 것이다.

```
용신   격
辛 乙 丁 丁
巳 酉 未 巳
```

5. 식신용관살격(食神用官殺格)
   식신격이고, 인비가 많아 신강되어 관살을 용신하는 것이다.

제5절 상관격(傷官格)

1. 상관용인격(傷官用印格)

```
용신  격
 丁 戊 辛 癸
 巳 辰 酉 丑
```

상관격이고, 식상이 많아 신약되어 인수를 용신하는 것이다.

2. 상관용비격(傷官用比格)

```
용신  격
 己 戊 辛 癸
 未 申 酉 酉
```

상관격이고, 재성이 많아 신약되어 비겁을 용신하는 것이다.

3. 상관용식상격(傷官用食傷格)

```
      격
      용신
 辛 癸 甲 癸
 酉 亥 寅 酉
```

상관격이고, 인비로 신왕하며 재관이 없는 경우에 식상을 용신하는 것이다.

4. 상관용재격(傷官用財格)

```
      격
 己 己 庚 戊
 巳 未 申 子
        (癸)
        용신
```

상관격이고, 인수가 많아 신강되어 재성을 용신하는 것이다.

5. 상관용관살격(傷官用官殺格)

```
      격
 乙 乙 丙 丁
 酉 丑 午 未
 (辛)
 용신
```

상관격이고, 인비가 많아 신강되어 관살을 용신하는 것이다.

제6절 정재격(正財格)

```
      격
己 丙 辛 癸
亥 寅 酉 丑
  (甲)
  용신
```

1. 정재용인격(正財用印格)
   정재격이고, 식상 혹은 관살이 많아 신약되어 인수를 용신하는 것이다.

```
      격
丁 丙 辛 戊
酉 午 酉 戌
  (丁)
  용신
```

2. 정재용비격(正財用比格)
   정재격이고, 재성이 많아 신약되어 비겁을 용신하는 것이다.

```
용신       격
丁 甲 乙 己
卯 子 丑 卯
```

3. 정재용식상격(正財用食傷格)
   정재격이고, 비겁이 많아 신강되며 관살이 미약한 경우 식상을 용신하는 것이다.

```
격
용신
辛 丙 丁 丙
卯 寅 酉 午
```

4. 정재용재격(正財用財格)
   정재격이고, 인수가 많아 신강되며 재성을 용신하는 것이다.

```
    용신 격
己 辛 丙 甲
丑 酉 寅 子
```

5. 정재용관살격(正財用官殺格)
   정재격이고, 비겁이 많아 신강되며 관살을 용신하는 것이다.

제7절　편재격(偏財格)

```
　　　격
庚 丙 庚 戊
寅 辰 申 午
(甲)
용신
```

1. 편재용인격(偏財用印格)
편재격이고, 식상 혹은 관살이 많아 신약되며 인수를 용신하는 것이다.

```
　　　격
丁 甲 戊 己
卯 辰 辰 巳
(乙)
용신
```

2. 편재용비격(偏財用比格)
편재격이고, 재성이 많아 신약되며 비겁을 용신하는 것이다.

```
용신　　　격
戊 丙 辛 庚
寅 午 巳 午
```

3. 편재용식상격(偏財用食傷格)
편재격이고, 비겁이 많아 신왕되며 관살이 미약한 경우 식상을 용신하는 것이다.

```
　　격
　　용신
甲 丙 庚 戊
午 寅 申 辰
```

4. 편재용재격(偏財用財格)
편재격이고, 인수가 많아 신강되며 관살이 미약한 경우 재성을 용신하는 것이다.

```
　　용신
乙 甲 壬 辛
亥 寅 辰 酉
　　(戊)
　　격
```

5. 편재용관살격(偏財用官殺格)
편재격이고, 비겁이 많아 신강되어 관살을 용신하는 것이다.

제8절 정관격(正官格)

乙 甲 [辛]격 [癸]용신
亥 辰 酉 丑

1. 정관용인격(正官用印格)
   정관격이고, 식상 혹은 관살이 많아 신약되며 인수를 용신하는 것이다.

丁 甲 [辛]격 戊
卯 辰 酉 辰
(乙)용신

2. 정관용비격(正官用比格)
   정관격이고, 재성이 많아 신약되어 비겁을 용신하는 것이다.

庚 甲 [辛]격 戊
午 申 酉 辰
(丁)용신

3. 정관용식상격(正官用食傷格)
   정관격이고, 비겁이 많아 신강되며 관살이 미약한 경우 식상을 용신하는 되어 식상을 용신하는 것이다.

己 庚 辛 [丁]격
卯 午 酉 酉
(乙)용신

4. 정관용재격(正官用財格)
   정관격이고, 인수가 많아 신강되며 관살이 미약한 경우 재성을 용신하는 것이다.

乙 甲 [辛]격 癸
亥 寅 酉 卯
(丙)용신

5. 정관용관살격(正官用官殺格)
   정관격이고, 비겁이 많아 신강되어 관살을 용신하는 것이다.

제9절 편관격(偏官格)

丙 乙 辛[격] 戊
戌 亥 酉 辰
　 (壬)
　 용신

1. 편관용인격(偏官用印格)
편관격이고, 식상 혹은 관살이 많아 신약되어 인수를 용신하는 것이다.

甲 辛 甲 丙
午 酉 午 寅
　 (辛) (丁)
　 용신 격

2. 편관용비격(偏官用用比格)
편관격이고, 재성이 많아 신약되어 비겁을 용신하는 것이다.

壬 乙 辛[격] 戊
午 酉 酉 辰
(丁)
용신

3. 편관용식상격(偏官用食傷格)
편관격이고, 비겁이 많아 신강되며, 관살이 미약한 경우 식상을 용신하는 것이다. 편관격이고, 관살이 많아 신약되어 식상을 용신하는 것이다.

辛 辛 庚[격] 丁
卯 亥 戌 酉
(乙)
용신

4. 편관용재격(偏官用財格)
편관격이고, 인수가 많아 신강되며 관살이 미약한 경우 재성을 용신하는 것이다.

乙 丙 壬[격/용신] 丁
未 寅 子 巳

5. 편관용관살격(偏官用官殺格)
편관격이고, 비겁이 많아 신강되어 관살을 용신하는 것이다.

제2장　외격(外格)을 정하는 법

위에서 살펴본 정격의 일반 원칙에 의하지 아니하고 편중된 오행을 따라가는 것을 외격이라고 불리고 희용을 정하는 데도 그만의 방식으로 따른다. 외격에는 종왕·강격, 종약격, 화격으로 나누어진다.

제1절　종왕 · 강격(從旺 · 強格)

※비겁이 旺하여 일간이 득세하면 旺이라고 하고, 인수가 旺하여 일간이 득세하면 強이라고 구분한다.

1 종왕격(從旺格)

일행득기격(一行得氣格)이라고도 한다. 비겁으로는 격을 정하지 않는 것이 원칙이나, 사주 전체가 일주와 같은 오행인 비겁(比劫)이 주류를 이루어 일간이 지나치게 왕성한 경우를 말한다. 주류를 이루는 오행별로 별칭이 주어지는데,

(1) 木이 주류를 이루면 곡직인수격(曲直仁壽格)
(2) 火가 주류를 이루면 염상격(炎上格)
(3) 土가 주류를 이루면 가색격(稼穡格)
(4) 金이 주류를 이루면 종혁격(從革格)
(5) 水가 주류를 이루면 윤하격(潤下格)으로 각각 불린다.

①우선 旺한 비견·겁재와 이를 설기하는 식상을 우선 희용하고 그중에서 식상이 중심이 된다.
②만일 식상을 희용하는데 인수가 있다면 인성은 기신이 되므로 인성을 제거되어야 대발한다.
③식상이 없는 경우에는 인수를 희용하면서 비겁도 길신이 된다.

```
癸 乙 甲 乙
卯 卯 寅 亥
```
이 명식은 乙 일주가 寅월에 木이 왕할 때 출생하여 만국이 木이 주류를 이루어 곡직인수격을 이루었다. 왕한 木을 설기하는 火가 없으므로 水가 희신이 된다.

2 종강격(從強格)

인수가 주류를 이루는 경우를 말하며, 이 경우에는 우선 비견·겁재을 희용한다. 비견·겁재를 희용할 경우 관성이 비견·겁재을 극할 수 있으므로 관성은 기신이 된다. 비겁이 없다면 관인이 모두 희신이 되기도 한다. 이처럼 종왕격과 종강격은 희기에 있어서 미세한 차이가 있다.

```
庚 癸 庚 癸
申 酉 申 亥
```
이 명식은 癸 일주가 申월에 인수가 왕할 때 출생하여 金이 중심되어 金水가 주류를 이루어 종강격을 이루었다. 왕한 金 인수를 설기하는 水 비겁이 희신이 된다.

| 3 | 종왕·강격(從旺·強格)의 희기 |

從格은 중심 오행(五行)이 木인 경우에 희신은 아래의 예와 같이 정하고 변한다.

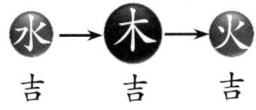

다만, 설기하는 火 五行이 用神이 될 경우, 중심 五行을 生하는 水는 吉 → 凶으로 분류한다.

| 제2절 | 종약격(從弱格) |

사주 전체가 일주를 생조해 주는 육신이 없거나 있어도 힘이 미약하여 조력을 기대할 수 없는 경우가 있다. 비유컨대 일주인 임금이 왕한 식재관 신하들에 둘러싸여 자신의 뜻을 펼칠 수 없고 오히려 식재관 신하들의 뜻을 따를 수밖에 없는 형국을 일컫는다. 이때에는 사주의 주류를 이루는 육신을 따라야 하니 이를 종약격이라고 한다.

주류를 이루는 육신이 무엇인가에 따라서 그 이름을 세분화한다.
(1) 관성이 주류를 이루면 종관살격(從官殺格)
(2) 재성이 주류를 이루면 종재격(從財格)
(3) 식상이 주류를 이루면 종아격(從兒格)으로 각각 불린다.

1 종관살격(從官殺格)

종약이면서 정관이나 편관이 주류를 이루는 경우를 말하며, 이 경우에는 재·관을 따라 희용한다.

乙 甲 甲 辛
丑 申 申 未

이 명식은 甲 일주가 申월에 편관이 왕할 때 출생하여 만국이 金 편관이 중심되었다. 비록 천간 월시간에 甲乙이 있다고 하더라도 만국이 金으로 되어 있으므로 甲乙이 일간을 도움이 되지 못하므로 金 편관을 따라 종관살이 되었다.

2 종재격(從財格)

종약이면서 재성이 주류를 이루는 경우를 말하며,
(1) 이 경우에는 우선 관성을 희용한다. 관성을 희용할 경우 식신이 관성을 극할 수 있으므로 식신은 기신이 된다.
(2) 관성이 없다면 식신, 재성이 모두 희신이 되기도 한다.

甲 癸 丙 壬
寅 巳 午 午

이 명식은 癸 일주가 午월에 재성이 왕할 때 출생하고, 寅午와 더불어 火局을 이루어 火가 충만하여 연간 壬은 메마르니, 일주가 의지할 곳이 없으므로 부득이 왕한 火를 따라가니 종재격이 되었다.

3. 종아격(從兒格)

종약이면서 식상이 주류를 이루는 경우를 말하며, 이 경우에는 식신과 재성을 희용한다.

```
甲 癸 乙 戊
寅 卯 卯 寅
```

이 명식은 癸 일주가 卯月에 식상이 왕할 때 출생하여 만국이 식상으로 木局을 이루었다. 그러므로 연간에 戊가 있다 해도 왕한 木의 무리에 파극되어 쓸모가 없어지니 일간 癸는 식상 木을 따라 종아격이 되었다.

4. 종약격(從弱格)의 희기

종약격은 중심 오행(五行)이 木인 경우에 희신은 아래의 예와 같이 정하고 변한다.

다만, 중심 五行을 생조하는 水는 吉 → 凶으로 분류한다.

제3절   종화격(從化格)

일반적으로 종화격이라 함은 일간이 화한 오행이 월지에 동일한 오행을 만나는 경우라고 말하므로 가령 戊癸 화격은 戊 일주가 癸와 합하면서 월지가 寅午戌巳月이어야 성립한다고 한다.

그러나 이는 종화격에 대한 제한된 개념일 뿐이니 필자는 종화격의 개념을 다음과 같이 정의한다.

종화격은 일간이 월간이나 시간과 합하여 化한 것이 월지와 같은 것이거나, 化한 것 혹은 월지에 드러나는 것과 상호 旺의 관계에 있는 五行이 다수 출현하여 그 五行을 따라간다는 것을 종화라 한다.

종화격이 되려면 일간과 월지가 반드시 동일한 것이어야 한다는 생각은 오판한다.

간합(干合)은 다음과 같다.
甲己合化 土
乙庚合化 金
丙辛合化 水
丁壬合化 木
戊癸合化 火

종화격(從化格)의 예시

예시 - 1

丁 戊 癸 丙
巳 午 巳 戌

(戊癸 合)

(1) 戊癸合하고 지지에 火局을 놓아 戊癸合化火의 종화격이 되었다.
(2) 그러므로
　①木火 吉,　　②水 凶,
　③土金 半吉半凶

예시 - 2

己 甲 辛 戊
巳 戌 酉 申

(甲己 合)

(1) 甲己合하여 土가 化하는데 만국이 土局이라 甲己合化의 종화격이 되었다.
(2) 이 명조의 경우 일간이 土가 아니고 월지도 土勢가 아니므로 얼핏 보아 종화가 되지 않는 것으로 오해할 것이다.
(3) 그러나 명식을 자세히 들여다보면 甲 일주가 酉月 金旺의 시절에 출생하고 월간에 辛金이 투간되면서 土가 金을 부조하고 있으니 甲이 의지할 곳이 없는 기세이며 더하여 일간 甲이 己와 합하여 土勢를 따라가는 형국이 되었다.
(4) 그러므로 甲己合化土의 종화격이 된 것이다.
(5) 따라서
　①火土吉,　②木凶,　③金水 半吉半凶

1. 종화격(從化格)의 희기

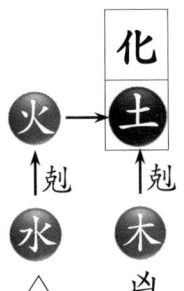

合하는 天干을 剋하는 五行은 모두 凶으로 분류한다.

제4절 가종격(假從格)

  종격의 경우 종하는 오행으로 이루어져 있다면 순수하겠지만, 혹여 종하는 오행에 반하는 오행이 있는 경우가 있다. 그러면서도 단독으로 힘을 펼 수도 없음에도 유유히 남아 종을 반대하려고 하는데 그런 경우 가종격이라고 한다.
  이때 종을 반대하려는 것을 병이라고 하며 그 병을 제거하는 약이 되는 운이 도래하면 비약적으로 발전하게 된다.
가화격도 같은 논리이다.

제3장 특수격(特殊格)

1. 전록격(專祿格)

   간여지동으로 일지가 건록인 甲寅, 乙卯, 庚申, 辛酉 일에 해당하면 전록격이 된다.
   주관이 뚜렷하고 의지와 신념이 강하고 유능한 사람이다.

2. 일인격(日刃格)

   일지가 양인인 丙午, 戊午, 壬子일에 해당하면 일인격이 된다.
   카리스마 있는 권력지향인 사람이다. 전문직이다.

3. 일귀격(日貴格)

   일지에 천을귀인을 놓은 丁酉, 丁亥, 癸卯, 癸巳일에 해당하면 일귀격이 된다.
   대개 품성이 인자하고 좋으며 잘산다.

4. 일덕격(日德格)

   日德格으로는 甲寅, 丙辰, 戊辰, 庚辰, 壬戌日에 해당하고 온화한 성격에 자신만의 전문 기술이나 능력이 있다.

5. 괴강격(魁罡格)

   日柱가 庚辰, 庚戌, 壬辰, 戊戌일이면 괴강격(魁罡格)이다.

남녀 불문하고 강직한 성품을 지녔다. 남편이 발전하면 처가 무능하고, 처가 발전하면 남편이 무능하다.

6. 임기용배격(壬騎龍背格)

日柱가 壬辰일이면 임기용배격(壬騎龍背格)이다.
주 중에 辰이 많으면 貴格이고, 寅이 많으면 富格이 된다.
辰寅을 모두 만나면 부귀를 겸한다.

7. 재관쌍미격(財官雙美格)

日支에 財官이 있는 것을 재관쌍미격(財官雙美格)으로 녹마동향격(祿馬同鄕格)이라고도 하는데, 癸巳, 壬午日이 그것이다. 그런데 상관이 득세하는 것을 꺼린다.

8. 시상일위귀격(時上一位貴格)

時 천간에 偏官이 있으면서 身旺이면 시상일위귀격(時上一位貴格)이라 한다.
정치가, 군인, 법률가의 직업과 인연이다. 만일 상관을 보게 되면 뜻을 이루기 어렵다.

9. 시상정관격(時上正官格)

時 천간에 正官이 있으면서 身旺이면 시상정관격(時上正官格)이라 한다.
남명은 똑똑한 자식을 두고 여명은 훌륭한 지아비를 둔다.

10. 시상편재격(時上偏財格)

時 천간에 偏財를 두고 身旺이면 시상편재격(時上偏財格)이라 한다. 부자의 사주이다.

11. 세덕부살격(歲德扶殺格)

年干에 偏官이 있으면서 身旺이고 식상이 없으면 세덕부살격(歲德扶殺格)이다.
어떤 고난이 있어도 이겨 내는 귀한 사주이다.

12. 세덕부재격(歲德扶財格)

年干에 財星이 있으면서 身旺이면 돈 버는 재주가 남다르다.

13. 귀록격(歸祿格)

日干이 時에 祿을 두면서 身弱하면 귀록격(歸祿格)이 된다.
자아실현을 할 수 있으면서 평생 직업을 가질 수 있다.

14. 형합격(刑合格)

癸 일간이 甲寅時에 출생이면 형합격(刑合格)이다.
癸+亥酉卯日에 甲寅時면 복록이 따르지만, 癸+丑巳未日에 甲寅時면 돌발상황에 처하기도 하고 돌연사를 당하기도 한다.

15. 금신격(金神格)

甲己日이 巳酉丑時에 출생하면 금신격(金神格)이다.

총명하면서 민첩하기도 하다.

16. 시묘격(時墓格)
日干이 時支에 포태법 墓를 만나면 시묘격(時墓格)이 된다. 身旺하면서 개고(開庫) 되면 부귀를 누릴 수 있다. 身弱이면 빈곤이다.

17. 전재격(專財格)
일간이 時支 장간에 재성을 놓으면 전재격(專財格)이 된다. 시마격(時馬格)이라고도 하여 재물 복과 부귀를 누릴 수 있는 명이다.

18. 육갑추건격(六甲趨乾格)
甲日 亥時를 만나면 장생되어 육갑추건격(六甲趨乾格)이 되어 지혜와 인자함이 있다.

19. 육을서귀격(六乙鼠貴格)
乙日이 子時를 만나면 육을서귀격(六乙鼠貴格)이 되어 지략이 뛰어나다.

20. 육음조양격(六陰朝陽格)
辛日이 子時를 만나면 육음조양격(六陰朝陽格)이 되어 명예를 얻고 부귀도 얻게 되지만, 자식이 귀하다.

21. 육임추간격(六壬趨艮格)

壬日이 寅時를 만나면 육임추간격(六壬趨艮格)이 되어 귀함이 있다.

22. 공귀격(拱貴格)

日과 時사이에 공협된 것이 천을귀인(天乙貴人)이면 공귀격(拱貴格)이라 한다.
하늘이 무너져도 솟아날 구멍이 있다고 할 정도로 구사일생하는 운명이다.

23. 공재격(拱財格)

日과 時사이에 공협된 것이 財星이나 財庫이면 공재격(拱財格)이라 한다.
말년에 경제적인 어려움이 없다고 한다.

24. 공록격(拱祿格)

日과 時사이에 공협된 것이 祿이면 공록격(拱祿格)이라 한다. 공직이나 대기업과 인연 있다고 본다.

25. 합록격(合祿格)

戊日과 癸日이 申時를 만나면 합록격(合祿格)이라 한다. 戊日은 庚申時는 庚申이 乙卯 木 正官을 引合하고, 癸日은 庚申時는 庚申이 巳 中 戊土 正官을 引合하기 때문이다.

록(祿)은 정관을 말한다.
만일 전실(塡實)이 되면 관재구설이나 재앙이 따른다.

26. 자요사격(子遙巳格)

甲子日이 甲子時를 만나면 자요사격(子遙巳格)이라 한다.
감각이 남다르면서 지혜로운 사람으로 배움이 빠르다.

27. 축요사격(丑遙巳格)

癸丑日 혹은 辛丑日이 丑을 많이 보게 되면 축요사격(丑遙巳格)이라 한다.
고위직에 이르는 관리가 된다. 만일 전실이거나 기반되면 뜻을 이루기 어렵다.

28. 비천록마격(飛天祿馬格)

癸亥日이 多逢 亥, 辛亥日이 多逢 亥, 庚子日이 多逢 子, 壬子日이 多逢 子, 丙午日이 多逢 午, 丁巳日이 多逢 巳를 하면 비천록마격(飛天祿馬格)이라 한다.
비천록마격을 이루면 법조인이 되거나 그와 관련된 직종에 종사한다.

29. 잡기격(雜氣格)

辰戌丑未는 오행이 가둬진 것이므로 잡기(雜氣)라고 한다.
그러므로 辰戌丑未月에 장간이 투출되면 격명에 잡기(雜

氣)를 붙여서 잡기재성격(雜氣財星格), 잡기관성격(雜氣官星格), 잡기인수격(雜氣印綬格), 잡기상식격(雜氣傷食格)이라 한다.
그러므로 신강하면 좋고 잡기가 刑冲되면 성격이라 한다. 적응력이 좋고 직업의 변화도 가능하며 복이 되는 작용이다.

30. 복덕격(福德格)
乙,丁,己,辛,癸日이 일지와 주 중에 巳酉丑이 있는 경우 복덕격(福德格)이라 하고 복덕수기격(福德秀氣格) 또는 오음격(五陰格)이라고도 한다. 복록이 많다.

31. 정란차격(井欄叉格)
庚申, 庚子, 庚辰日이 주 중에 申子辰이 있으면 우물의 물을 다스리는 것이 되니 행복한 삶을 영위한다.

32. 현무당권격(玄武當權格)
壬寅, 壬午, 壬戌日이나 癸巳, 癸未, 癸丑日이 地支에서 寅午戌, 辰戌丑未를 만나면 현무당권격(玄武當權格)이 된다. 재력과 권세를 가졌으나 성격이 온화하고 지혜롭다.
신약을 꺼린다.

33. 구진득위격(句陳得位格)
戊寅, 戊申, 戊子, 戊辰日이나 己亥, 己卯, 己未日이 地支

에서 水 財局을 이루거나 官 木局을 이루면 구진득위격
(句陳得位格)이 되었다고 한다.

34. 천간순식격(天干順食格)
年干부터 時干까지 五行의 陰陽이 같으면서 순차적으로
相生으로 이어지면 천간순식격(天干順食格)이라 한다.
조상이 이룬 유업(遺業)이 자신을 거쳐 자식에게까지
이어간다는 의미이다. 이른바 금수저라고도 한다.

35. 천원일기격(天元一氣格)
天干의 글자가 똑같으면 천원일기격(天元一氣格)이라
하고 귀명이라 한다.

36. 지원일기격(地元一氣格)
地支의 글자가 똑같으면 지원일기격(地元一氣格)이라
하고 의지가 강하고 귀명이라 한다.

37. 사생구전격(四生俱全格)
地支가 寅申巳亥로 구성되어 있으면 사생구전격(四生俱
全格)이며 사맹격(四孟格)이라고도 한다.
총명하고 재난이 따르기도 하나 대부분 성공 및 발복한다.

38. 사패구전격(四敗俱全格)

地支가 子午卯酉로 구성되어 있으면 사패구전격(四敗俱全格)이며 사왕격(四旺格)이라고도 한다.
예술을 좋아하나 주색을 조심해야 한다.

39. 사고구전격(四庫俱全格)

地支가 辰戌丑未로 구성되어 있으면 사고구전격(四庫俱全格)이며 사묘격(四墓格)이라고도 한다.
집념이 강하고 끈기가 있으나 자식 복이 없다.
속내를 공개하지 않아 남다른 비밀을 간직하고 있다.

40. 천지동체격(天地同體格)

사주가 전체 干支가 동일한 것으로 구성되는 것을 천지동체격(天地同體格)이라고도 한다.

甲 甲 甲 甲
戌 戌 戌 戌

귀명이라 알려져 있지만 실제로는 그렇지 않은 경우도 많아 조심해서 실관해야 한다.

41. 천지덕합격(天地德合格)

干合 支合하는 것을 천지덕합격(天地德合格)이라 한다.
사교적이며 따르는 무리가 많다.

42. 지지연여격(地支連茹格)

地支가 子年 丑月 寅日 卯時로 이어지거나 子년 寅월 辰일

오시로 이어지는 것을 지지연여격(地支連茹格)이라 한다.
인격이 높고 부와 귀를 누린다.

43. 일기성상격(一氣成象格)
사주 전체 오행이 오로지 比劫으로만 구성되어 있으면 일기성상격(一氣成象格)이라고 한다. 일기득기격(一行得氣格)이라고도 하고 독상(獨象)이라고도 한다.
순수하고 정의로우며 귀한 명운이다.

44. 양기성상격(兩氣成象格)
사주의 두 五行이 生하는 水木으로 구성된 것을 말한다. 그 외 生의 구조는 木火, 火土, 土金, 金水가 여기에 속하고 설기하는 식상운이 길하다.
그리고 사주의 두 五行이 剋하는 木土로 구성된 것을 말한다. 그 외 剋의 구조는 木土, 土水, 水火, 火金, 金木이 여기에 속하고 통관하는 운이 길하다.

45. 삼기성상격(三氣成象格)
사주의 세 오행만으로 구성되어 균형을 이루고 있으면 삼기성상격(三氣成象格)이라하고 삼상격(三象格)이라고도 한다.
부귀하고 장수하는 사람이 많다.

46. 자오쌍포격(子午雙胞格)

子午가 沖이 되면서도 공존하고 있으면 자오쌍포격(子午雙包格)이라 한다.

子는 자미궁이요 午는 단문으로 제왕의 출입 자리이므로 子午가 있으면 벼슬이 높거나 귀인을 친견하게 된다. 야망이 있고 권력지향이다.

47. 모쇠자왕격(母衰子旺格)

일간이 심약한데 자식이 되는 식상이 太旺한 경우를 모쇠자왕격(母衰子旺格)이라 한다. 그러므로 여성이 태중에 아이를 지키지 못하여 무자인 경우가 많다. 이때 도리어 인수운을 만나면 생산하기도 한다.

반면, 남성이 이 격이 되면 진법무민(盡法無民)되어 식상이 관성에 저항하므로 범법자가 되기도 한다.

48. 수기유행격(秀氣流行格)

地支에 뿌리를 두고 다른 五行을 생하는 것을 수기유행격(秀氣流行格)이라 한다.

그 기운이 일간에 멈추고 생하지 못하면 급신이지(及身而止)라고 하고 반면에 사주 전체를 돌아가면 순환상생(循環相生) 또는 생생불기(生生不已)하고도 한다.

유사한 개념으로 연주에서부터 순환상생하면 원원류장(源遠流長)이라고 한다.

제3편 주요 개념 정리

1.	기신(忌神)	용희신을 극제하거나 해롭게 하는 것을 말하며, 일주와 용신의 病이다.
2.	희신(喜神)	용신을 생조하거나 이롭게 하는 것을 말하며 원신(原神)이기도 한다.
3.	구신(仇神)	용신을 생조하는 희신을 극하고, 기신을 생하는 나쁜 흉신을 말한다.
4.	병신(病神)	명식에 많이 출현하여 일주가 감당해야 할 대상이 되거나 명식에서 흉신의 작용을 하는 것을 병신이라고 한다. 병신과 기신을 동일시하기도 한다.
5.	약신(藥神)	명식의 병신을 제거하는 것을 약신이라고 한다. 이 약신을 용신이나 희신이라고 칭하기도 한다.
6.	한신(閑神)	명식에서 길흉의 작용에 큰 영향력이 없는, 한마디로 한가롭게 있는 방관자를 말한다.
7.	기반(羈絆)	합하여 작용을 못 하게 하는 것을 말하는 데 흔히 합거(合去)라고 말한다. 그러므로 길 작용하는 것이 합하여 그 기능을 하지 못하게 되면 그것이 흉이 될 것이요, 흉한 것이 합하여 기반되면 다행이니 길이라 한다.

		기반(羈絆)은 합거(合去)와 비슷한 의미로 사용되는 것으로, 고삐를 얽어매는 등 움직이지 못하게 하는 것을 말한다. 그러므로 길신이 기반(羈絆)되면 길 작용을 못하게 되고 흉신이 기반(羈絆)되면 흉 작용을 못하게 되는 것이다. 그러므로 기반이라 하여 길 작용이 흉 작용이 되거나 흉 작용이 길 작용하는 것으로 오해하면 안 된다.
8. 통관(通關)		서로 대립하는 오행이 있다면 중간에 특정 오행이 소통해 주는 즉 중간에서 다리 역할을 해 주는 것을 통관이라 한다. 가령 木과 土가 대립하고 있을 경우 火가 통관하고 있는 것을 말한다
9. 중화(中和)		명리학에서는 억부와 유사한 개념으로서 강한 것은 약하게, 약한 것은 강하게 하면서 조화를 이루려는 정도의 의미도 사용된다. 그러나 실제 중화의 개념은 음과 양의 균형이 깨어진 경우에 그 균형을 맞추는 것을 중화로 보는 것이 타당할 것이다. 양이 강하고, 음이 약한 경우에 양의 기운을 설기하거나 반대로 음의 기운을 보충하여야 하고, 양이 약하고 음이 강한 경우에 양의 기운을 보충하거나 반대로 음의 기운을 설기하는 등

9.	중화(中和)	음과 양의 균형을 조율하여야 한다. 그것이 중화의 개념인 것이다.
10.	천복지재 (天覆地載)	천간과 지지가 서로 생하는 것을 천복지재라 한다. 용신이 천복지재면 길하지만 기신이나 흉신이 천복지재면 오히려 흉이 된다.
11.	길신태로 (吉神太路)	용신이나 희신 등 길신이 천간에 드러나 있으면 剋을 당하기 쉬우므로 지장간에 위치하는 것이 길하다. 그 외 재성 또한 천간에 드러나 있는 것보다는 지장간에 숨겨 두는 것이 길하다.
12.	재자약살격 (財滋弱殺格)	사주의 관살이 약할 경우에 재성으로 관살을 생조하여야 하는데, 이런 것을 재자약살격이라 한다.
13.	살중용인격 (殺重用印格)	사주에 관살이 중할 경우 인수로 통관하여 일주를 생조하는 경우를 말한다.
14.	식신제살격 (食神制殺格)	사주에 관살이 중하여 식상으로 왕한 관살을 억제하는 유형을 말한다.
15.	제살태과격 (制殺太過格)	사주 내의 관살을 식상이 지나치게 억제하여 관살이 기능을 못하게 되는 정도가 되면 이것을 제살태과격이라고 한다.
16.	관살혼잡격 (官殺混雜格)	사주 속에 정관과 편관이 혼합되어 같이 있는 경우를 관살혼잡이라고 한다. 이때,

16. 관살혼잡격 (官殺混雜格)	정관이나 편관 중 어느 하나를 합하거나 제거하면 길하게 된다. 만일 편관을 제거하고 정관을 남겨두는 경우 합살류관이라 하고, 편관을 남겨두고 정관을 합하는 경우 합관류살이라고 한다.
17. 식상용인격 (食傷用印格)	사주에 식상이 많아 신약일 때 인수로 용신하는 것을 말한다.
18. 식상생재격 (食傷生財格)	사주에 인성이 있어 재성을 용신하여야 하나, 재성이 약하여 기능을 못할 때 식상으로 재를 생조하면 식상생재격이라 한다.
19. 정신기 (精神氣)	精이란 일간을 생하는 육신이고, 神이란 일간을 극하는 육신이며, 氣는 일간과 동기인 비견 또는 겁재를 말한다. 이 정신기(精神氣)가 균등하게 구비되어야 하고 치우침이 없으면 자연스럽게 중화가 된다.
20. 진가(眞假)	일주가 가장 필요로 하는 것으로 용신으로 삼는 육신을 진신(眞神)이라 하고, 진신이 없는 경우 부득이 용신으로 삼는 육신을 가신(假神)이라 한다.
21. 유정(有情) 무정(無情)	길신이 일간이나 필요한 곳에 근접해 있으면 유정(有情)이라 하고, 반면에 먼 곳에 위치하고 있으면 무정(無情)이라 한다.

22. 청탁(清濁)	용신이나 희신이 손상됨이 없이 온전하게 있는 것을 청(清)이라 하고, 반면 파극되면 탁(濁)이라 한다.

제 10 강
자평진전(子平眞詮) 완결

일러두기

본 제9강 『자평진전 완결』은 실제 현장 강의에서 즉흥적으로 사주를 구성하여 설명한 내용이 있다 보니 실제 사주가 나올 수 없는 간지(예, 丙卯, 丁午, 辛戌 등)가 설명에 등장하니 감안하고 보시기 바란다.

제1편 자평진전(子平眞詮)의 목적

1 자평진전을 공부하는 목적

이론에 그치지 말고 통변을 위한 수단으로 공부하는 것이어야 한다.

2 역학(易學)과 역술(易術)

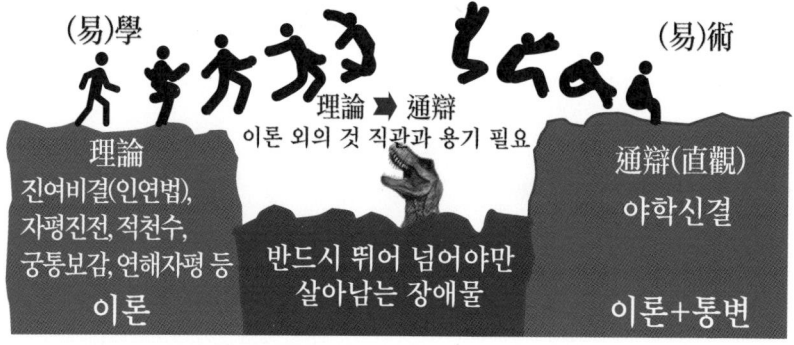

3 건물과 사주(四柱)

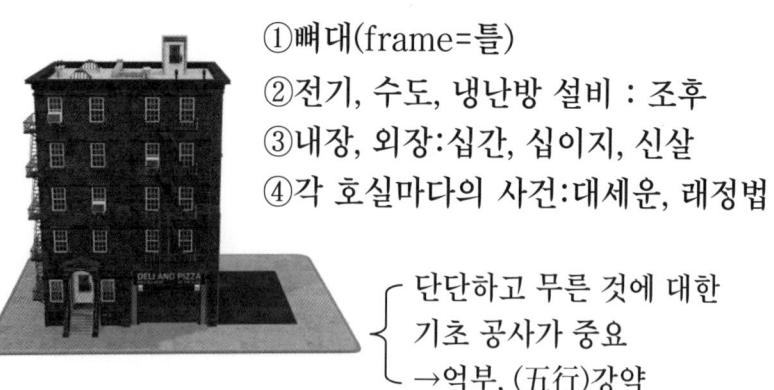

①뼈대(frame=틀)
②전기, 수도, 냉난방 설비 : 조후
③내장, 외장:십간, 십이지, 신살
④각 호실마다의 사건:대세운, 래정법

{ 단단하고 무른 것에 대한 기초 공사가 중요
→억부, (五行)강약

4 | 통변을 위한 자평진전 개론

생각해 볼 통변 사례

사례 - 1

甲 甲 辛 丙　　　庚 己 戊 丁 丙 乙 甲 癸 壬
子 子 卯 寅 남자　子 亥 戌 酉 申 未 午 巳 辰
　　　乙　　　　　85 75 65 55 45 35 25 15 5

그 모친이 방문

상담사: 이 사주는 자신의 길을 찾지 못해 방황할 사주입니다.

내방객: (한숨을 크게 쉬며) 우리 아들이 줄곧 음악(피아노)을 공부해 왔는데 갑자기 그만두고 요리를 배우겠다고 합니다. 이제 와서 진로를 바꾸겠다니 그동안 노력했던 것도 아깝고 부모로서 걱정입니다.

생각꺼리: 卯月 甲木이 日支와 時支에 子水를 깔고 있어 身旺하다. 강한 사주는 관성으로 극하거나 식상으로 설기하는 것이 기본이다. 따라서 이 사주는 정관과 식신이 투출하여 그 능력을 십분 발휘할 수 있어야 한다. 그러나 그 반대의 현상과 통변이 나온 이유는 무엇인가?

■吉神과 凶神의 개념
■羊刃格 :
　1)成格 : 1順位 → 官殺이 透干 되어 剋할 때
　　　　　2順位 → 食神이 透干 되어 泄氣할 때
　2)敗格 : 1順位 → 印星이 透干 되어 生할 때
　　　　　2順位 → 透干한 財星을 剋할 때
■天干 : 合剋은 무력화시킨다.
　地支 : 合冲은 무력화시킨다.

사례 - 2

丙 戊 壬 乙
辰 寅 午 亥 남자
(戊)   根

癸	甲	乙	丙	丁	戊	己	庚	辛
酉	戌	亥	子	丑	寅	卯	辰	巳
83	73	63	53	43	33	23	13	3

상담사: 14세 이후 매사 의욕 부족이 발동해서 공부에서 손을 놨네요.

내방객: 아이고, 맞습니다. 그전엔 안 그랬는데 통 공부를 안 해요. 어쩌면 좋습니까?

생각거리:
(1) 14세 이후면 食神의 大運이다.

⑵食神은 통상 진지함, 집중, 총명,적극성을 상징하지만 전혀 반대의 통변이 나왔다.

⑶물론 身弱하면 食神運이 나쁠 수도 있지만 夏月 戊土가 時支 辰 中 戊土 比肩을 깔고 丙을 곁에 두고 있으니 不弱하여 食神을 버거워 할 이유가 없다.

⑷그런데 학생이 食神運에 학업에서 손을 놓은 이유는 무엇인가?

■羊刃格으로 보았다.

凶神成格	1順位	格 (用神)	2順位 (역할:格(用神)보호)	부가 내용 전제 조건
1. 格(用神)을 剋하거나 泄氣하는 개념이다. 2. 吉神은 逆用의 格이다.	殺官 →剋 羊刃用殺 (羊刃露殺) 身强上格 身弱中格	刃 羊刃	→泄 食 羊刃透食 身强上格 身弱中格	[羊刃格] 羊刃格에 官殺混雜은 무방하다.

■天干이 剋, 合되면 剋, 合당하는 六神은 무력화된다.
地支가 合, 冲되면 合, 冲당하는 六神은 무력화된다.

吉凶神 成敗格 정리

吉神 成格	1順位	格 (用神)	2順位 (역할:格(用神)보호)	부가 내용 전제 조건
1. 格(用神)을 生해 주거나 보호해 주는 개념이다. 2. 吉神은 順用의 格이다. 3. 相剋하는 吉神들은 서로 떨어져 있으면 쓸수 있다. 예: 財星 - 印星, 食神 - 印綬	食 —生→ 財透食神 身弱上格 身弱下格	財 正財 + 偏財	財 —生→ 官 ←剋— 劫財 財格生官 身弱上格 身弱中格	[財格] 財格牌印(財格透印) ▶財와 印이 서로 剋하지 않으면 成格→財印雙清
	財 —生→ 正官用財 身弱上格 身弱中格	官 正官	官 —生→ 印 ←剋— 傷 正官牌印 身弱上格 身強中格	[印綬格] ▶神印兩旺時 食傷이 있으면 좋다(泄身의 秀氣). ▶印格에 殺을 쓸 수 있으나 身重印輕 또는 身輕印重 때만 有情. ▶身印이 重할 때 七殺을 쓰는 것은 孤獨 또는 貧寒 (이때 食傷이 있으면 貴格-泄氣+制伏)
	官 殺 —生→ 印綬用官 身弱上格 身弱中格	印 正印 + 偏印	┌剋→ 傷 印透傷官 └生→ 比 ←剋— 財 身弱用印 身強上格 身弱中格	▶引受가 重할 시 財星으로 剋해도 무방. [食神格] ▶食神制殺도 成格 ▶食神太過시 傷官으로 간주, 처리한다(傷官格 참조) ▶木火食神格은 인용한다.
	比 —生→ 身旺食旺 身弱中格	食 食神	┌剋→ 殺 食神制殺 食神帶殺 └生→ 財 ←剋— 偏印 食神生財 身強上格 身弱下格	

凶神 成格	1順位	格 (用神)	2順位 (역할:格(用神)보호)	부가 내용 전제 조건
1. 格(用神)을 剋하거나 泄氣하는 개념이다. 2. 吉神은 逆用의 格이다. 3. 偏官과 七殺의 차이는? 4. 月劫格과 羊刃格의 차이는? ※ 凶한 것은 剋하고 吉한 것은 泄氣	殺 食 殺用傷官 傷官帶殺 殺透食神 (食神制殺) 身強上格 身弱下格	殺 七殺 + 傷官	→泄→ 印 七殺佩印 (殺印相生) 身弱上格 身弱中格	[傷官格] ▶身弱 傷官生財는 下格(破格) ▶金水傷官은 官用한다(傷官見官 아님 - 조후). 단, 직접 상극은 피하는 게 좋다. ▶木火傷官은 印用한다.
	印 →剋→ 傷官 傷官佩印 身弱上格 身強上格 最強下格	傷 傷官	→合去→ 殺 傷官合殺 →泄→ 財 傷官生財 身弱上格 身弱中格 極弱下格	[劫財格] ▶建祿, 月劫格은 成格 여부를 同一하게 본다.
	官 →剋→ 劫財 殺 劫財用官 身強上格 身弱中格	劫 劫財	→合去→ 殺 七殺合去 →泄→ 食 食神格 身強上格 身弱中格	[羊刃格] ▶羊刃格에 官殺混雜은 무방하다.
	殺 →剋→ 刃 官 羊刃用殺 (羊刃露殺) 身強上格 身弱中格	刃 羊刃	→泄→ 食 羊刃透食 身強上格 身弱中格	

吉神 敗格	1順位	格 (用神)	2順位 (역할:格(用神)보호)	부가 내용 전제 조건
1.吉神을 剋할 때 2.吉神이 　刑冲될 때 3.吉神이 　合去될 때 4.吉神이 　凶神을 生할 때 5.混雜될 때	劫 —剋→ 群比爭財 (比劫奪財) 身强弱不問	財	—生→ 殺 財生殺 身强弱不問	[財格] ▶財多身弱 시 破格 ▶殺이 미약하면 財生殺 吉함(殺도 官으로 취급)
	傷 —剋→ 官透傷官 (傷官見官) 身强弱不問	官	←混雜→ 殺 正官透殺 (官殺混雜) 身强弱不問	[正官格] ▶身弱 시 正官太過 下格 ▶孤官無補, 正官虛弱 下格 ▶印多官洩 下格
	財 —剋→ 貪財壞印 단 身弱, 印弱시만 破格	印	—剋→ 食 梟神奪食 (偏印盜食)	[印綬格] ▶印綬가 食神을 剋하지 않는다면 印綬格에 食神 透出은 成格이다. ▶편인 투식은 오히려 吉하다. 단, 食神을 相剋하지 않을 것.
	印 —剋→ 食神逢梟 (偏印盜食) 身强上格 身弱中格	食		

凶神 敗格	1順位	格 (用神)	2順位 (역할:格(用神)보호)	부가내용 전제조건
1.凶神은 그 자체로 破格 2.凶神이 吉神을 剋 할 때 더욱 凶하다.	財 —生→ 財生官 (七殺逢財)	殺	←混雜→ 官 七殺逢官 (官殺混雜)	[傷官格] ▶金水傷官은 官用한다. (傷官見官 아님-조후) 단, 직접 相剋은 피하는 것이 좋다.
		傷	—剋→ 官 傷官見官	
	印 —生→ 劫財用官 身强上格 身弱中格	劫	—剋→ 財 群劫爭財 (比劫奪財)	
	印 —生→ 母子滅衰	刃	—剋→ 財 群劫爭財 (比劫奪財)	

제2편 자평진전 개요

1 자평진전이란

(1)『자평진전』원저: 심효첨(청대 건륭시대의 관리)
심효첨의 1747년 手記本을 1776년 호금보 등이 子平眞詮이라는 이름으로 간행.
(2)『자평진전평주』: 1936년 서락오가 子平眞詮에 자신의 견해로 註를 단 것이 『자평진전평주』이다.

2 자평진전을 왜 알아야 하나

(1)사주의 기본 틀을 분석하는 체계적인 방법을 알게 된다.
→ 논리적, 신속성
(2)사주 그릇의 크기와 품질을 가늠할 기준을 알게 된다.
→ 신분의 차이 구분, 신분의 높낮이를 판단 기준

3 억부용신 관법과 자평진전 관법의 차이

(1)抑扶用神 觀法:
①일반적, 전통적 사주 관법.
②운의 시기 판별 용이, 용신 판별 어려움.
(2)子平眞詮 觀法:

①1990년대 중반 이후 알려진 관법.
②사주의 그릇과 품질 판단 용이

4. 자평진전 학습 시 주의점

(1) 子平眞詮의 새로운 용어들을 잘 구분해야 하며 특히 "用神"은 억부용신 관법에서의 用神과 완전히 다른 개념이므로 혼동해서는 안 된다.

(2) 자평진전 학습 시에는 기존의 억부 관법의 용신 개념을 머리에서 완전히 지우고 시작해야 한다.

(3) 子平眞詮評註를 교재로 볼 때는 서락오의 견해가 실린 註 부분은 가급적 보지 않아야 子平眞詮 원래의 의미를 잘 이해할 수 있다.

제3편 용신(用神)과 격(格)

1 | 八字의 用神은 오로지 월령(月令)에서 구한다.

*자평진전 이해의 가장 중요한 부분이니 주의 깊게 살펴볼 것.

⑴八字用神轉求月令 - 팔자의 용신은 오로지 월령에서 구한다.

⑵여기서 월령은 月支를 말하는 것이 아니다.
　(예:寅月의 경우 寅이 아니라 寅 中 戊丙甲 중에서 구한다)
　①月支:年月日時 地支 4개 중에 월에 위치에 있는 地支 자리 중의 하나.
　②월령:명령권을 가진 중요한 地支로 地支의 地藏干을 포함한 것.

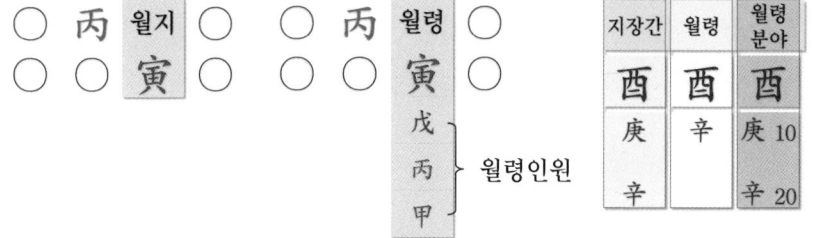

⑶지장간, 월령분야, 월령인원을 구분해야 한다.
　①월령분야(12月令人元司令分野):月의 深淺구분.
　　㈎子午卯酉 : 10, 20일　㈏寅申巳亥 : 7, 7, 16일

㈐ 辰戌丑未 : 9, 3, 18일

② 子平眞詮의 用神 혹은 格의 기준은 월령인원이다.
월지인원, 월령장간, 지장인원이라고도 한다.

※ 자평진전에서 격을 잡는 기준이 되는 "월령"과 계절의 심천을 나타내는 "월령분야"는 서로 다르다.

■ 월령 ≠ 지장간

자평진전에서 格을 잡을 때 오로지 월령인원을 이용한다.

▶格을 잡을 때는 월령인원으로 한다.

```
○ 乙 ○ 庚
○ ○ 酉 ○
     庚
   辛 월령인원
```

① 庚이 年干에 透出 되어서 正官格으로 보면 안 된다.
② 여기서 庚은 地藏干이 투출 된 것으로 月令이 아니다.
③ 格은 子午卯酉는
　㈎ 月令은 本氣를 잡는다.
　㈏ 따라서 偏官格이 된다.

⑷ 월령(월령인원)의 구성

월령	월령인원	월령	월령인원	월령	월령인원
寅	戊丙甲	辰	戊癸乙	子	壬癸
申	戊壬庚	戌	戊丁辛	午	丙己丁
巳	戊庚丙	丑	己辛癸	卯	甲乙
亥	戊甲壬	未	己乙丁	酉	庚辛

①寅申巳亥, 辰戌丑未月은 透出, 會合으로 用神(格)이 변화될 수 있다.
②子午卯酉月은 用神(격) 변화 없다. 月支가 곧 용신(격)이다.
③辰戌丑未月은 雜氣月이라고도 한다.

2 用神이 곧 格이다.

⑴즉, 月令에서 用神을 구하며 그것이 곧 格이다.
⑵단, 기본은 월령 본기 기준
　가령 寅月의 경우 寅 중 본기 甲을 用神으로 삼으며 이것이 格이 된다.

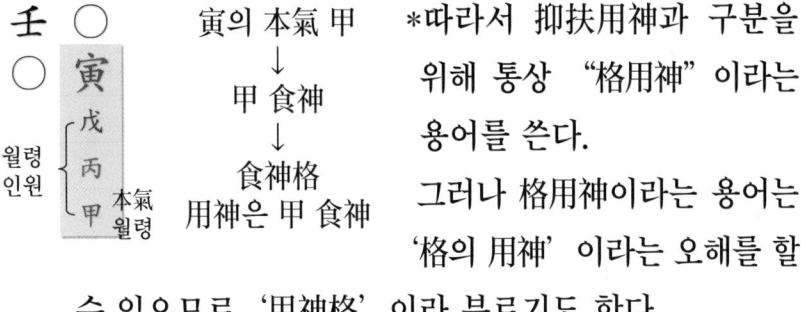

*따라서 抑扶用神과 구분을 위해 통상 "格用神"이라는 용어를 쓴다.
　그러나 格用神이라는 용어는 '格의 用神'이라는 오해를 할 수 있으므로 '用神格'이라 부르기도 한다.

①八字 用神: 월령에서 用神을 구한다.

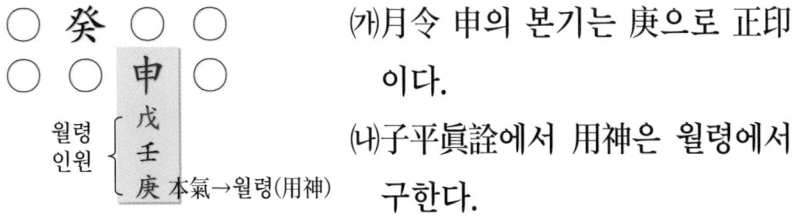

㈎月令 申의 본기는 庚으로 正印이다.
㈏子平眞詮에서 用神은 월령에서 구한다.

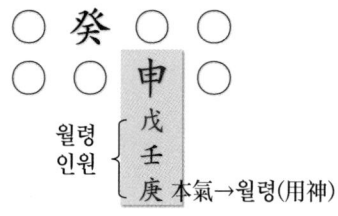

㈐ 기본은 월령 본기 기준으로 한다.
→ 月令의 本氣가 用神이 된다.
→ 正印이 用神.
㈑ 用神이 곧 格이 된다 → 正印格.

※ 子平眞詮에서는 五行을 쓰지 않고 六神을 쓴다.
陰陽을 엄격히 구분한다 - 陰陽論.

② 월령 본기가 用神이며 곧 格이 된다.

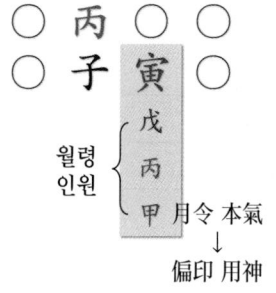

㈎ 寅月의 경우로 월령 본기가 甲이다.
㈏ 월령 본기 甲이 用神이며 格이 된다.
㈐ 甲은 偏印으로 偏印 用神이며 格이 된다. → 偏印格

※ 월령 본기가 用神이며 곧 格이 된다.

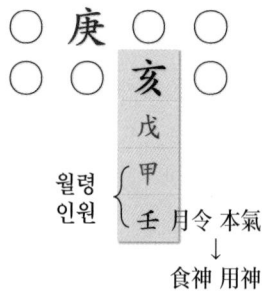

㈎ 亥月의 경우로 월령 본기가 壬이다.
㈏ 월령 본기 壬이 用神이며 格이 된다.
㈐ 壬은 食神으로 食神 用神이며 格이 된다. → 食神格

3. 월령에 用神이 없을 때도 있다.

(1) 日干과 같은 五行의 月令은 格으로 삼지 않는다.

(2) 월령이 比肩, 劫財, 羊刃일 때.
다만 建祿格, 月劫格, 羊刃格으로 이름은 붙인다. 이때는

① 官, 財, 食傷 등이 天干에 透出 하였거나
② 地支에서 三合, 三會局을 이루었다면
그것을 用神으로 정한다.

예 - 1 월령 본기가 辛 比肩이다.

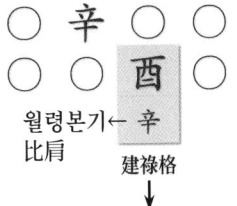

○ 辛 ○ ○
○ ○ 酉 ○
월령본기 ← 辛
比肩
建祿格
↓
※월령에 格이 없어 다른 곳에서 찾는다

① 用神은 月令에서 구하는데, 본기를 用神으로 한다.
② 酉月이라 월령 본기가 辛 比肩이 用神이므로 比肩格(建祿格)이다.
③ 用神이 日干과 같은 五行이라 比肩格을 用神으로 쓸 수 없다.

※ 格과 通辯은 다르다.
格으로 잡지는 않지만, 通辯에는 比肩, 月劫, 羊刃格을 사용한다.

예-2 월령 본기가 庚 比肩이다.

○ 庚 ○ ○
○ ○ 申 ○
    庚
월령본기← 比肩   建祿格
    ↓
※月令에 格이 없어 다른 곳에서 찾는다
※월령인원〉天干 官財食, 地支 三合, 方合, 六合

① 用神은 월령에서 구하는데 본기를 用神으로 한다.
② 申月이라 월령 본기가 庚 比肩이 用神이므로 比肩格(建祿格)이다.
③ 用神이 日干과 같은 五行이라 比肩格을 用神으로 쓸 수 없다.

예-3 建祿格 → 正官 透出 → 正官格

정관 투출
庚 乙 ○ ○
○ ○ 卯 申
월령본기← 乙 戊 지장간
比肩   建祿格 壬
        庚

① 월령 본기 乙 比肩으로 日干과 같은 五行이다.
따라서 比肩格 또는 建祿格이 된다.
② 이때에는 天干에 財, 官, 食傷이 透出하였는가, 地支에는 會合하였는지를 보아야 한다.
③ 그런데 天干에 庚 正官이 申에서 透出하였고 地支에는 會合이 없어
④ 庚이 申(根)에 뿌리 하고 透出하여 임의로 格을 잡는다.
⑤ 天干에 透出한 正官을 用神으로 한다. → 正官格이다.

임의로 格을 잡을 때의 우선순위
① 正官 〉財星 〉食神, 印星의 순서이다.
② 핵심은 正官으로 한다.
  正官의 힘(根 有無)과 生助 여부를 보아야 한다.

예 - 4 建祿格 → 木三合局 → 食神格

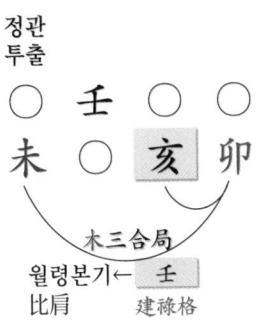

① 月令 本氣 壬 比肩으로 日干과 같은 五行이다.
  따라서 比肩格 또는 建祿格이 된다.
② 이때는 天干에 財, 官, 食傷이 透出 되었는가, 地支에는 會合하였는지를 보아야 한다.
③ 그런데 地支에 亥卯未 三合을 하고 있으므로 三合局을 用神으로 한다.
④ 亥卯未 三合은 합해 陽干이 되므로 甲 食神을 임의로 格을 잡는다.
⑤ 地支 三合으로 甲 食神을 用神으로 한다. → 食神格이다.

三合은 陽干으로 格을 정한다.
① 亥卯未→甲   ② 寅午戌→丙
③ 巳酉丑→庚   ④ 申子辰→壬

① 월령 用神은 比肩으로 建祿格인데 用神이 日干과 같은 五行이라 格으로 쓸 수 없다.

② 먼저 월령인원에서 透干 된 것을 보고 없으면 다음에 天干에 透干된 官星, 財星, 食神을 보거나 地支의 會合을 보고 임의의 用神을 잡아 格을 정한다. ㉠정관격

③ 正官이 透干되어 正官이 用神이 되어 正官格이 된다.

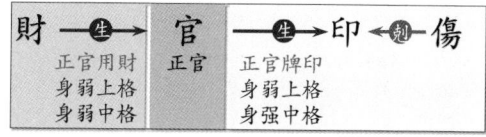

④ 正官이 기준이 되므로 正官의 힘(根의 有無)과 六神의 生助에 따라 그릇과 품질이 달라진다.

㈎ ㉠正官格은 좋은 사주이다. 吉神 成格이다.

㈏ ㉠正官格에 丙 傷官이 透干하면 吉神 正官을 剋해 成格에서 吉神 敗格이 된 ㉡正官格이다.

그러므로 ㉡正官格은 ㉠보다 格이 떨어진다.

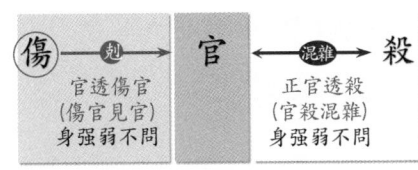

⑤ ㉡에 印綬가 透出 되면

㈎ 用神 正官(庚)을 剋하는 傷官(丙)을 剋하여 正官이 살아난다(正官 기준).
좋다, 공부로 어려움을 해소한다.
九死一生

㈏ 正官은 살아나고 申에 뿌리(根)를 내려 힘이 있으므로 格이 높아진다.

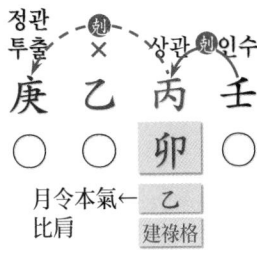

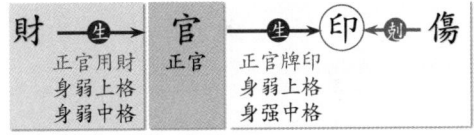

⑥ ㉣과 같이 時支에 寅이 오면 正官의 뿌리가 없어 힘이 없다.
따라서 비리비리 하다.
관직을 지켜야 하나.. 말아야 하나...

> 이와 같이 글자의 배열에 따라 사주의 높낮이가 달라진다.
> 正官, 財星, 食神, 印星을 基準하여 天干, 地支로 높낮이를 판단한다.

| 문 의 | 戌은 丙의 根이 되는가? |

○ 辛 丙 ○ 乾
戌 ○ ○ ○

(1) 결론은 根이 된다.
　① 根이 되는 것과 格으로 잡는 것은 별개이다.
　② 섬세하게 통변 하려면 0, 1, 2 ~ 10이 있다고 하면

0	1	2	3	4	5	6	7	8	9	10
없는 것	있는 것									

　　㈎ 0과 1은 다르다, 0과 2도 다르다.
　　㈏ 0은 없는 것이고 1, 2, 3~10은 있는 것이다.
　　㈐ 없는 것에 비하면 있는 것은 단계가 많은 것이다.
　　㈑ 있는 것의 무리라 하여 1, 2, 3~10이 다 같은 것이
　　　 아니고 각각이 다른 것이다.
　　㈒ 사주를 볼 때
　　　　㈀ 丙이 戌에 1만큼 있는지, 2만큼 있는지 … 10만큼
　　　　　 있는지를 구분할 수 있어야 한다.
　　　　㈁ 즉 戌은 丙의 1만큼 根을 하는지, 2만큼 根을 하는지
　　　　　 ~10만큼 根을 하는지를 구분할 수 있어야
　　　　㈂ 여기에 맞는 통변을 할 수 있다.
(2) 사주를 공부할 때 "된다, 안 된다"로 공부하지 말라.
　① 되면 어느 단계까지 되고, 안 되면 어느 단계까지 안 되는지
　　 단계를 세분화할 줄 알아야 한다.

②그래야 통변이 나온다. "된다, 안 된다"고만 하면 말문이 막힌다.
③남편 丙은 어디에 根을 하는가?

㈎時支 戌에 通根한다.
　㈀時柱는 子息宮이므로 자식이다.
　㈁자식에게 의지한다는 통변이 나온다.
㈏자식에게 얼마나 通根하고 있는가?
　㈀丙은 戌에 조금 通根하고 있다.
　㈁子息에 조금 의지하게 된다고 통변한다.
㈐언제 의지하는가?
　㈀戌은 火庫라 남편이 늙어서 갈 곳 없으면
　㈁戌은 時柱라 末年이라 나이 들어 늙어서.

④아래와 같이 되면 해석이 달라진다.

㈎오행의 글자가 있는가 없는가만 보면
　㈀앞과 똑같다. 丙, 戌
　㈁그러나 글자의 배치가 달라졌다.
　→ 해석이 완전히 달라진다.

㈏ 남편이 子위에 앉아 있다.
　㈀ 남편 힘이 없다(胎地).
　㈁ 따라서 남편 볼품없다.
㈐ 年支에 通根(의지)하고 있다.
　㈀ 年支는 祖上宮이다.
　㈁ 남편은 술만 마시면 "내가 양반 집 자손으로 말이야 ~"고 하면서 말이 많다.
※ 戌은 술(술꾼), 개가 짖는다(말이 많다).

　㈂ 戌은 술이며 "개가 짖는다"는 의미도 있어 술만 마시면 戌에 대한 말을 자꾸 한다.
㈃ 戌의 위치가 祖上宮에 있다.
　㉮ 年柱는 家門, 집안을 뜻한다.
　㉯ 戌 正氣가 戊土로 印星이라 工夫, 學問을 뜻하여 벼슬한 집안이다 → 양반 집안.
　이와 같이 戌의 위치에 따라 통변이 달라졌다.
㈑ 이 여자가 제일 억울한 것이 무엇일까?
　㈀ 남편 집안은 좋았으나 남편은 볼품이 없다.

㈐남들은 남편 잘 만났다고 시집 잘 갔다고 하는데 정작 본인 속은 터져 못살겠는데.

⑤그러나 이 여자는 남편을 버리지 못한다.

㈎丙辛합하고 있기 때문이다.

＊천간 글자에 따라 해석이 달라진다.

■천간의 글자에 따라 해석이 달라진다.

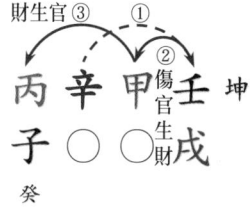

⑴돈 벌어 남편 뒷바라지 한다.

①남편이 참 짜증 나지만, 능력도 좀 부실하고 맨날 조상 타령이나 하고 우리 집안 무시하고 그래도 남편이라고 돈 대어 남편 뒷바라지해 준다.

②傷官生財라 바깥에 나가 더러운 일 하면서 내가 돈 벌어 뒷바라지한다.

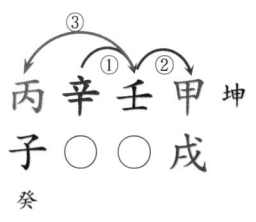

⑵천간의 甲과 壬의 배치가 다르면 통변도 완전 달라진다.

①천간 글자들은 甲, 壬이 똑같이 있다. 있다, 없다는 같지만 천간의 배합이 달라지므로 → 통변이 달라진다.

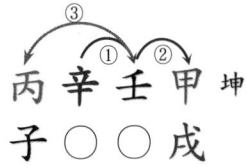

②밖에 나가 일을 하여 돈을 벌어 나를 위해 쓰지 않고 밖에 나가서 돈을 쓴다.
③그러면서 남편에게 "야! 인간아, 너 돈 벌어 오는 것이 이것밖에 없냐?"며 잔소리한다.
* 傷官見官이 되어 傷官으로 官星을 剋하기 때문이다 → 잔소리가 심하다.
④통변은 "아줌마는 남편에게 할 말은 다 하고 사네요"

■地支 위치에 따라 통변도 달라진다(辛戌이 없지만 있다고 가정하면).

⑴남편은 妻에 의지한다.
①남편은 妻 구박에도 붙어 있다.
②남편 丙의 根 의지처가 日支 戌이기 때문이다.
※남편에게→妻 말고 갈 곳 없는데 참고 계세요.

※이와 같이 글자의 위치가 바뀔 때 즉각 변화된 통변을 할 수 있어야 한다.

■因緣法에 따라 달라진다.
이 사람이 인연에 따라서 통변이 바뀌는데,

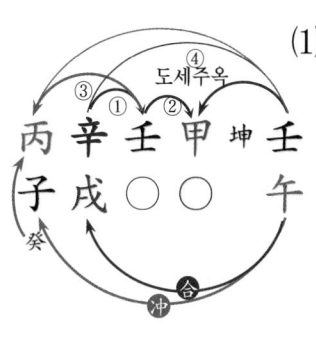

⑴남편이 壬午生이라면,
　①남편 입장에서는 참 안됐다.
　　㈎가득이나 상관으로 남편을 갈구고 있는데,
　　㈏壬午生이 남편(丙)을 더 박살 내게 한다.
　㈀月干 壬水가 丙火를 剋하고 있는 가운데
　㈁因緣으로 들어오는 壬水가 남편(丙)을 子午冲하여 더욱 박살 나게 된다.
　②남편에게 잘해 주지만(午戌合) 말(壬水)로 남편을 조진다.
　　※傷官:말, 행동
　③이러한 남편의 마음을 이해를 해 주어야 한다.
　　※辛金은 配星으로 陶洗珠玉하는 壬水를 인연으로 맞이 한다(壬, 亥).

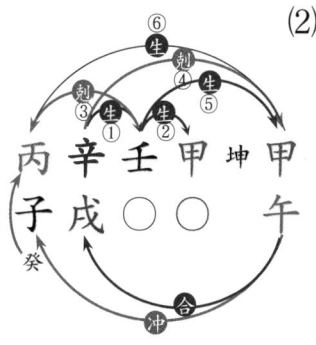

⑵남편이 甲午生이면
　①傷官生財, 財生官해 준다.
　　㈎壬水 傷官이 甲木 正財를 生하며 (傷官生財),
　　㈏甲木 正財는 丙火 正官을 生한다 (財生官).
　②내가 남편한테 잔소리를 하고 싶은데(壬剋丙),
　　㈎그래도 미운 놈한테 떡 하나(甲) 더 주자고

㈏남편에게 돈도 주고 잘해 준다.
③午戌合을 하여 미운 와중에도 情이 있다.

⑶남편이 戊午生이면 최고다.

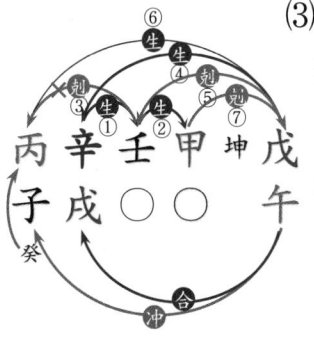

①戊土 正印이 壬水 傷官을 막아 준다 → 傷官佩印이 된다.
②午戌合이 되어 문서(자격증)가 들어온다.
㈎뜬금없이 자격증을 따라고 한다.
"사모님 남편이 자격증 따라고 하지 않던가요?
"나가서 돈 벌라고 부동산 자격증을 따라고 합니다."
③그런데 문제가 있다. 자식 자리를 子午冲한다.
㈎자식 때문에 맨날 싸운다. 자식 키우는 방법은 남편하고 맞지 않다.
㈏부부 사이의 인연은 잘 맞는데(午戌合을 하고 있어), 자식 키우는 일로 다툰다(子午冲).
④부인 입장에서 戊午生을 만나면
㈎공부를 하고 싶은 계기가 온다. 공부 할 수 있는 계기나 상황이나 권장하는 일이 생긴다.
㈏공부하려고 하는데 뭐가 막는가?
甲 財星이 막는다. 돈 때문에 못하는 것이다.
㈐남편이 자격증 따라고 하고, 공부도 하고 싶은데, 돈이 없어서 못 한다.

㈜ 이분이 언제 공부할 수 있는가?
돈 문제를 극복하고 공부할 수 있는 시기는?

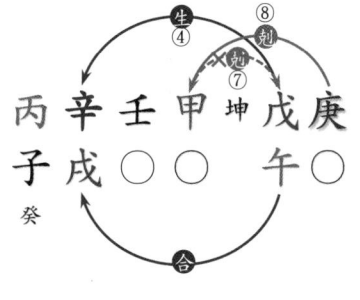

㈀ 天干의 己土運이나 庚金運에 공부를 시작할 수 있다.

㈁ 하지만 庚金運에는 문제가 발생한다.

庚이 오면 甲木을 剋하므로 돈을 깨어 버린다.

공부는 하는데 사기를 당한다.

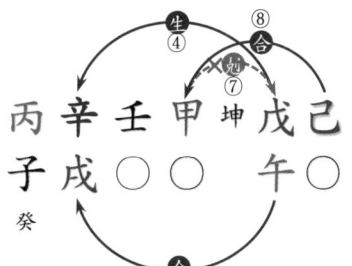

㈂ 따라서 己土運에 돈 문제가 해결되어 공부를 할 수 있게 된다.

제4편 용신(用神)의 변화

1. 用神의 변화

(1) 원래는 월령 본기가 用神이지만(예 寅月의 경우 寅 中 甲이 本氣).
(2) 월령의 투간이나 會合에 의해 用神이 바뀐다.
※ 용어 통일: 格 혹은 用神이라는 용어 혼용으로 헷갈릴 수 있으니 "格"으로 통일 표기함. 단, 타 관법과의 비교 시에는 格用神 혹은 用神格이라 표현.

예 - 1 會合에 의한 변화

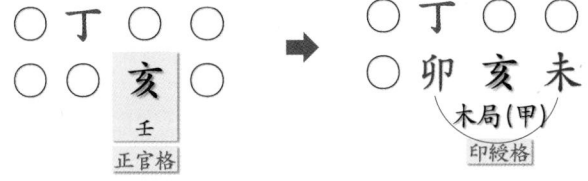

(1) 월령의 본기는 亥 中의 壬水이다. 正官이다.
　用神이 正官이고 正官格이다.
(2) 地支를 자세히 살펴보니 亥卯未가 있다.
　① 木局이 되어서 印綬格으로 변했다.
　　원래 正官格이었는데 印綬格으로 변했다.
　② 會合에 의한 格의 변화이다.

刑	寅巳申, 丑戌未, 子卯	備考
沖	부딪힘	
會	方合:약한데 月을 얻지 못하면 格작용을 하지 못한다.	子平眞詮
合	三合, 六合	

③會는 方合을 뜻한다. 合은 三合, 地合(육합)이다.

合 中에서 제일 強力한 것은 三合이고, 子平眞詮에서는 方合도 본다.

三合은 하나라도 없으면 없는 하나를 당겨 오려고 하며 힘은 弱해도 合을 한다.

④方合도 하나가 빠져도 合을 한다. 중간에 하나가 빠져도 拱挾(공협)으로 合을 한다.

○ ○ ○ ○
○ 子 寅 ○
　　丑

㈎子丑寅에서 丑이 빠지면 丑을 拱挾으로 당긴다.

㈏方合은 合力이 弱하다. 方合은 의미가 없고, 특히 月을 얻지 못하면 弱하다.

⑤寅卯辰 方合을 하는가?

○ 丁 ○ ○
辰 卯 酉 寅
　　合 沖
戊 乙 辛
상관 편인 편재

㈎合이 힘들다. 卯酉沖으로 깨지고, 辰酉合한다.

이 정도 되면 合은 어렵다.

㈏辰酉合의 작용은 있다.

```
○ 丁 ○ ○
辰 卯 酉 寅
     冲
   合
戊  乙  辛
상관 편인 편재
```

어느 단계의 合인가를 알아야 한다.
㈀丁卯인 내가 공부를 한다. 왜 공부
  하는가?
㈁辰 中 戊土 傷官 기술을 배우려고
  공부를 하는데
㈂부모나 돈이 못하게 막네(부모궁
  재성 酉가 冲).

※하느냐 안 하느냐 하면 해석이 안 나온다. 작용을 보고 그것을 읽을 줄 알아야 된다.

※三合은 하나가 빠져도 成立한다.

※方合은 상담할 때 쓸 데가 많다.
  方合은 "된다, 안 된다"를 따질 필요가 없고 그것을 어떻게 통변에 쓸 수 있느냐 없느냐를 봐야 한다.

예-2 透干에 의한 변화

```
○ 己 ○ ○
○ ○ 申 ○
     庚
   傷官格
```

⑴투간에 의한 변화는 첫 번째 사주에서 월령 本氣가 庚이다. 庚이 傷官 用神이다. 傷官格이다.

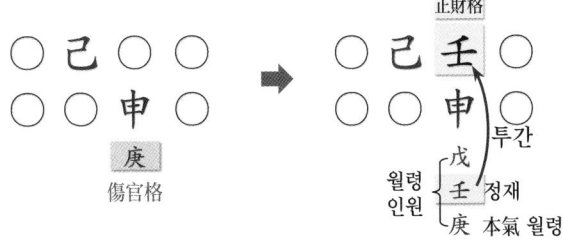

(2) 두 번째 사주에서 월령인원인 壬水가 투간되었다.
   ① 원래 傷官格이었는데 正財格으로 바뀌었다.
   ② 이것이 用神의 변화이다.

* 月令(月支) 人元의 構成

월령	월령인원	월령	월령인원	월령	월령인원
寅	戊丙甲	辰	戊癸乙	子	壬癸
申	戊壬庚	戌	戊丁辛	午	丙己丁
巳	戊庚丙	丑	己辛癸	卯	甲乙
亥	戊甲壬	未	己乙丁	酉	庚辛

*寅申巳亥, 辰戌丑未月은 透出, 會合으로 用神(格)이 변화될 수 있다.

*子午卯酉月은 用神(格) 변화 없다. 月支가 곧 用神(格)이다.

*辰戌丑未月은 雜氣月이라고도 한다.

2. 월령에서 무엇이 透出 되는가?

예-1 같은 五行이라도 陰陽이 다를 경우 透出로 보지 않는다.

```
         정재 水
○ 戊 ○  癸
○ ○ 申 ○
   편재水 壬
     偏財格
```

(1) 월령 본기가 庚이다.
　① 用神은 庚이고 食神格이다.
　② 申 중에 壬이 있다.
(2) 같은 五行(水)이 透出 되었다.
　① 壬과 癸가 陰陽이 다르므로 透出 된 것으로 보지 않아서 格으로 잡지 않는다.
　② 전제 조건이 있다. 雜氣月은 陰陽을 따지지 않는다.
※ 子平眞詮은 六親으로 본다. 즉 陰陽을 따지므로 陰陽이 다르면 格이 될 수 없다.
※ 단 雜氣月인 辰戌丑未는 陰陽을 따지지 않는다.
(3) 陰陽이 다른 것이 透出 되면

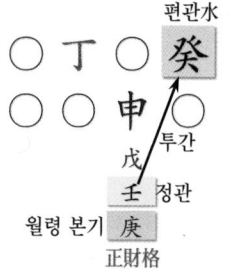

① 格으로는 잡지 않지만
② 통변시에 영향을 받는다.
③ 이런 경우 正財格으로 감안해서 봐도 무방하다.
　㉮ 이 경우 正財나 偏財나 같은 財格이라 상관이 없는데,
　㉯ 凶神이 되기도 하고 吉神이 되기도 한다.

* 학파에 따라 이론의 여지가 있다(陰陽이 달라도 透出로 간주 예).
* 단, 雜氣月은 透出字의 陰陽 구분하지 않는 것으로 간주한다.

(1) 원래는 正財格인데, 申 中 壬水가 癸水로 透干 되어서 편관격으로 보는 사람도 있다.
① '되는가? 안 되는가?' 로 보지 말고 이렇게 되었을 때 어떻게 볼 것이냐를 봐야 한다.

(2) 실제로 正財格으로 보지만,
① 申 中 壬水가 癸水로 올라온 것을 무시할 수가 없다.
② 正財格인데 癸水 偏官이 떴으니 破格이다.
  ㉮ 偏官의 作用이 생긴다.
  ㉯ 偏官이 天干에 떠서 五行의 기운을 얻어 작용을 해서 마치 壬水가 透出 된 것처럼 작용하는 것으로 보인다.
  ㉰ 원칙은 허용이 안 되는데, 현실적 작용력은 적용되는 경우가 많아 통변에서는 활용해야 한다.
  ㉱ 원칙은 아니지만 透出 된 것처럼 쓴다.
    ㉠ 집안은 양반인데 하는 일이 가끔 개차반이다.
    ㉡ 책에서는 五行이 다르면 인정하지 않지만 실제로는 유사하게 작용을 한다.
    ㉢ 현실적으로 적용은 된다.
  ㉲ 天干에 透出 五行이 그대로 가지고 偏官格으로 바뀐 것

처럼 해석을 하면 안 된다. 하지만, 아래는

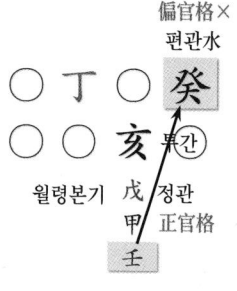

(1) 월령 본기가 亥中壬水로 正官이므로 正官格이다.
　① 癸水 偏官이 뜨면 壬水, 癸水로 관살혼잡(官殺混雜)이 된다.
　② 正官格인데 偏官이 떠서 관살혼잡(官殺混雜)이 되니 破格이 된다.
③ 偏官格이라서 破格이 된 것이 아니고, 正官格에 偏官이 떠서 破格이 된 것이다.
④ 偏官에 破格이 된 것하고 正官格에 偏官이 떠서 破格이 된 것과는 통변이 달라진다.
(2) 되는가? 되지 않는가? 문제가 아니라 이런 변화가 있을 때에 이것을 어떻게 해석할 것인가가 중요하다.

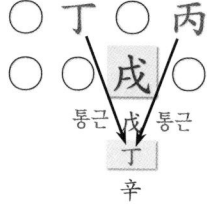

(1) 庫에 대한 이야기를 할 때, 丙이 天干에 떴을 때, 戌에 根을 하느냐?
　① 寅午戌에는 다 根을 한다.
　② 戌은 火의 본거지이기 때문에 당연히 根을 한다.
　③ 根을 하지만 그 정도는 다르다.
　　(0, 1, 2, 3, 4, 5, 6, 7, 8, 9, 10 정도 차이)

제5편 格의 성패(成敗)

格의 成敗를 구분하여 四柱의 좋고 나쁨을 판단할 수 있다.

1 | 길신격(吉神格)과 흉신격(凶神格)

格(用神)을 吉神格과 凶神格으로 구분한다.

吉神格과 凶神格은 다음과 같다.
⑴吉神格:格이 財, 官, 印, 食格일 때(예:食神格은 吉神格이다)
　①成格: 格이 쓸모 있게 된다. 좋아진다는 뜻이다.
　②破格: 깨져서 못 쓰게 되는 것으로 나뉜다.
⑵凶神格:格이 殺, 傷, 劫, 刃格일 때(예:羊刃格은 凶神格이다)
　①成格: 格이 쓸모 있게 된다. 좋아진다는 뜻이다.
　②破格: 깨져서 못 쓰게 되는 것으로 나뉜다.
　(吉神格과 吉神, 凶神格과 凶神을 구분한다)

> ▶吉神(吉하게 작용하는 神) : 財, 官, 印, 食
> ▶凶神(凶하게 작용하는 神) : 殺, 傷, 梟, 刃(羊刃)

重要 : 吉神이든 凶神이든 配合이 잘되면 成格이 될 수 있다.

```
○ 甲 ○
○ ○ 申 ○
     편관격
```

⑴甲木이 申月에 태어났다. 偏官格이다.
　①申 월령 본기가 庚 偏官 殺이라서
　　殺格이다.

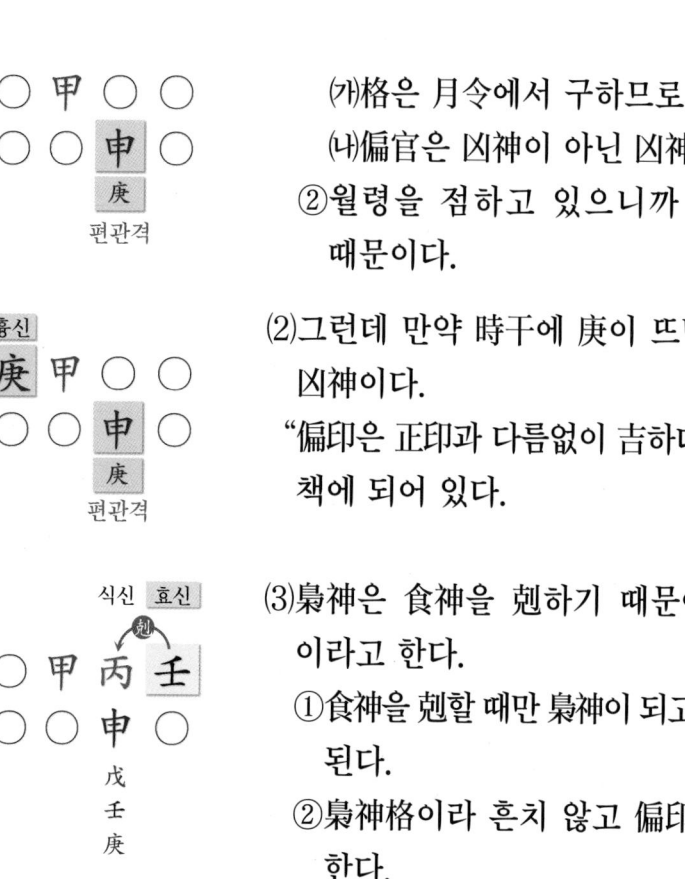

㈎格은 月令에서 구하므로
㈏偏官은 凶神이 아닌 凶神格이다.
②월령을 점하고 있으니까 格이기 때문이다.

⑵그런데 만약 時干에 庚이 뜨면, 그냥 凶神이다.
"偏印은 正印과 다름없이 吉하다" 라고 책에 되어 있다.

⑶梟神은 食神을 剋하기 때문에 梟神이라고 한다.
①食神을 剋할 때만 梟神이 되고 凶神이 된다.
②梟神格이라 흔치 않고 偏印格이라 한다.

⑷食神이 떠 있어서 아름다운데 偏印이 뜨는데
①이때는 梟神이라고 한다.
②왜냐하면 食神을 剋하기 때문이다.
③그런데 四柱에 丙火가 없다면
 ㈎年干 壬水는 그냥 偏印이다.
 ㈏梟神이 아니다.

2 | 성격(成格)과 파격(破格)

(1) 成格이 되는 경우

格이 쓸모 있게 된다, 좋아진다는 뜻이다.

①吉神格을 順用할 때 → 吉神格을 生助, 保護할 때
  ㈎吉神格은 좋은 格이니까
  ㈏살살 달래서 吉神格의 힘을 북돋아 주거나 손상이 나지 않게 하면 → 成格, 좋은 것이다.

②凶神格을 逆用할 때 → 凶神格을 抑制하거나 吉神을 生助, 보호할 때
  ㈎또는 凶神格은 나쁘고 毒하니까
  ㈏이것을 억제하거나 그 기운을 빼 줄 때 凶神格을 逆用한다는 것이다. 逆用할 때 좋아진다.

(2) 破格이 되는 경우

格이 깨어져 못 쓰게 되는 것을 뜻한다.

①吉神格을 破剋할 때
  ㈎吉神格을 剋, 刑冲, 合去할 때,
  ㈏吉神格이 凶神을 生助할 때.

※예를 들어
  ㈎ 正官格인데 正官을 깨어 버린다든지 하면 破格이 된다.
  ㈏ 吉神格을 剋刑冲, 合去하거나 凶神格을 傍助(방조)할 때 破格이 된다.

② 凶神格을 傍助(방조:곁에서 도와주는 것)할 때
  ㈎ 凶神格을 生助하거나
  ㈏ 吉神을 破剋할 때
  ※凶神格은 나쁘지만 凶神格 自體가 더 나빠진다.
    凶神格은 가만히 있어도 나쁘다.

③ 이때 格을 살려 주는 것을 相神이라 한다.
  ※예: 正官格에서 財星, 傷官格에서 印綬가 相神이다.

중요 내용

吉神格이라고 해서 무조건 좋은 것은 아니고
凶神格이라고 해서 무조건 나쁜 것은 아니다.
配合에 의해서
吉神格도 나빠질 수 있고,
凶神格도 얼마든지 좋아질 수 있다.

3 성격(成格)의 조건 - 吉神格 順用

예-1 吉神格이 吉神의 도움을 받아 成格이 됨.

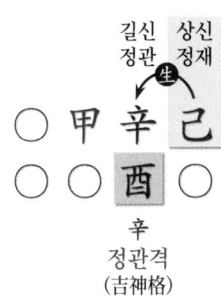

(1) 月令 辛이 透干 되어 正官格으로 吉神格 이다.
辛은 吉神.
(2) 正財 己土가 正官格(吉神格)을 生助 하여 成格이 된다.
(3) 이때 己土는 相神(格을 살려 주는 것) 이다.

예-2 吉神格이 凶神의 도움을 받아 成格이 됨.

(1) 月令 己가 透干 되어 正財格으로 吉神格 이다.
己는 吉神.
(2) 傷官 丁火가 正財格(吉神格)을 生助 하여 成格이 된다.
(3) 이때 丁火는 相神(格을 살려 주는 것) 이다.

4 길신 성격(吉神 成格)

⑴吉神格에는 네 가지가 있다.
　①財格, 官格, 印格, 食神格이다.
　②네 가지 吉格들이 어떻게 成格이 되는가?

⑵成格의 쓰임
　"아주 좋은 四柱다. 쓸모가 있다, 자신의 正道를 다할 수 있다." 라고 말을 할 수 있는 근거가 된다.

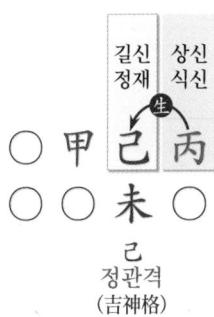

⑴正財格의 成格이다.
　①正財格의 좋은 조건의 1 順位가 食神이다.
　②傷官이 아니다. 丙火가 食神이다.
　③食神이 正財를 生해 줄 때, 財格은 食神을 볼 때 가장 좋다.
　→食神生財格이라고 한다.

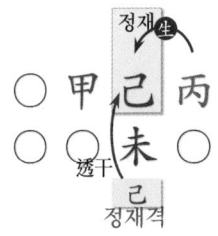

⑵이 四柱는 財透食神格이다.
　①食神生財는 하나의 현상이다.
　②食神이라는 것이 財星을 生해 준다는 의미의 현상이지 格과는 상관이 없다.
　③財透食神은 格局用語이다.

정관격
(吉神格)

㈎財透는 格을 말하고
㈏두 번째 있는 것 食神은 행동을 말한다.
움직임이며 動을 말한다.
㈐食神은 그로 인해서 작동하는 相神 내지 서술이라고 보면 된다.
㈑쉽게 말해서 財格인데 食神이 格을 도와주었다.

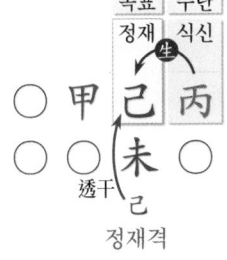

정재격

⑶ 人生의 목표는 돈이다(格이 인생 목표이다).
① 돈을 버는 것이 人生의 목표이다.
→ 正財格
돈을 버는 수단으로 食神을 쓴다.

식신격:목표

※ 인생의 목표는 내가 하고 싶은 것을 하는 것이다.
㈎食神格이다.
㈏내가 하고 싶은 것을 하면서 돈을 버는 것이다.
→ 해석이 다르다.

⑴格의 품질(1순위, 2순위)

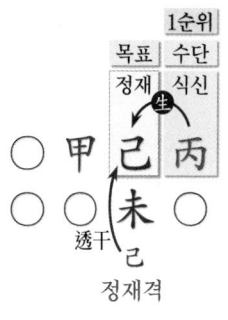

① 吉神格인데 食神 吉神으로써 財를 生해 줬다.
② 吉神 財星의 格을 힘을 더해 줬으니 더 좋은 것이다.
③ 正財格에 食神 吉神으로 힘을 더해 주니 1 순위가 되는 것이다.
그 다음 2 순위는 官을 만난 것이다. 正官 辛을 만난다.

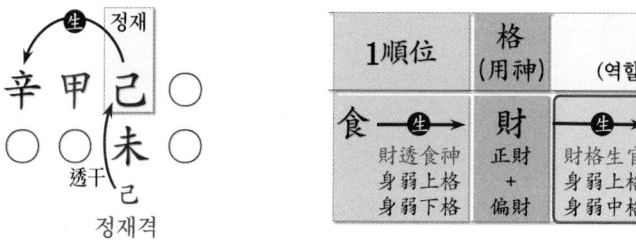

④ 吉神格인데 吉神 正官을 生助한다.
㈎ 吉神 正官을 生하기 위해서 己土 財星의 힘을 뺀다.
㈏ 내가 格의 힘을 나누어 주어 吉神을 生하니까 2순위가 된다.
㈐ 正財格이 제일 미워하고 싫어하는 것이 劫財다.

劫財를 만나면 벌벌 떤다.
⑤ 乙木이 運에서 오고 있다면, 吉神에

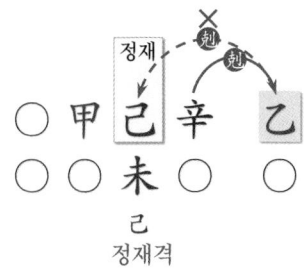

成格이 되었던 四柱가 劫財를 만나 破格의 요인이 되고 문제가 생긴다.

㈎이때 正官이 나서서 劫財를 막아 준다.

이렇게 正官이 앞에 있으면 참 좋다.

㈏이 사주는 도둑이 돈을 훔치려고 오는데 경찰한테 먼저 두드려 맞는다.

㈐손상 없다. 손해가 있다 해도 弱하다(예방).

'손재의 위기가 있지만 법과 절차에 따라 行하다 보니 큰 손해는 면하겠군요.'

⑥運에서 乙이 오면 배합에 따른 통변의 차이를 알아야 한다.

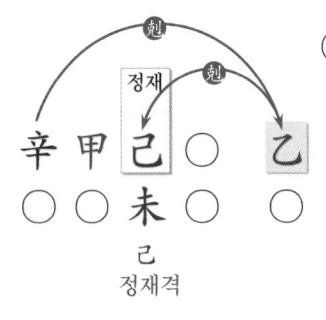

㈎劫財 乙이 와서 財星 己를 깨어 버린다.

㈏일단 돈이 깨진다.

돈이 깨어진 다음에 경찰이 출동한다.

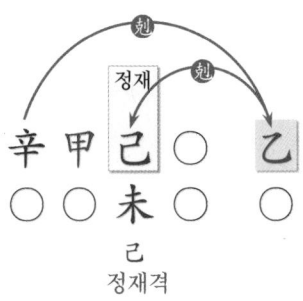

㈐손해가 난다. 해결은 되겠지만 일단 손해는 난다.
'일단 올해 선생님은 돈이 먼저 박살 나고 해결 되겠다.'

㈑吉神으로서 吉格을 生助하는 것은 아주 좋은 것이다.

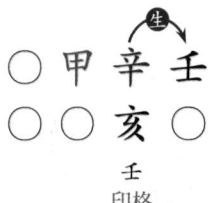

⑵印格은 正印과 偏印을 합한 것이다.
① 亥月에 나고 壬水가 투출했다.
② 成格이다.
  ㈎ 吉格에 正官이라는 吉神이 떠 가지고
  ㈏ 相生을 해 주니 成格이 된다.

③ 배치가 좋은 것이 正官인 辛金을 손상시키는
  ㈎ 傷官인 丁火가 들어왔을 때
  ㈏ 印綬인 壬水가 丁壬合으로 막아 준다.

이런 구조가 상당히 좋은 것이다.

④ 印綬가 똑같이 떠도, 뒤에 뜬 것하고 앞에 뜬 것 하고는 하늘과 땅 차이다.

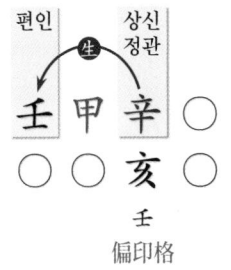

偏印格

㈎亥 中 壬水 月令이 透出하여 偏印格으로 吉神格이다.

㈀壬水가 用神이다.

㈁辛 正官 吉神이 天干에 떠서 壬水를 生助해 주므로 辛은 相神이다.

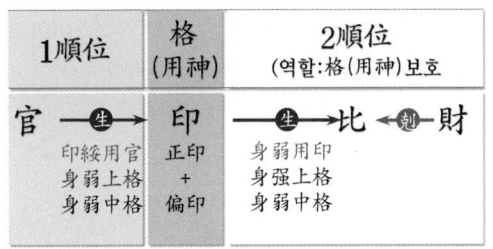

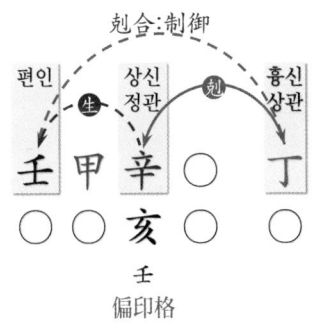

偏印格

※偏印格에 辛이 壬을 生하고 壬이 丁을 막아준다.

㈂偏印格에 辛金 正官이 떠서 格을 보호하고 生助도 해 준다.

㈃이렇게 보좌해 주는 神을 상신(相神)이라고 한다. 用神이라는 王을 보좌해 주는 宰相이라는 뜻이 있다.

㈏丁이 왔을 때,

㈀傷官 丁火가 일단 正官 辛金을 깨고 시작한다.

시비가 먼저 들어온다.

㈁그 다음에 壬水가 丁火와 丁壬合으로 丁火를 제어한다.

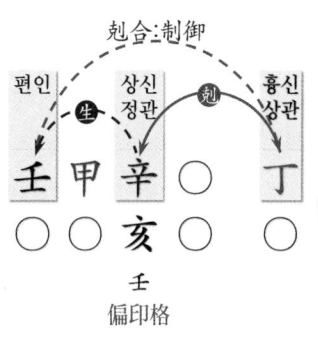

즉 시비가 해결된다.
　ⓒ먼저 시비가 들어오고 다음에 시비가 해결된다.
⑤四柱에서 相神이 힘이 있는 것이 아주 중요하다.
　㈎用神이 透出해서 吉格이 된 상태에서 相神이 보좌를 하는데

　㈏相神이 地支에 뿌리(根)를 가지고 있으면 더욱 힘이 좋다.
　→상당히 格이 높아진다.
　㈐그런데 相神이 힘(뿌리:根)이 없거나, 庫에 앉아 있으면 도와주지만 조금 힘이 딸린다.
　→여기에서 四柱의 高低 높낮이가 달라진다.

⑶凶神은 殺傷劫印이 凶神이다.
　①庚이 뜨면 凶神이다. 七殺 偏官이 떴다.

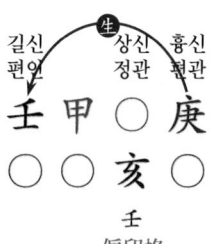

　㈎庚이 떠도 成格이 된다.
　㈏官이 生하는 것도 成格이지만 殺이 印을 生해도 成格이다.

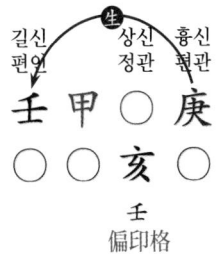

②비록 庚이 凶神이지만 印星 壬水를 살려 주기 때문에
㈎도적 떼를 이용해서 좋은 일을 하는 것이다.
㈏凶神으로 吉神을 生해도 좋은 四柱가 된다.

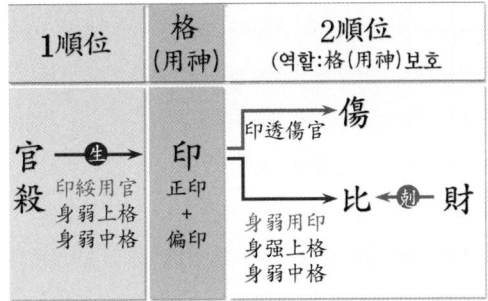

■吉神이라서 무조건 좋고 凶神이라고 무조건 나쁜 것이 아니고 吉神이던 凶神이던 配合이 좋으면 얼마든지 잘 활용할 수가 있다.

⑷凶神은 때려 잡는 게 좋다고 했다.
①吉神格으로 凶神인 傷官 丁火를 제압한다.
㈎凶神은 제압이 되거나 힘을 빼 주면 좋다.
㈏凶神이라고 하는 것을 印星이 제압하는 것만으로도 좋다.
成格이 된다.

② 印綬格은 傷官을 剋해도 吉神이 된다.
　㉮ 四柱에 凶神이 떠 있다 해도 나쁜 것이 아니라
　㉯ 이 凶神을 剋하거나 힘을 빼서 좋은 方向으로 바뀌면 成格이 된다.
　→ 印透傷官格이다.

5 | 길신 패격(吉神 敗格)

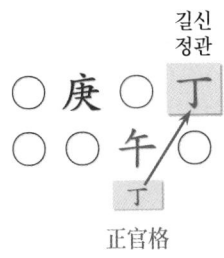

正官格

(1) 庚金 日干이 午月에 태어나 正官 丁火가 天干에 透干 되었다.
  ① 財官印食은 吉神이므로 丁 正官은 吉神이다.
  ② 월령 본기 丁 正官이 透干 되었다.
  ③ 正官格으로 成格이다.

(2) 그런데 傷官인 癸水가 時干에 透出 되면
  ① 殺傷劫刃은 凶神이다. 凶神은 제압하거나 힘을 빼는 것이 좋다.
  ② 여기서 癸 凶神을 제압, 洩氣할 수 없는데다,

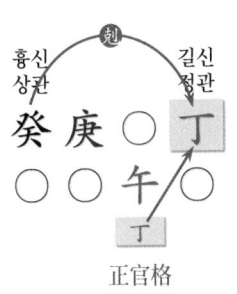

正官格

※凶神으로 吉神을 剋하므로 나쁘다(吉神의 힘을 뺀다).
→ 破格

  ㉮ 凶神인 癸水 傷官이 吉神 正官 丁火를 剋한다.
  ㉯ 凶神이 吉神을 剋하여 成格이 깨어져 破格이 된다(成格→破格).
  ③ 따라서 다 된 밥에 코 빠뜨리는 격이 된다. 좋은 집안(正官格:吉神)에 나서 개차반 짓을(凶神이 吉神을 깬다) 한다.

※吉格을 파손시키는 것은 반드시 破格이 된다.

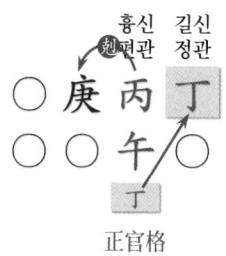

(3)또는 丙火가 透出 되면
　①正官格인데 凶神 偏官이 透出 되었다.
　②偏官 丙火가 透出 되어 官殺混雜이 되고 破格이 되었다.

■正官格으로 보면 吉格인데도
　⑴偏官이 뜨거나 傷官이 뜨면 破格이 된다.
　⑵偏官, 傷官이 四柱 內에 있든지 運에서 오든지

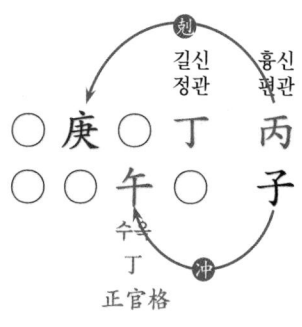

⑴運에서 丙子가 오면
　①正官格에 成格인 이렇게 좋은 四柱가 박살 나게 된다.
　②子가 오면서 午를 冲하게 되고 官殺混雜이 되어 쇠고랑을 차게 된다.
　"관청 드나드시겠네요"
　③囚獄殺을 건들면 감옥 간다.
　　㈎官殺混雜이 박살 나면서
　　㈏囚獄殺까지 건드리면 감옥까지 간다.

⑵運에서 丙이 오면
　①正財格으로 成格이라 좋은 사주인데 運에서 凶神 偏官 丙이 온다.

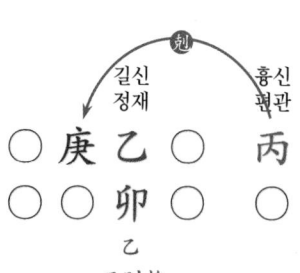

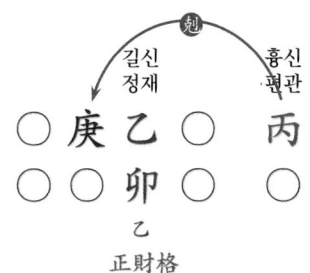

②吉神 正財 乙이 凶神 丙을 生하여 주게 되어(財生殺) 기껏 좋은 財格이 하는 짓이 殺을 생해 버린다.
凶神 丙이 나를 剋하게 된다.
③凶神을 生하면 그냥 凶格, 破格이 되어 버린다.
밥 팔아서 똥 사 먹는 사주가 되어 버린다.

6 흉신 성격(凶神 成格)

凶神 成格	1順位	格 (用神)	2順位 (역할:格(用神)보호)	부가내용 전제조건
1. 格(用神)을 剋하거나 泄氣하는 개념이다. 2. 吉神은 逆用의 格이다. 3. 偏官과 七殺의 차이는? 4. 月劫格과 羊刃格의 차이는? ※凶한 것은 剋하고 吉한 것은 泄氣	殺 食 殺用傷官 傷官帶殺 殺透食神 (食神制殺) 身强上格 身弱下格	殺 七殺 + 傷官	泄→ 印 七殺牌印 (殺印相生) 身弱上格 身弱中格	[傷官格] ▶身弱 傷官生財는 下格(破格) ▶金水傷官은 官用한다(傷官見官 아님 - 조후). 단, 직접 상극은 피하는게 좋다. ▶木火傷官은 印用한다.
	印 →剋→ 傷 傷官 傷官牌印 身弱上格 身强上格 最强下格	傷 傷官	合去→ 殺 傷官合殺 泄→ 財 傷官生財 身强上格 身弱中格 極弱下格	[劫財格] ▶建祿, 月劫格은 成格여부를 同一하게 본다. [羊刃格] ▶羊刃格에 官殺 混雜은 무방하다.
	官 →剋→ 劫 劫財用官 身强上格 身弱中格	劫 劫財	合去→ 殺 七殺合去 泄→ 食 食神格 身强上格 身弱中格	
	殺 官 羊刃用殺 (羊刃露殺) 身强上格 身弱中格	刃 羊刃	泄→ 食 羊刃透食 身强上格 身弱中格	

7 | 성격(成格)의 조건 - 凶神格 역용(剋泄無)

예-1 凶神格인데 剋을 당하여 成格이 됨.

■凶格은
⑴殺(七殺)格, 傷官格, 劫財格, 羊刃格이 있다.
⑵凶格도 配合이 좋으면 成格이 된다.
⑶凶神格은
　①때려잡는 게 제일 좋다. 格을 剋하는 것이다. ➡ 剋
　②두 번째는 泄氣하여 吉神으로 化하게 하는 것이다. ➡ 泄
　　㈎凶神의 氣運을 설기하고 다시 凶神을 生하면 破格이다.
　　㈏無力化(合) 시켜도 좋고 힘을 빼도 좋다. ➡ 無
　　㈐살려서 좋아지는 것이 아니라 죽여서 좋아지는 것이기 때문에 逆用이라고 한다. 逆用의 格이라고 한다.

⑴凶神格인데 剋을 당하여 成格이 됨.

```
        흉신
        상관
○  己  庚  ○
○  ○  申  ○
```

①傷官 庚金이 透出되어 傷官格으로 破格이다.
　㈎傷官은 凶神이므로 剋하는 것이 제일 좋다.
　㈏傷官을 剋하는 印星이 오면 凶神 傷官을 剋하여 破格이 成格으로 된다.

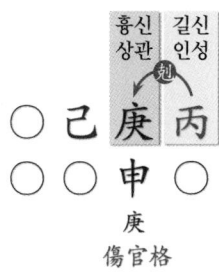

傷官格

㈎正印 丙火가 오면 凶神(格)인 傷官 庚金을 剋한다.
㈏따라서 印綬가 傷官格(凶神格)을 剋(逆用)하여 成格이 된다.
→ 傷官佩印格

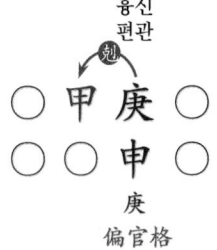

偏官格

② 偏官格(七殺格)이다. 凶格이고 破格이다.
㈎그렇지만 配合에 의해서 吉하게 된다.
㈀제일 좋은 것은 七殺(凶格)을 두드려 잡는 게 최고로 좋다.
㈁食神으로 剋하는 것이 제일 좋다.

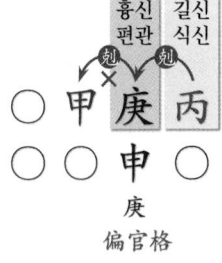

偏官格

㈏食神 丙火가 뜨면 庚金 七殺을 剋한다.
㈀나라의 큰 武將이 되거나 고위 관리가 될 수 있다.
㈁傷官 丁火로 剋하는 것은 차이가 있다. 丁은
庚을 剋하는 정도가 丙보다 弱하다.

※차이가 나면 차이 나는 만큼 통변해야 한다.

⑵凶神格이 吉神을 生助하여 成格이 됨.

① 己 日干에서 印星 壬水가 오면 傷官 庚金은 壬水로 설기한다.
　㈎凶神을 剋하는 것이 제일 좋고 그 다음 凶神을 泄氣하여 힘을 빼는 것이다.
　㈏庚金은 壬水로 泄氣되므로 傷官 生財가 된다.
　凶神이 吉神을 生助하는 경우이다.
　㈐따라서 凶神格의 破格에서 成格이 되었다.

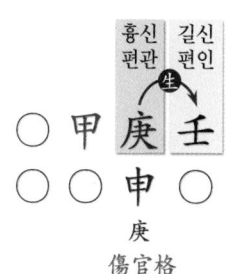

② 甲 日干에서 印星 壬水가 오면 庚金 七殺은 壬水로 설기한다.
　㈎凶神을 剋하는 것이 제일 좋고 그 다음 凶神을 泄氣하여 힘을 빼는 것이다.
　㈏庚金은 壬水로 泄氣되므로 殺印 相生이 되어 나(甲)의 힘이 된다.
　㈐따라서 凶神格의 破格에서 殺印 相生格으로 成格으로 좋은 四柱가 된다.

○ 甲 庚 乙
卯 ○ 申 ○
羊刃　　庚

③ 殺이 羊刃을 剋할 때이다. 크게 의미는 없다.

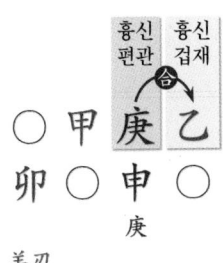

① 天干에 乙이 뜨는 것이 더 좋다.
　㈎ 偏官을 合해 버리니까(乙庚合).
　㈏ 地支에서 天干으로 올라가는 것을 羊刃으로 해석했으니 오류가 있는데,
　㈐ 乙은 劫財이지 羊刃이 아니다.
② 12運星의 帝旺이 羊刃이다.
　㈎ 天干에 있는 것은 劫財이지 羊刃이 아니다.
　㈏ 羊刃合殺이 아니다(乙庚合).
③ 乙庚合을 해도 地支의 申이 남아 있다. 기껏 合去했는데 元兇이 남아 있다. 좋다가 만 것이다.

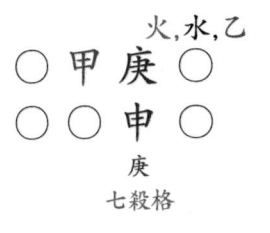

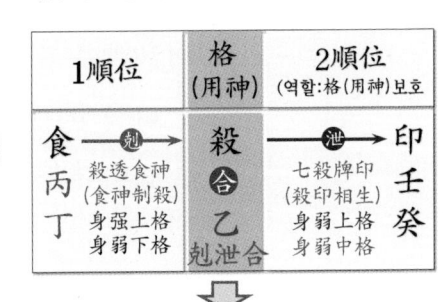

※ 凶神 七殺格으로
　① 甲을 생해주는 壬水나 癸水를 만나든지
　② 두드려 잡는 丙火를 만나든지 하는 것도 다 좋다.
　→ 凶神格이지만 成格이 되더라.

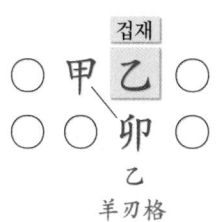

⑷甲이 卯를 만나면 羊刃이다. 天干에 乙이 떴다.
  ①羊刃格이다. 陽干에 한해서는 劫財格이라 하지 않고 羊刃格이라고 한다.
  ②왜냐면 그만큼 흉폭하기 때문이다. 凶格이다.

⑸羊刃格에 七殺이 뜨면 格이 높아진다.
  → 좋은 사주
  ①특히 군인, 경찰, 법률 쪽으로 종사하는 사람들의 格이 높아진다.
  ②天干에 乙이 없더라도 卯月이기 때문에 卯 中 乙밖에 없기 때문에 羊刃格이다.
  ③이때 庚運을 만나면 대박의 조짐이 있다. 굉장히 좋아진다.
    ㈎羊刃格은 七殺을 만나는 것이 첫 번째다.
    ㈏四柱 內에 七殺이 있는 것을 가장 좋게 본다.
  ④庚 七殺이 없으면 辛 正官이라도 있으면 좋다.

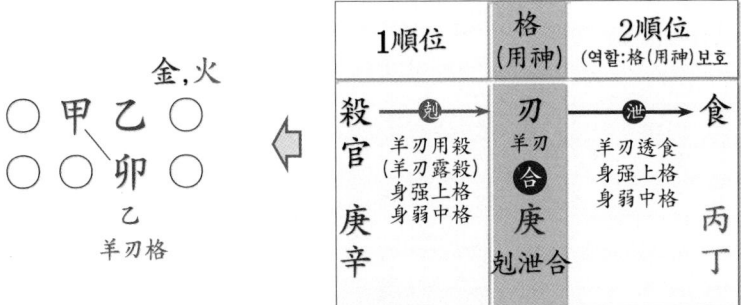

殺과 官의 차이점 정리
-制剋 여부

8. 흉신 패격(凶神 敗格)

凶神 敗格	1順位	格 (用神)	2順位 (역할:格(用神)보호)	부가내용 전제조건
1.凶神은 그 자체로 破格 2.凶神이 吉神을 剋할 때 더욱 凶하다.	財 →生→ 財生官 (七殺逢財)	殺	←混雜← 官 七殺逢官 (官殺混雜)	[傷官格] ▶金水傷官은 官用한다. (傷官見官 아님-조후) 단, 직접 相剋은 피하는 것이 좋다.
		傷	→剋→ 官 傷官見官	
	印 →生→ 劫財用官 身强上格 身弱中格	劫	→剋→ 財 群劫爭財 (比劫奪財)	
	印 →生→ 母子滅衰	刃	→剋→ 財 群劫爭財 (比劫奪財)	

■凶神은 그 자체로 破格이고 凶神이 吉神을 剋할 때 더욱 凶하다.

羊刃格

(1) 甲이 卯月에 나서 羊刃格이다.
　① 이것만 볼 때도 좋지 않은 사주가 되었는데,
　② 己土 正財가 吉神인데 천간에 뜨면 羊刃格이 正財를 깨어 버린다. 최악 중의 최악이다.
　③ 이런 사주는 도박판에서 볼 수 있다. 돈 놓고 싸우는 곳이다.
　④ 凶神(乙)이 吉神(己)을 극할 때 가장 최악이다.

⑵破格이다.
　①凶格에 생조를 했으니까.
　②財星 戊土의 좋은 기운으로 凶神을
　　생조해 버렸다.

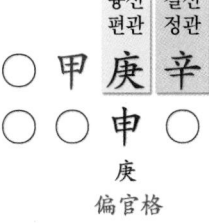

⑶殺格에 官殺混雜이 되었다.
　①凶하다.

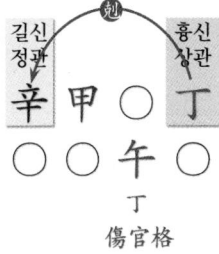

⑷午月에 丁火가 떴으니 傷官格인데
　①正官이 떠서 破格이다.
　　傷官格에 正官이 뜨면 破格이다.

*相神이 格과 가까우면 有情하고
　　　　멀거나 도움이 안 되면 無情하다.

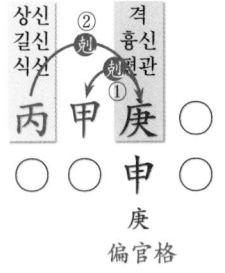

(1) 偏官格이다. 偏官格에 食神 丙火가 떴다.
　① 成格이 되었다. 丙이 相神이다.
　　㈎ 왜냐하면 格을 살려 주니까, 보좌해 주니까.
　　㈏ 食神 丙으로 七殺 庚을 制殺할 수 있으므로
　　㈐ 凶神格을 제압을 해서 成格이다.
　② 丙火가 甲木을 넘어서 庚金을 剋하므로
　　㈎ 아래 사주보다는 좋지 않다.
　　㈏ 相神과 用神의 관계가 떨어져 있어서 無情하다.
　③ 偏官 깡패가 나를 우선 패고 나서 경찰이 출동한다(뒤에 사주보다 상대적으로 無情).

(2) 똑같은 甲木 日干에 偏官格이다.
　① 凶格인데 凶神 庚金을 剋하는 食神 丙火가 年干에 있다.
　② 成格이다. 殺中食神格이라고 한다.

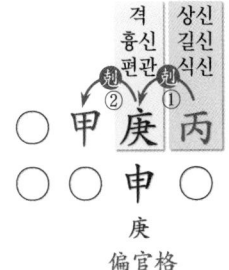

③위의 것보다 사주가 좋다.
 丙火가 庚金 바로 옆에 붙어서 庚金을 剋한다.
 相神과 用神과의 관계가 有情하다.
④偏官 깡패가 나를 패려고 하는데 食神 丙火 경찰이 바로 옆에서 제지한다.
⑤偏官 庚金을 제압하여 甲木은 庚金의 剋을 적게 받는다.
⑥앞에 사주보다 상대적으로 有情하다.

제6편 格의 성패(成敗) 종합정리

吉神 成格	1順位	格 (用神)	2順位 (역할:格(用神)보호)	부가 내용 전제 조건
1. 格(用神)을 생해 주거나 보호해 주는 개념이다. 2. 吉神은 順用의 格이다. 3. 相剋하는 吉神들은 서로 떨어져 있으면 쓸 수 있다. 예: 財星 - 印星, 食神 - 印綬	食 —生→ 財透食神 身弱上格 身弱下格	財 正財 + 偏財	—生→ 官 ←剋— 劫財 財格生官 身弱上格 身弱中格	[財格] 財格牌印(財格透印) ▶財와 印이 서로 剋하지 않으면 成格→財印雙淸
	財 —生→ 正官用財 身弱上格 身弱中格	官 正官	—生→ 印 ←剋— 傷 正官牌印 身弱上格 身強中格	[印綬格] ▶神印兩旺時 食傷이 있으면 좋다(泄身의 秀氣). ▶印格에 殺을 쓸 수 있으나 身重印輕 또는 身輕印重 때만 有情. ▶身印이 重할 때 七殺을 쓰는 것은 孤獨 또는 貧寒 (이때 食傷이 있으면 貴格-泄氣+制伏)
	官 殺 —生→ 印綬用官 身弱上格 身弱中格	印 正印 + 偏印	—剋→ 傷 印透傷官 —生→ 比 ←剋— 財 身弱用印 身強上格 身弱中格	▶引受가 重할 時 財星으로 剋해도 무방. [食神格] ▶食神制殺도 成格 ▶食神太過 時 傷官으로 간주, 처리한다(傷官格 참조) ▶木火食神格은 인용한다.
	比 —生→ 身旺食旺 身弱中格	食 食神	—剋→ 殺 食神制殺 食神帶殺 —生→ 財 ←剋— 偏印 食神生財 身強上格 身弱下格	

凶神 成格	1順位	格 (用神)	2順位 (역할:格(用神)보호)	부가 내용 전제 조건
1. 格(用神)을 剋하거나 泄氣하는 개념이다. 2. 吉神은 逆用의 格이다. 3. 偏官과 七殺의 차이는? 4. 月劫格과 羊刃格의 차이는? ※凶한 것은 剋하고 吉한 것은 泄氣	殺 食 殺用傷官 傷官帶殺 殺透食神 (食神制殺) 身强上格 身弱下格	殺 七殺 + 傷官	泄→印 七殺牌印 (殺印相生) 身弱上格 身弱中格	[傷官格] ▶身弱 傷官生財는 下格(破格) ▶金水傷官은 官用한다(傷官見官 아님 – 조후). 단, 직접 상극은 피하는게 좋다. ▶木火傷官은 印用한다.
	印—剋→ 傷官牌印 身弱上格 身强下格 最强下格	傷 傷官	合去→殺 傷官合殺 泄→財 傷官生財 身弱上格 身弱中格 極弱下格	[劫財格] ▶建祿, 月劫格은 成格 여부를 同一하게 본다.
	官—剋→ 劫財用官 身强上格 身弱中格	劫 劫財	合去→殺 七殺合去 泄→食 食神格 身强上格 身弱中格	[羊刃格] ▶羊刃格에 官殺 混雜은 무방하다.
	殺 官—剋→ 羊刃用殺 (羊刃露殺) 身强上格 身弱中格	刃 羊刃	泄→食 羊刃透食 身强上格 身弱中格	

吉神 敗格	1順位	格(用神)	2順位 (역할:格(用神)보호)	부가 내용 전제 조건
1.吉神을 剋할 때 2.吉神이 刑冲될 때 3.吉神이 合去될 때 4.吉神이 凶神을 生할 때 5.混雜될 때	劫 —剋→ 財 群比爭財 (比劫奪財) 身强弱不問	財	生→ 殺 財生殺 身强弱不問	[財格] ▶財多身弱시 破格 ▶殺이 미약하면 財生殺 吉함(殺도 官으로 취급) [正官格] ▶身弱 시 正官太過 下格 ▶孤官無補, 正官虛弱 下格 ▶印多官洩 下格 [印綬格] ▶印綬가 食神을 剋하지 않는다면 印綬格에 食神 透出은 成格이다. ▶偏印 투식은 오히려 吉하다. 단, 食神을 相剋하지 않을 것.
	傷 —剋→ 官 官透傷官 (傷官見官) 身强弱不問	官	←混雜— 殺 正官透殺 (官殺混雜) 身强弱不問	
	財 —剋→ 印 貪財壞印 단 身弱, 印弱시만 破格	印	—剋→ 食 梟神奪食 (偏印盜食)	
	印 —剋→ 食 食神逢梟 (偏印盜食) 身强上格 身弱中格	食		

凶神 敗格	1順位	格(用神)	2順位 (역할:格(用神)보호)	부가 내용 전제 조건
1.凶神은 그 자체로 破格 2.凶神이 吉神을 剋할 때 더욱 凶하다.	財 —生→ 殺 財生官 (七殺逢財)	殺	←混雜— 官 七殺逢官 (官殺混雜)	[傷官格] ▶金水傷官은 官用한다. (傷官見官 아님-조후) 단, 직접 相剋은 피하는 것이 좋다.
		傷	—剋→ 官 傷官見官	
	印 —生→ 劫 劫財用官 身强上格 身弱中格	劫	—剋→ 財 群劫爭財 (比劫奪財)	
	印 —生→ 刃 母子滅裳	刃	—剋→ 財 群劫爭財 (比劫奪財)	

제7편 格의 변화

1 格의 成敗 변화

예) 正官格이 傷官을 만나 破格이 되었다가 偏印이 救應(구해 줌), 成格이 됨.

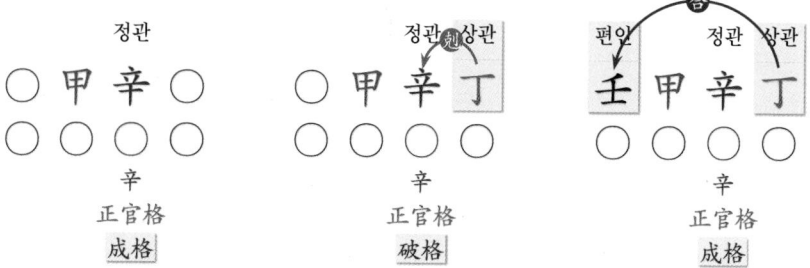

(1) 正官格인데 傷官을 만나면 破格이 된다(좋다가 말았다).
(2) 天干에 壬이나 癸가 떠 있으면 丁壬合을 해서 傷官을 막아 주므로 傷官 合去해서 正官을 살려 줬다. 도로 正官格으로 살아났다.
(3) 이런 것이 格의 成敗 변화이다.
 "좋았다가 나빴다가, 성공했다가 실패했다"이다.

2 格의 좋은 변화

②正官格
○ 辛 丙 ○   財格에서
○ ○ 寅 ○   正官格으로
         丙   變化했다.
①正財格

②印綬格
○ 壬 辛 ○   七殺格에서
○ ○ 戌 ○   印綬格으로
         辛   變化했다.
①七殺格

제10강 자평진전(子平眞詮) 완결

```
○ 癸 丙 ○        ②財格
○ ○ 寅 ○       傷官格에서
       丙         財格으로
   ①傷官格        變化했다.
```

```
○ 癸 ○ ○        ②財格(局)
○ 午 ○ 寅 戌    傷官格에서
       甲         財格(局)으로
   ①傷官格        變化했다.
```

| 궁금점 | 會合이 되면 局으로 변하는가? |

| 기준 | 1. 月을 점하는 것(五行)은 웬만해서 변하지 않는다. |
| | 2. 剋하는 五行이 天干이나 地支에 있으면 변하기 어렵다. |

```
○ 丁 甲 ○
○ 午 寅 戌
      甲
    火局×
    印綬格
```

(1) 중요한 기준이 있다. 月을 점한 것은 웬만해서는 흔들리지 않는다.
  ① 寅月에 寅午戌 三合을 하고 나서 굉장히 힘들다.
  ② 내(寅:木)가 수도를 점하고 있는데 항복하겠는가.
  ③ 月이 寅이라 火로 변하지 않는다. 印綬格이다.

```
○ 丁 甲 戊
○ 寅 戌 午
      戊
    火局×
    傷官格
```

(2) 이런 경우에도 寅午戌 火局으로 변하기 힘들다.
  ① 왜냐하면 月支를 戌이 점하고 있기 때문이다.
  天干에 戊土가 투출 되면 더욱 변하기 힘들다.

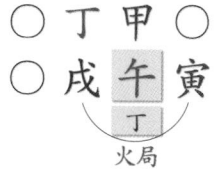

② 傷官格에 印綬를 보는 사주다.
⑶ 午月이 되면 말이 달라진다.
　①寅午戌이 오면 火局으로 변하기 아주 쉽다.
　②火의 氣勢로 갈 가능성이 아주 높다.

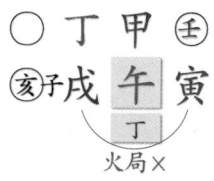

　③天干에 壬이 떠 있다던지, 時支에 亥나 子가 있다면 火局으로 변하기 힘들어진다. 水가 火를 剋하는 것이므로 변하기 어렵다.

⑷ 丁壬合하여 木으로 변하는가? 甲己合하여 土가 되는가?
　①丁壬合하여 丁과 壬이 木으로, 甲己合하여 甲과 己가 土로 어떠한 상황에서도 절대로 변하지 않는다.
　②壬, 丁, 甲, 己는 合化하지 않고 그대로 있다.
　③단지 합해서 木, 土와 관련된 무엇을 하려고 하는 의사는 있다.
　이를 통변에 활용하라.

3 | 格의 나쁜 변화

印綬格 → 劫財格	偏財格 → 七殺格	偏財格 → 七殺格(局)
甲不透干	②七殺格	②七殺格(局)
○ 丙 ○ ○	○ 丙 壬 ○	○ 丙 ○ ○
○ 戌 寅 午	○ ○ 申 ○	○ 子 申 辰
甲 / 月令本氣 ①印綬格 / 火局	庚 / 月令本氣 ①偏財格 / 壬	庚 / 月令本氣 ①偏財格 / 壬
印綬格 → 火 劫財格		

4 | 格의 불변화

正官과 財가 동시 透出 시 원래의 財格이 된다. (단, 재격에 정관격 겸직)	正官格이 印綬格이 되었다가 財星이 印綬를 剋해 도로 正官格(財格 겸직)	傷官格이 財格이 되었지만, 傷官이 透出하니 원래의 傷官格이 됨
②正官 ③財	②印綬 ③財星	②傷官 ③財
○ 辛 丙 甲	○ 乙 壬 戊	○ 癸 甲 丙
○ ○ 寅 ○	○ ○ 申 ○	○ ○ 寅 ○
甲 / ①財格	庚 / ①正官格	甲 / ①傷官格

5 用神의 순잡(純雜)

1) 用神이 純한 경우

```
      정재 정관              식신 편재
   ○ 辛 甲 丙           ○ 戊 庚 壬
   ○ ○ 寅 ○           ○ ○ 申 ○
```

正財格과 正官格이　　　食神格과 財格이
相生하여 순하다.　　　　相生하여 순하다.

2) 用神이 雜한 경우

```
      정관 상관              편재 편인
   ○ 壬 己 乙           ○ 甲 戊 壬
   ○ ○ 未 ○           ○ ○ 辰 ○
```

傷官見官하니　　　　　財格이 印綬格을
雜하여 凶하다.　　　　　剋해 雜하여 凶하다.

제8편 강약(強弱)과 선후(先後)

1 | 日干의 強弱도 중요하다.

四柱를 판단할 때 格의 고저를 본다고 했다. 格이 成格도 되고 破格도 되고 成格과 破格이 될 때 格의 고저도 판별이 되지만 日干의 強弱이 사실 가장 중요하다.

⑴格을 견딜 만큼 日干이 強해야 한다.
⑵格도 強하고 日干도 強하다면 大格이다.
⑶格은 強한데 日干이 虛弱하면 下格이 된다.
⑷日干은 強한데 格이 弱해도 下格이 된다.

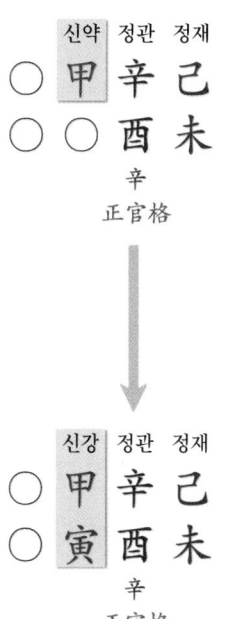

⑴正官格 成格이다.
　①四柱에 根이 하나도 없으면 허약하다.
　　㈎日干은 根이 없는 데다 剋泄하여
　　㈏아주 허약한데 成格이 되었다.
　②옷은 명품 옷을 입었는데 사람이 부실하다.
　③좋은 四柱일까요? 아니다. 格이 확 떨어진다.
　④이 사주가 日支에 寅이 있으면 四柱가 굉장히 좋아진다.

```
    신강  정관 정재
 ○   甲  辛  己
 ○   寅  酉  未
         辛
        正官格
```

㈎ 祿根을 가져 훨씬 힘이 있어 格을 감당한다.

㈏ 官과 財를 감당할 수 있어 大格이 된다.

```
    정관  정관 정재
  辛  甲  辛  己
  酉  戌  酉  未
      길신
```

⑵ 두 번째 四柱에서 戌은 吉神이다.
 ① 酉時에 태어나면 成格이다.
 ② 成格인데 甲이 의지할 곳이 하나도 없다.
 ③ 따라서 이런 四柱는 從(종)을 하는데 官에 從하므로 從官格이 된다.

```
       정관 정재
  戊  甲  辛  己
  辰  戌  酉  未
     冲 길신
     乙 ← 辛
```

※ 만약 時支가 辰이면 從格으로 갈까 말까 한다.
辰中乙木이 根을 하는데 辰戌冲으로 불안하다.

```
       정관 정재
 ○   甲  辛  己
  子  戌  酉  未
  길신
```

⑶ 세 번째(時支 子인) 四柱는 從을 하지 않는다.
 ① 陽干은 웬만하면 從을 하지 않으려 한다.
 ㈎ 이 정도만 되어도 살살 버티려고 한다.

제10강 자평진전(子平眞詮) 완결

	정관	정재	
○	甲	辛	己
子	戌	酉	未
길신			

㈏그래서 (正官)格이 뚝 떨어지게 된다.

㈐日干이 格을 견디기에는 너무 힘들다.

②공무원인데 자기 직무에 시달리는 四柱이다.

㈎너무 힘들어 죽겠다. 어쩔 수 없이 한다.

㈏남들은 나를 대단하게 본다. 나는 죽겠는데 훌륭한 사람으로 본다.

③이런 사람들은 어떤 배필을 만나야 하는가?

㈎범띠(寅)다. 寅生을 만나면 人生이 꽃 핀다.

㈏祿의 因緣이 들어오면서 日支와 合을 하고 최고다. "당신은 범띠를 만나면 인생이 바뀐다."

	정관	정재	
○	甲	辛	己
寅	戌	酉	未
祿根			

④만일 이 사람이 寅時에 태어나면,

㈎이것이 훨씬 힘이 있다.

▶格을 견딜 수 있는 힘이 있어야 된다.

▶글자 하나가 바뀜으로 인해 四柱가 완전히 바뀌는 것을 볼 줄 알아야 한다. → 이것이 핵심이다.

```
          정관 정재
    ○ 甲 辛 己
    戌 寅 酉 未
       길신
         ↓
          정관 정재
    ○ 甲 辛 己
    亥 寅 酉 未
       녹근
```

```
       정재 合 비견
    甲 甲 己 甲
    寅 寅 酉 戌
          辛
         正官格
    ※合:無力化
         ↓
```

(4) 앞에 것보다 훨씬 힘이 있다.
  ① 이 四柱는 格이 크다. 日干의 강약이 중요하다.
  ② 格을 견딜 만큼 日干이 强해야 한다.
    ㈎ 格도 强하고 日干도 强하다면 大格이다.
    ㈏ 亥時이면 최고다.

(5) 正官格이다(月令 本氣 辛 正官).
  ① 財星을 봤으니 成格이다. 四柱가 좋다 라고 보면 안 된다.
  ② 正官은 比劫이 重重한 것에 벌벌 떨고 있다.
    ㈎ (正官)格이 너무 힘이 없다.
    ㈏ 그나마 戌이라서 生助를 하지만,
  ③ 時支가 午가 되면
    ㈎ 成格은 成格인데, 양반은 양반인데 볼품없는 양반이다.
    ㈏ 이런 식으로 格의 고저가 완전히 달라진다.
       正官格 成格이지만 下格이다.
    ㈐ 客이 와서 외무 고시 5급 시험을 치려고 하는데 되겠습니까 물으면

'이 사람아, 정신차려라!'라고 해야 한다.
9급이나 해라. 이 정도면 9급도 못 가겠다.

※ 日干 身强弱에 따른 相神 관계
例:財格에 印綬가 透出될 경우 破格이 될 수도 있지만 日干이 신약하고 財와 印이 서로 相剋하지 않으면 印綬를 相神으로 쓸 수 있다.

2 生剋의 先後에 따라 吉凶이 달라진다.

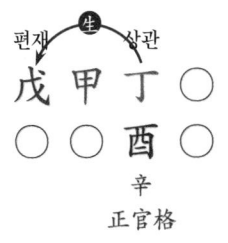

(1) 正官格으로 吉格이다.
① 傷官 凶神이 月干에 먼저 透出되었다. 먼저 凶하게 된다.
② 偏財 吉神이 時干에 透出되어 傷官이 偏財를 生하게 된다.
③ 따라서 먼저 흉하고(先凶) 나중에 길하게(後吉) 된다.

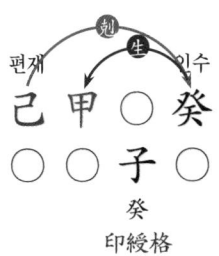

(2) 印綬格으로 吉格이다.
① 印綬 吉神이 年干에 먼저 透出되었다. 먼저 吉하게 된다.
② 偏財 吉神이 時干에 透出되어 印綬를 剋한다.
③ 따라서 먼저 吉하고(先吉) 나중에 흉하게(後凶) 된다.

제9편 격(格)과 운(運)

1 사주 格의 成敗는 運에서도 그대로 적용된다.

2 天干運은 天干에만, 地支運은 地支에만 영향을 미친다.

(1) 正官格 吉神格인 四柱다.
　① 運에서 庚 傷官 凶神이 들어온다.
　② 庚 傷官 凶神이 甲 正官 吉神을 剋해 破格이 된다.

```
        剋
   정관     상관
○ 己 甲 ○  庚
○ ○ 寅 ○  ○
      甲
     傷官格
```

(2) 傷官格 凶神格인 四柱이다.
　① 運에서 丙 印綬 吉神이 들어온다.
　② 丙 印綬 吉神이 庚 傷官 凶神을 剋해 成格이 된다.
　※ 丙火가 와서 火生土로 身弱한 己土을 生해 주기 때문에 成格이 되는 것이 아니다.

```
        剋
   정관     인수
○ 己 庚 ○  丙
○ ○ 申 ○  ○
      庚
     傷官格
```

(3) 正官格이다.
　① 正官格에서 傷官을 보면 破格이 된다.
　② 運에서 傷官이 오면 파격이 된다.

```
            상관
○ 甲 ○ ○  丁
○ ○ 酉 ○  ○
      辛
     正官格
```

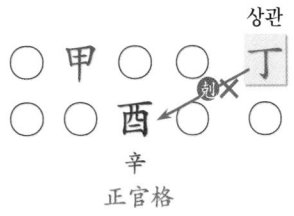

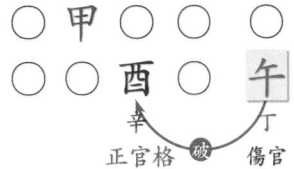

③傷官 丁火가 運으로 들어오면
　㈎좋지 않은 것이 아니냐 하는데 아니다.
　㈏天干 丁火가 地支의 酉를 剋할 수 없다.
　　天干은 天干이고, 地支는 地支다.
　㈐傷官 丁이 運으로 들어와도 별일이 생기지 않는다.
④地支에 午가 들어오면 상황에 따라 문제가 생긴다.
⑤正官格이 運이 좋으려면 무엇이 와야 하나?
　㈎財星이 와야 한다. 天干에 戊土가 온다고 보자. 좋다.
　㈏만약 戊午年이라면? 좋았는데 깨진다.
　　天干은 天干으로 가고, 地支는 地支로 간다.
　　㈀돈 때문에 쇠고랑 찬다.
　　㈁돈이 들어왔는데 傷官 火를 밑에 깔고 온 것을 이 사람이 모른다.

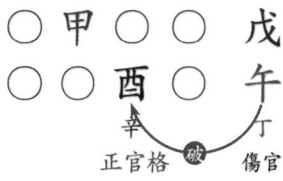

㈐ 身數運 보러 왔다면 "당신 내년에 돈 욕심 부리다가 감옥 간다. 쇠고랑 차거나 경찰서 드나들 수 있으니 절대 돈 욕심 부리지 마라!"

제10편 자평진전 압축

1 사주 분석 순서

(1) 자평진전 관법에서 사주를 분석하는 순서.
(2) 格을 定하고 → 吉神과 凶神을 파악 → 成格과 破格 구분
    → 運에 의한 成敗 판단 → 통변

2 格을 정하는 순서

(1) 月令을 파악한다.
(2) 格의 변화 판단(透出 혹은 會合)
(3) 格의 종류(吉格, 凶格)에 따라 順用, 逆用을 결정한다.
(4) 格과 相神의 有情無情, 遠近, 透出, 通根 등에 의해 格의 크기가 달라진다.

3 용어(用語) 주의

예) 正官佩印과 印綬用官 구분
    財透食神과 食神生財 구분

```
         편재
○  辛  乙  ○      (1) 傷官格 凶神格이다.
○  亥  亥  亥       ① 傷官格은 머릿속에 있어야 하고
        壬          ② 傷官格은 財星이 있으면 좋다.
      傷官格
```

```
丁 辛 ○ 己
酉 亥 亥 亥
      壬
    傷官格
```

㈎ 乙木 財星을 봤으니 相神이 되고 좋다.

㈏ 혹은 傷官이 印綬를 보는 것은 傷官佩印이다. 굉장히 좋다.

③ 丁酉時가 되면

㈎ 日干이 酉金의 뿌리를 얻으니 힘이 있다.

```
丁 辛 乙 己
酉 亥 亥 亥
綠根   壬
     傷官格
```

④ 傷官格이 成格이 되려면

㈎ 傷官이 凶神이므로 傷官을 제압해야 된다.

㈏ 첫째로 傷官을 제압하는 것은 印星이다.

㈀ 傷官佩印이라고 한다.

㈁ 專門的인 分野에서 資格證을 가지고 일을 하는 四柱이다. 마냥 좋다고 하기는 어렵다.

㈂ 財星 乙木이 印星 己土를 剋하고 있으므로 格이 뚝 떨어진다. 둘 중에 하나만 나와야 한다.

㈐ 傷官格은 財를 보든지 印綬를 보든지 둘 중에 하나를 봐야 하는데 하필이면 두 개 다 떴다.

㈑ 이 사람은 집안 환경이나 돈 때문에 전문적인 공부를 하는 데 약간 어려움이 생기겠다.

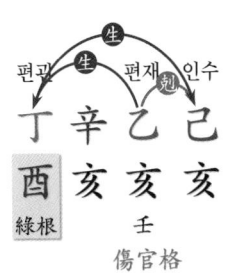

㈎ 그런데 偏官 丁火가 떴다.
　㈀ 傷官格에 偏官을 보면 더 좋다.
　㈁ 왜냐하면 傷官이라는 惡格으로 偏官이라는 惡神을 제압할 수 있으므로.
㈐ 天干 배합을 보면
　㈀ 偏官 丁火가 偏印인 己土를 生助해 준다.
　㈁ 偏財 乙木으로 偏官 丁火를 生하고
　㈂ 偏官 丁火로 偏印 己土를 生해 준다.
　㈃ 결국 四柱의 조화가 약간의 어려움은 있어도 계속 좋아진다.
㈑ 결국 傷官格이 偏印 己土를 만나는 것과 같아진다. 傷官佩印이다.
　㈀ 傷官格이 印綬를 보는 四柱가 된다.
　㈁ 傷官은 凶格이다. 傷官이 印綬를 만나면 傷官佩印이다.
㈒ 이 四柱는 成格으로 좋은 사주다. 傷官佩印의 통변은 첫마디가 "손님은 자격증이 있어야 빛을 봅니다."
㈓ 자격증이 없으면 빛을 못 본다. 왜?
　㈀ 傷官은 전문적 기술이나 재주인데 그 재주를 함부로 쓸 수 없다.
　㈁ 傷官은 凶하기 때문에 나라의 허락을 받아야 한다. 나라의 허락이 자격증이다.

```
편괸   편재  인수
丁   辛   乙   己
酉   亥   亥   亥
綠根      壬
        傷官格
```

㈜이 四柱는 자격증을 가져야 비로소 格이 좋아진다. 보통 이런 사주들은 자격증을 가지고 있다.
"이 사주는 자격증이 있어야 빛을 봅니다. 자격증이 있어요?" "있습니다."
"오, 그것 잘됐네. 그걸 가지고 먹고사세요."
이런 통변이 四柱를 쓰면서 나와야 한다. 格으로 신속하게 파악해야 한다.

※雜氣格

1) 雜氣格은 月令이 辰戌丑未 月을 雜氣格이라고 한다.
2) 잡다한 기운이 많이 들었다고 雜氣格이라고 한다.
3) 이것도 사주 보는 것은 똑같다. 月令 本氣가 戊, 戊, 己, 己이다.
   ⑴ 日干이 甲木이면 편재, 편재, 정재, 정재격이다. 그런데 透出이 된다.
   ⑵ 透出이 되어 乙癸辛이 뜨면, 이러한 것들이 뜨면 그것을 格으로 잡으면 된다. 예를 들어,
      ① 月令 辰인데 乙木이 透出하면 乙木을 格으로 잡으면 된다.
      ② 月令 辰인데 癸水가 透出하면 癸水를 格으로 잡으면 된다.

③月令 戌인데 辛金이 透出하면 辛金을 格으로 잡으면 된다.

④月令 戌인데 庚金이 透出하면 庚金을 格으로 잡으면 된다.

(雜氣格에서는 같은 五行이면 格으로 잡는다 - 辰戌丑未인 경우만)

```
○ 甲 ○ 乙            ○ 甲 ○ 癸
○ ○ 辰 ○            ○ ○ 辰 ○
      乙                      乙
    劫財格                   印綬格


○ 甲 ○ 乙            ○ 甲 庚 癸
                           金
○ ○ 戌 ○            ○ ○ 戌 ○
      辛                    辛 金
    正官格                   偏官格
```

4. 격 용신법(格 用神法)과 억부 용신법(抑扶 用神法)의 차이

⑴ 格을 따르는 四柱의 특징(格用神命): 사회성과 명분을 중시한다.

⑵ 日干을 따르는 四柱의 특징(抑扶,調候用神命): 개인의 이득과 편안함 중시한다.

| 5 | 運을 보는 법 |

⑴吉神(財官印食)運에 吉하고 凶神(殺傷劫刃)運에 凶한 것이 아니다.
⑵格을 破하면 凶運이고 格을 살리면 吉運이다.
　단, 吉運이라도 해당 運에 부합되는 일을 할 때 더욱 吉하다.
　(예:正官 吉運에 장사하면 힘들 수 있다)
⑶破格運에는 관련된 흉사가 발생한다.
　(예:傷官見官運에 직장 날아간다)

※用神運(成格運)이라고 다 잘되는 것이 아니다.
　格에 맞는 직업에 종사해야 그 運을 제대로 써 먹을 수 있다.
　(예: 成格이 되는 運이라도 직장인은 식상운에 갈등하고 사업가에게 관운은 큰 발전 없다.
　예: 傷官格 四柱가 인성운을 만나면 成格이 되는데 교육직이라면 발전하나 자영업자라면 부진해진다.)

| 6 | 자평진전의 중요 개념 |

⑴格의 成敗 여부를 판별하는 것.
　(格과 相神의 유력무력, 유정무정을 판단)
⑵日干과 格의 強弱은 格의 上中下를 좌우
　(最少한 格을 견딜 만큼 日干이 強할 것. 格과 日干이 모두 強하면 大格)

(3)日干 기준 억부법과 전혀 다른 개념이다.
*子平眞詮에서 日干의 強弱은 억부법처럼 미세하게 볼 필요는 없다.
身強身弱이 애매하다는 것은 이미 中和를 갖춘 것이니 格으로 보면 된다.
*重要한 것은 日干이 格을 견딜 수 있는가 하는 점이다.
(예:正官用財格은 日干이 身強해야 大格이지만 다소 身弱해도 쓸 수 있다.)

7 | 자평진전 책을 볼 때 주의점

(1)서락오 평주는 가급적 읽지 말 것.
(2)用神과 用을 구분해서 볼 것.
(3)가능하면 한문 원문(심효첨)을 볼 것.

8 | 사주 관법의 큰 틀

(1)사주 관법은 크게 두 가지 방식이 있다.
①이론과 논리: 고전 이론(자평진전, 적천수 등), 논리적, 체계적인 반면 통변에 한계가 있다.
②직감과 영감: 인자론, 물상론, 내정법 등. 통변의 다채로움은 장점이지만 이현령비현령 주의.
이 두 가지 관법은 대립적 관계가 아니라 상호 보완적 관계이므로 조화시켜 활용하는 것이 중요.

제11편 격국 통변 실제 사례

1. 사례 - 1 (자신의 길을 찾지 못해 방황할 사주)

```
甲 甲 辛 丙   乾
子 子 卯 寅
```

85	75	65	55	45	35	25	15	5
庚	己	戊	丁	丙	乙	甲	癸	壬
子	亥	戌	酉	申	未	午	巳	辰

모친이 방문

상담사 : 이 사주는 자신의 길을 찾지 못해 방황할 사주 입니다.

내방객 : (한숨을 크게 내쉬며) 우리 아들이 줄곧 음악(피아노)을 공부해 왔는데 갑자기 그만두고 요리를 배우겠다고 합니다. 이제 와서 진로를 바꾸겠다니 그동안 노력했던 것도 아깝고 부모로서 걱정입니다.

통변 해설

```
비견   정관   식신
甲  甲  辛  丙   乾
子  子  卯  寅
        乙
      羊刃格
```

(1) 羊刃格이다.

  ① 成格이 되려면 官이나 殺을 봐야 한다.

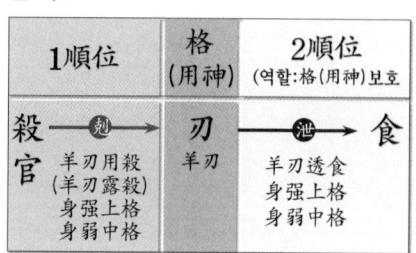

```
비견  길신 길신
     정관 식신
      合
甲 甲 辛 丙  乾
子 子 卯 寅
       乙
     羊刃格
```

②成格이다. 羊刃格은 食神을 봐도 成格이다. 食神 丙火도 있다.
③羊刃格을 成格으로 만들어 주는 吉神 두 개나 떴다.
㈎成格이라고 보면 안 된다.
㈏合과 剋은 無力化시킨다.
㈐天干과 地支 다 마찬가지다. 地支는 合沖이겠다.
㈑丙辛이 合을 했다. 좋은 놈 두 놈이 나와서 자기들끼리 붙어먹어서 도로 羊刃格이 되어 버렸다.

```
     有情
     無力化
      合
甲 甲 辛 丙  乾
子 子 卯 寅
       乙
     羊刃格
```

⑵그러면 내가 辛金을 할까 丙火를 할까 고민하는 것이다. 이 길로 갈까 저 길로 갈까 고민하는 것이다.
⑶통변은 "자신의 길을 찾지 못해 방황할 사주다."
왜, 이유는?
①相神이 分明하지 않다.
②凶神이 破格이 된 상태에서 相神이 하나만 나와야 되는데 두 개 다 튀어나왔다.

비견　길신　길신
　　　정관　식신

甲甲辛丙　乾
子子卯寅
　　　乙
　羊刃格

③두 개가 다 나왔으니 이것을 해야 할지 저것을 해야 할지 모르는 것이다.
④통변은 "이 길을 가야 할지 저 길을 가야 할지 모르는 사주다."라고 말해야 한다.

⑷丙과 辛이 떨어져 있으면 해당 사항이 없다.
①有情, 無情을 알아야 한다.
②붙어 있으면 첩신(貼神)이라 하고 떨어져 있으면 이격(離隔)이라 한다.
③따라서 羊刃格인데 官에 의지하여 일을 한다.

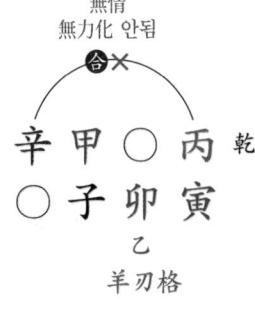

辛은 有情, 丙은 無情이라 辛에 의지한다.

⑸丙火運이 오면 어떻게 되는가?
①丙火가 와도 相關(상관)없다.
㈎羊刃格에 食神을 많이 쓴다.
㈏따라서 새로운 일의 기회가 생긴다.
내 능력을 발휘할 상황이 온다.

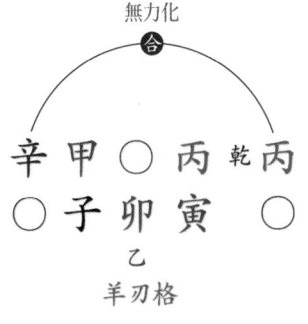

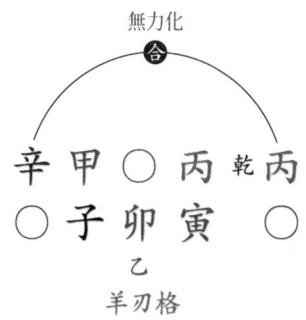

②그러다가 運의 丙이 丙辛合을 한다.
  ㈎여태껏 官(직장이나 조직 어딘가)에 의지해 내가 일을 해 주고 있는데
  ㈏官 辛이 運의 丙과 丙辛合을 하므로 무력화 되어 내 官(辛: 조직)이 필요 없게 된다.
  ㈐官에 의지하지 않는 독립적인 새로운 일을 한다. 즉 구속되지 않고 내 일을 하겠다. 독립이다.
  ※運의 地支에 따라 달라진다.

⑹丙辛合을 하고 있다. 말아먹을 四柱다.

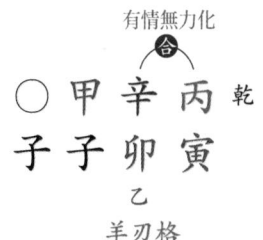

①運에서 丙火가 오면
  ㈎天干이 이렇게 合 되어 있으면 여러 번 작용을 하지 않는다.
  ㈏運에서 오는 丙火는 四柱에서 丙辛이 合을 하고 있는 것을 지나쳐서 바로 日干으로 온다.
②羊刃格이 食神을 보는 상황이 된다.

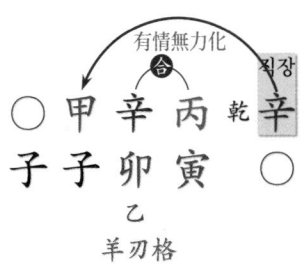

㈎ 그러면 내 갈 길이 딱 정해진다.
㈏ 丙火가 運에서 오면 내 일을 하겠다가 된다.
③ 辛金 運이 오면 직장으로 들어가야겠다.

運의 地支에 따라 달라진다

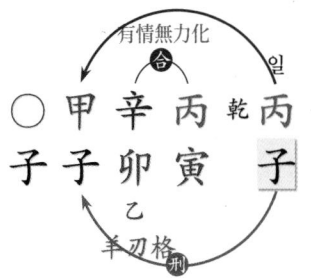

(7) 만일 (6)에 丙○이 아닌 丙子運이 온다면
  ① 원래 내가 하던 것 하네. 子子의 구성은 큰 作用力은 없지만 실망스런 작용력이 있다. "아이 씨, 지겨운 일 또 하네."
  ② 통변은 "당신은 올해 일이 하나 들어오겠는데 조금 지루한 일이겠다. 조금 실망스러운 일 하겠네."

(8) 만일 (6)에 丙子가 아닌 丙辰運이 온다면
  ① 子辰合이 된다.
  ② 돈도 되고 내가 원하는 일을 할 수 있게 된다.

●天干은 같은데 地支가 달라지면 해석이 완전히 달라진다.

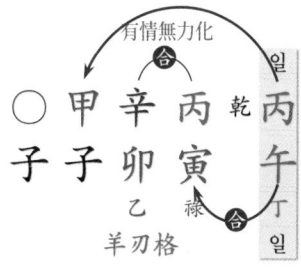

⑼丙午運이 오면,
　①새로운 일을 한다.
　②地支 年月日時 순서대로 해석하면 된다.
　③새로운 일을 하는데, 丙午라서
　　㈎힘이 있는 일이다. 괜찮은 일이다. 덩치가 굉장히 큰 일이다.
　　㈏寅이 祿이다.
　　　㈀내가 연관되어 있던 기존의 일(四柱의 年柱 丙寅)과
　　　㈁부합하는(寅午合) 가장 잘 맞는 기회가 옵니다.

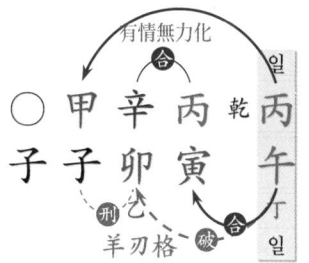

　④그런데 누군가가 시비를 거네(午卯破).
　　㈎조직, 관청에서 시비를 건다.
　　→正官 辛金에 午卯破를 맞는다.
　　㈏正官은 나한테 맞는 일인데
　　→祿 위의 일과 合을 하므로
　　㈐관청에서 시비가 들어와서 더럽다고 발로 차서 깨 버린다.
　　→子午 沖

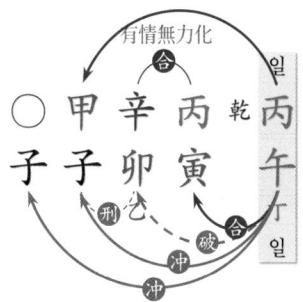

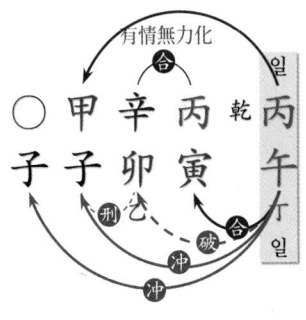

⑤통변은 "선생님, 올해 정말로 큰 물건이 하나 들어올 건데, 분명히 통관을 하는 곳에서 시비를 걸 것이다. 내가 기분 나쁘다고 발로 걷어차지 말고 살살 잘 이어 가지고 꼭 하도록 하세요."

⑩왜 피아노를 치다가 요리를 한다고 할까? 직업은 어느 것(피아노, 요리)이 맞는가?
　①직업은 格으로 본다.
　　㈎羊刃格이다. 羊刃은 칼이다.
　　㈏의사, 공무원(군경, 판검사), 횟집, 정육점
　②子卯刑을 가지고 있다.
　　㈎子卯刑도 칼을 쓰는 것이다. 의료, 군경 등
　③따라서 칼을 쓰는 직업 - 요리

■순서가 중요하다. 年月日時의 순서대로 보면 된다. 일(사건)은 이 순서대로 일어난다.

2 사례 - 2 (공부에 손을 놨네요)

```
丙 戊 壬 乙  乾    83 73 63 53 43 33 23 13  3
辰 寅 午 亥         癸 甲 乙 丙 丁 戊 己 庚 辛
       丁          酉 戌 亥 子 丑 寅 卯 辰 巳
    印綬格
```

모친이 방문

상담사 : 14세 이후 매사 의욕 부족이 발동해서 공부에서 손을 놨네요.

내방객 : 아이고, 맞습니다. 그전에는 그러지 않았는데 통 공부를 안 해요. 어쩌면 좋습니까?

통변 해설

```
편인  편재 정관
丙 戊 壬 乙  乾
辰 寅 午 亥
       丁
    羊刃格
```

남자 학생이다. 庚辰 大運이 들어왔다.
(1) 印綬格 또는 羊刃格으로 볼 수 있다.
  ① 여기서는 羊刃格으로 보았다.
  ② 印綬格으로 볼 때는 印綬格으로 통변하고 羊刃格으로 볼 때는 羊刃格으로 통변해야 한다. 분명히 다르다.

○ 甲 ○ ○
○ ○ 子 ○
　　癸
　印綬格

○ 戊 ○ ○
○ ○ 午 ○
　　丁
　印綬格
　羊刃格

편인　편재　상신
　　　　　정관
丙　戊　壬　乙　乾
辰　寅　午　亥
　　　　丁
　　　羊刃格

1順位	格 (用神)	2順位 (역할:格(用神)보호)
殺→剋→刃 官　羊刃用殺 　(羊刃露殺) 　身强上格 　身弱中格	刃 羊刃	→洩→食 羊刃透食 身强上格 身弱中格

편인　편재　상신　合去
　　　　　정관　合
丙　戊　壬　乙　乾　庚
辰　寅　午　亥　　　辰
　　　　　　無力

㈎ 戊土가 午를 보는 것과 甲이 子를 보는 것은 분명히 다르다.

㈏ 甲이 子를 보는 것은 印綬格이지만 戊가 午를 보는 것은 羊刃格과 印綬格을 겸하는 것이다.

㈐ 羊刃의 작용이 반드시 있기 때문에 통변에 활용을 해야 한다.

③ 이 四柱는 羊刃格에 成格이다.

㈎ 羊刃格에는 官星이 뜨는 것이 第一 좋다.

㈏ 天干에 뜨면 좋은데 다행히 正官 乙木 상신이 떴다.

㈐ 壬水 財星이 乙木 正官을 생조해 주고 있다. 相神은 이 格을 살려 주는 기운이다.

㈑ 羊刃格 凶格에 相神 正官 乙木 덕분에 제대로 된 成格이 되었다.

(2) 庚辰 大運이 왔다.

① 乙庚合을 한다. 合은 무력이다.

```
편인   편재  상신  식신
           정관
丙    戊    壬   ○   乾  庚
辰    寅    午   亥       辰
                 丁
              羊刃格
```

② 庚辰 大運을 만나면 合去를 한다.
  ㈎ 合을 하면 "일단 없다"라고 생각하고 배제하면 된다.
③ 羊刃格이 財(壬水)를 보면 破格이다.
  ㈎ 學生이 破格이 되면 공부를 하지 않는다.

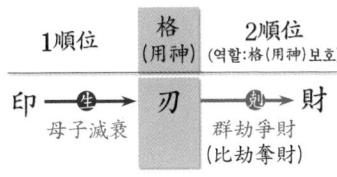

  ㈏ 게다가 庚金 食神이 들어와 食神生財를 해 버리니 학생이 공부는 하지 않고 돈을 벌러 다닌다.
  ㈐ 돈을 버는 것은 어른이 한다. 애가 어른 노릇하는 것이다. 애가 어른 노릇하는 것이 술 마시고 담배 피우는 것이다.
④ 통변은 "학생에게 학마운이 들었네요."
  손님이 학마운이 뭐냐고 물어본다.
  "공부에 마(魔)가 들어왔다는 것입니다."

질 문 이 사주 庚辰 大運에 歲運에서 乙木運이 오면?

```
            生
            合
          合去 無力
丙  戊  壬  乙  乾  庚  乙
辰  寅  午  亥      辰  ○
          丁
       羊刃格
```

⑴ 乙庚合은 떨어질 생각을 안 한다.
  ① 合은 생각하지 말고 乙木이 바로 月干 壬水로 간다.
  ② 羊刃格이 正官을 만나면 成格이 된다.

```
丙 戊 壬 乙  乾  庚 丙
辰 寅 午 亥      辰 ○
       丁
     羊刃格
```

(2) 丙火運이 오면, 乙庚合이 깨진다.
  ① 乙이 살아난다. 成格이 된다.
    ㈎ 合은 떨어질 생각이 없기는 한데, 두들겨 패면 떨어진다.

```
丙 戊 壬 乙  乾  庚 丁
辰 寅 午 亥      辰 ○
       丁
     羊刃格
```

  ② 丁火가 들어오면 弱하다. 정신을 조금 차린다.
    ㈎ 戊土가 印綬 丁火를 봤다.
    ㈏ 정신을 조금 차리기는 하는데 미진하다.
    * 丁은 丙보다 庚을 통제하는 힘이 強하다.

```
○ 甲 庚 ○  乾
○ ○ 申 ○
     庚
   偏官格
```

(1) 偏官格에 破格이다.
  ① 偏官格은 制殺해 줘야 한다.

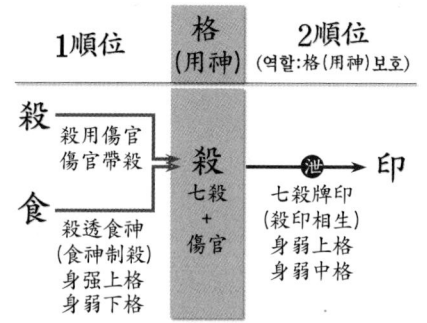

② 年干에 壬水가 있으면 成格이다.

③ 運에서 戊土가 오면 破格이다
(戊土生庚金).
돈을 탐하다가 쇠고랑 찬다.

④ 甲이 와도 여전히 成格이다.
 ㈎ 壬水가 있는데 甲○운이 오면
  成格이다.
 ㈏ 단지 壬水 相神의 힘을 빼고
  있다. 水生木으로 壬水의 힘이
  빠진다.
 ㈐ 따라서 조금 하자가 있다.

3 사례 - 3 (뒤통수 치는 남편을 굴복시키는 사주)

```
庚 戊 甲 壬  坤       84 74 64 54 44 34 24 14  4
申 寅 辰 子           乙 丙 丁 戊 己 庚 辛 壬 癸
                     未 申 酉 戌 亥 子 丑 寅 卯
```

상담사 : 남편 뒷바라지해 줬더니 애먹이고 뒤통수만 칩니다.
내방객 : 맞습니다.

상담사 : 손님 사주는 그릇이 크고 재주가 뛰어난 사주네요.
내방객 : 보험 영업 일을 하는데 실적이 1위입니다.

상담사 : 고집 센 남편 만나 첨엔 힘들지만 점차 내가 굴복
         시키는 사주네요.
내방객 : 딱 맞습니다.

상담사 : 남편이 만 34세 넘어 맥을 못 추네요.
내방객 : 예 되는 일이 없습니다.

상담사 : 올해(庚寅年)는 외적으로는 발전이 있으나, 내부적
         으로는 위험하니 조심하세요.
내방객 : 알겠습니다.

통변 해설

(1) 雜氣比肩格이다.
　　① 辰中 乙, 癸, 戊에서 乙, 癸가 透出
　　　 되었다.
　　　 ㈎ 두 개가 透出 되어 서로 간섭
　　　　 하지 않거나 방해 받지 않아서
　　　　 兼格(겸격)이다.

偏官格→破格→食神
→成格이 된다.
인생 우여곡절이
생기지만 성공한다.

②여자다. 偏官格이다.
　㈎財星의 氣運이 흘러간 끝을 봐야한다.
　㈏財星이 偏官을 生해서 財格이 아니고 偏官格이다.
③食神 庚金이 偏官 甲을 제어해 주니 食神制殺 成格이다.
④이 四柱가 복잡한 四柱다.
　㈎雜氣比肩格에 財와 殺이 같이 동시에 투출되어 破格이 되었는데
　㈏食神으로 제압을 했으니까 이런 四柱는 人生에 우여곡절을 겪어 본다.
　㈐여러 가지 문제가 생긴 것을 해결하는 과정에서 결국 成格이 되니 결국 成功하는 사주다.
　㈑그런데 이것을 억부적인 관점에서 보자. 완전히 身弱이다.
　㈒月을 점하기는 했는데, 申子辰 三合을 한다. 合을 하니 水局으로 변했다.
　㈓水局으로 水生木을 하니 土는 갈 곳이 없다. 寅 中의 丙火를 用神으로 보는데 寅申冲으로 깨졌고 申子辰 三合으로 水가 될동말동이다.

㈐ 用神이라 할 것이 辰中 戊土나 寅中 丙火인데, 의지할 곳이 없다. 억부적 관점에서는 팔자가 더럽다. "아이고, 밥이나 벌어먹고 살겠나?"

(2) 格局으로 넘어가서 格으로 보면

① 雜氣比肩格이 七殺格으로 변했는데, 그것을 食神으로 制殺하니 食神制殺하는 成格이다.

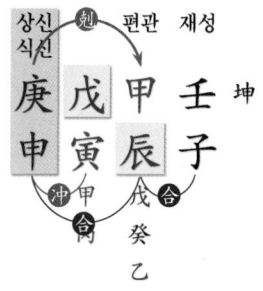

② 格이 크려면 日干이 힘이 있는가를 봐야 한다.

㈎ 日干이 月支를 점하고 있어서 힘이 있다. 이 정도면 충분하다.

③ 그 다음에 相神에 힘이 있어야 된다.

㈎ 相神 庚金도 申 위에 있어서 힘이 있다.

㈏ 日干도 힘이 있고 相神도 힘이 있어서 格이 높다. 大格이다.

㈐ 그릇이 크고 재주가 뛰어난 사주네요.

보험 영업 일을 하는데 실적 1위의 여장부다.

⑶ 남편 뒷바라지해 줬더니 애먹이고 뒤통수만 칩니다.
  ① 왜? 財生殺을 한다. 돈으로써 남편을 보좌해 준다(財生殺 = 돈으로 남편 뒷바라지).
  ② 財生殺을 하니 당연히 뒤통수 친다. 殺은 凶格이다. 배은망덕 하다.

⑷ 고집 센 남편 만나 첨에 힘들었지만 점차 내가 굴복시키는 사주네요. 왜?
  ① 이 말 안 듣는 偏官 남편을 고생하면서 돈 들어 도와주었더니 (壬水 生 甲木)
  ② 내 뒷통수치다가(甲木 剋 戊土)
  ③ 내가 食神制殺을 해 버린다(庚金 剋 甲木). 남편 사람을 만든 것이다.

"딱 맞습니다." "남편이 만 34세 넘어서 맥을 못 추네요."
  ④ 34세면 庚子 大運이다.
    ㈎ 庚金이 甲木을 치니
    ㈏ 부인 말을 듣게 되어 있다.

(5) 올해(庚寅年)는

① 외적으로는 발전이 있으나 내적으로는 위험하니 조심해야 한다.
② 庚寅年의 運은 天干 地支 별도로 본다.
  ㈎ 傷官 庚金이 食神制殺하니 할 일이 많다. 외적 발전이 있다.
  ㈏ 寅申冲을 해서 寅이 七殺의 뿌리가 된다.
  겉으로는 잘되는 것 같은데 내부적으로는 문제가 생기는 것이다.

外部 드러난 것(天干)
상신 남편 돈 大歲
庚 戊 甲 壬 坤 庚 庚
申 寅 辰 子   子 寅
庚 甲 戊
壬 丙 癸
      乙
內部 감추어진 것(地支)

4. 사례 - 4 (자녀 진로 상담)

음/평: 2001년 05월 13일 05:00 딸

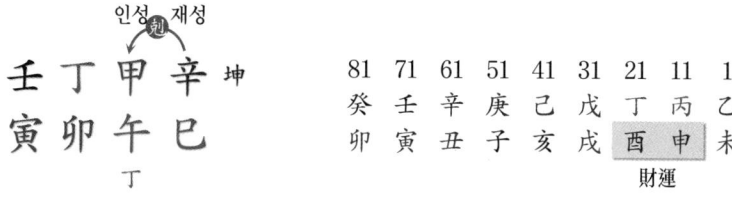

딸:
(1) 建祿格에 正官을 보니 四柱는 괜찮은 편이다.
　　財印이 相剋하여 無情한 것이 흠이다.
(2) 建祿格에 地支 財運을 만나면 破格에 學魔運이다.
　　성적이 신통찮아진다.

음/평: 2003년 12월 20일 11:00 아들. 만 14세

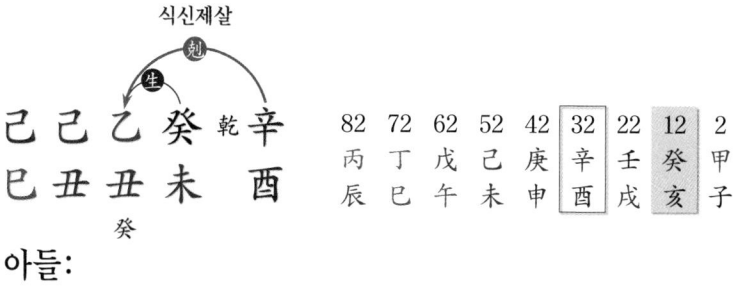

아들:
(1) 財格에 七殺이 透出되니, 破格에 財運이니 더욱 凶하다.

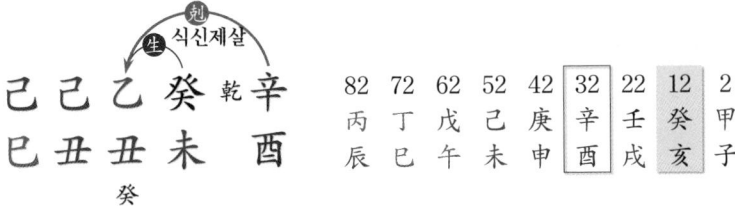

(2) 時支 巳火 印綬가 이 四柱의 공신인데 巳亥冲으로 깨졌으니 애초 공부는 물 건너갔다.
(3) 財運에는 돈 버는 기술이 낫다.
(4) 辛酉 大運 食神制殺 成格된다. 巳酉丑 三合으로 배움이 기술로 승화된다

5 사례 - 5 (나이 들어 늦공부)

음/평: 1973년 10월 26일 17:00 여자. 만 45세

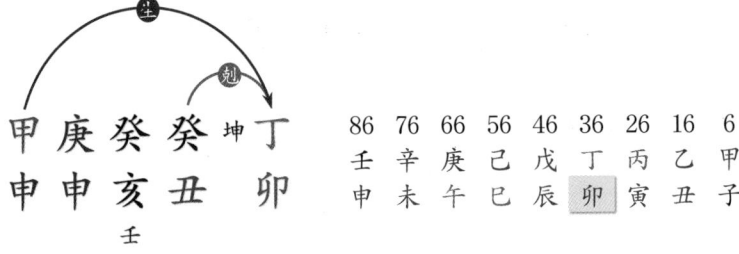

(1) 傷官格이 正官運을 만나면 패(敗)가 난다.
(2) 丁卯 大運 傷官見官, 이혼하지 않은 것이 다행(時干 偏財가 官星生助).
(3) 傷官格이 印綬運을 만나면 傷官佩印格이 된다. - 자격증

6 사례 – 6 (공부에 인연이 없지만 인기를 먹고살 팔자)

음/윤: 1998년 05월 02일 06:54 딸. 만 21세

```
         정관        편관
  乙  癸  戊  戊  坤  丙  己    86 76 66 56 46 36 26 16  6
  卯  卯  午  寅      辰  亥    己 庚 辛 壬 癸 甲 乙 丙  丁
              丁  戊                酉 戌 亥 子 丑 寅 卯 辰  巳
              根
```

(1) 正財格에 正官이 떴으니 좋으나 日干이 弱하고 正官의 根이 弱하다.

(2) 辰 大運은 이 둘을 모두 충족하니 가장 중요한 運이다.

(3) 올해 己亥年 偏官 亥卯合 中 食神制殺하니 내 능력에 부합되는 직장을 얻는다.

7 사례 – 7 (공주가 산속에서 홀로 거울 보며 돈을 센다)

음/평: 1973년 06월 05일 14:00 여자. 만 46세

```
  乙  辛  戊  癸  坤  己       81 71 61 51 41 31 21 11  1
  未  丑  午  丑      亥       丁 丙 乙 甲 癸 壬 辛 庚  己
          丁                      卯 寅 丑 子 亥 戌 酉 申  未
```

(1) 辛丑 日柱는 공주병. 土多金埋=山 속의 보석. 財星 透出 疎土(소토:돈 번다).

(2) 七殺格 財透 破格=남자 복 없다. 차라리 미혼이 낫다.

8 사례 - 8 (사막 한가운데 길 잃은 신세라)

음/평: 1971년 09월 10일 12:00 남자. 만 48세

```
편인   식신 정재
甲  丙  戊  辛  乾    戊      86 76 66 56 46 36 26 16  6
午  戌  戌  亥           戌    己 庚 辛 壬 癸 甲 乙 丙 丁
         戊                   丑 寅 卯 辰 巳 午 未 申 酉
         丁
         辛
```

(1) 食神格과 財格을 겸한 四柱.
(2) 時干 偏印이 뜨긴 했으나 이 정도면 成格.
(3) 格用神이 戊戌이라 작년 戊戌年은 用神運이라 좋다고 보는 子平眞詮學派도 있다. 그러나 이 사람은 오히려 후배에게 진급 밀림.

9 사례 - 9 (공무원이 상관견관운보다 정관운이 더 힘든 이유는?)

음/평: 1975년 11월 16일 辰時生 여자. 만 44세

```
丙 戊 戊 乙 坤    辛    86 76 66 56 46 36 26 16  6
辰 戌 子 卯         卯    丁 丙 乙 甲 癸 壬 辛 庚 己
                         酉 申 未 午 巳 辰 卯 寅 丑

丙 戊 戊 乙 坤    乙
辰 戌 子 卯         未
```

(1) 辛卯 大運의 경우
時干 丙火 印綬가 傷官을 合去하여 官星을 保護하고 地支로 官運이 들어오니 자리 보전이 되지만

(2) 乙未年은 戌未 刑殺, 子卯 刑殺이 發動하는데 時干 丙火가 아무 역할을 못하므로 職場運이 더욱 힘들었다.

※ 子平眞詮 運勢法은 天干 – 天干, 地支 – 地支 관계로 運을 본다.

10 사례 - 10 (간호사가 된 베트남 새댁)

음/평: 1985년 02월 29일 11:00 부인. 만 34세

乙 丁 庚 乙 坤
巳 亥 辰 丑
　　　戊
　　　癸
　　　乙

86	76	66	56	46	36	26	16	6
己	戊	丁	丙	乙	甲	癸	壬	辛
丑	子	亥	戌	酉	申	未	午	巳

(1) 傷官格에 印綬를 봤으니 傷官佩印 → 자격증 전문직.

11 사례 - 11 (황무지에 새싹이 돋는다)

음/평: 1968년 08월 19일 해뜨기 전. 여자. 만 51세

```
  식신  겁재  정관
   乙   癸   壬   戊 坤
   卯   丑   戌   申
           刑
              戊
```

81	71	61	51	41	31	21	11	1
癸	甲	乙	丙	丁	戊	己	庚	辛
丑	寅	卯	辰	巳	午	未	申	酉

```
         合
         合去
   乙   癸   壬   戊 坤  丁
   卯   丑   戌   申      巳
              戊
```

(1) 正官格이 食神을 보면 破格.
(2) 地支 正官 用神을 丑戌刑한다
   (그러나 刑은 格에 영향 없으나 刑殺의 작용은 있다).
(3) 官殺混雜하다.
(4) 41 丁巳 大運 天干 財運은 좋지만 丁壬合去 無力. 地支 官殺混雜에 火 大運은 불리하다(干支 운세 별도 판단).

12 사례 - 12 (그런 게 나와요?)

음/평: 1983년 04월 14일 20:45 남자. 만 36세

```
       상관 인수
   甲   甲   丁   癸 坤
   戌   寅   巳   亥
          丙
           冲
```

87	77	67	57	47	37	27	17	7
戊	己	庚	辛	壬	癸	甲	乙	丙
申	酉	戌	亥	子	丑	寅	卯	辰

(1) 傷官佩印格 成格.

```
   상관    인수  인수
 甲 甲 丁 癸 坤 癸
 戌 寅 巳 亥   丑
      丙
        合
```
2) 癸丑 大運 印綬가 들어오면 傷官 佩印(자격증 기회) 작동.

13 사례 – 13 (직업 관련 두 사례)

음/평: 1961년 12월 12일 09:00 남자㉮. 만 53세

```
   편관 편관
 甲 乙 辛 辛 乾    84 74 64 54 44 34 24 14  4
 戌 卯 丑 丑       壬 癸 甲 乙 丙 丁 戊 己 庚
       己          辰 巳 午 未 申 酉 戌 亥 子
 辛    辛 辛
       癸
```

남자 ㉮:

(1) 財格에 官殺混雜, 破格의 凶한 四柱다. 조후마저 불미하다.

(2) 大運에서 天干 火를 만나 먹고살 만해진다. 그러나 그것만으로는 부족하다.

　　四柱가 破格이라 마음 씀씀이도 넉넉치 못하다.

음/평: 1973년 03월 30일 08:00 남자㉯. 만 46세

```
 甲 戊 丙 癸 乾    84 74 64 54 44 34 24 14  4
 戌 戌 辰 丑       壬 癸 甲 乙 丙 丁 戊 己 庚
       戊          辰 巳 午 未 申 酉 戌 亥 子
       癸
       乙
```

남자 ㉯:

(1) 官星이 地藏干에 있다.

　　그러나 公務員이 되었다.

14 사례 - 14 (30대 때 힘들었다)

음/평: 1978년 03월 15일 07:20 남자. 만 41세

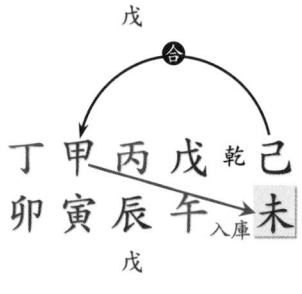

```
丁 甲 丙 戊  乾
卯 寅 辰 午
```

85 75 65 55 45 35 25 15 5
乙 甲 癸 壬 辛 庚 己 戊 丁
丑 子 亥 戌 酉 申 未 午 巳

(1) 財格에 傷官을 본 成格. 身強하고 格도 強하다.

(2) 未 大運은 自庫에 빠지니 온몸이 꽁꽁 묶인 것 같고,

(3) 庚 大運은 食神制殺하는 듯 하나 財生殺이 되어 힘들었다.

(4) 地支 申 大運은 甲木 絶地라 큰 변환기.
財格에 地支 比劫을 제어하여 財格이 살아나 사업이 제자리 잡는다.
申辰 半合이 되니 日支 祿을 직접 冲하는 해로움을 경감시켜 준다.

15 | 사례 - 15 (폭풍우 치는 바다를 홀로 비추는 등대)

음/평: 1973년 09월 23일 06:00 부인. 만 46세

癸 丁 壬 癸 坤
卯 亥 戌 丑
　　　戊

87 77 67 57 47 37 27 17 7
辛 庚 己 戊 丁 丙 乙 甲 癸
未 午 巳 辰 卯 寅 丑 子 亥

1) 힘겨운 傷官制殺

16 | 사례 - 16 (여린 화초가 폭풍을 만났다)

음/평: 2003년 02월 11일 08:20 남자. 만 16세

庚 乙 乙 癸 乾 癸
辰 酉 卯 未　　 丑
　 冲乙

82 72 62 52 42 32 22 12 2
丙 丁 戊 己 庚 辛 壬 癸 甲
午 未 申 酉 戌 亥 子 丑 寅

1) 四柱는 建祿格에 官印格으로 기본적으로 나쁘지 않다.
2) 月支 祿을 卯酉冲하는 것이 불안한 중에 癸丑 大運을 만나 심화되었다.
3) 卯酉冲은 強해지고 丑未冲까지 도래하니 뿌리 내릴 곳이 없다.
4) 그래도 偏印의 運이니 기술을 배운다면 그나마 낫지만 人文系로 갔으니 어려움 가중.

제12편 격국 종합 통변 사례

1. 격국 종합 통변 사례 - 1 (만 31세)

```
인수  정재 정관    大
 庚   癸  丙  戊  乾  己
 申   丑  辰  辰     未
 庚       戊

83 73 63 53 43 33 23 13 3
乙 甲 癸 壬 辛 庚 己 戊 丁
丑 子 亥 戌 酉 申 未 午 巳
```

1) 速看法(속간법): 사주 좋다.
   (1) 正官格이다.
      ① 月支 辰 中 戊土가 透出하여 正官格이다.
      ② 正官格에 財星을 보면 成格이 된다.
         (가) 丙火 財星이 떠서 正官 戊土를 生助하여
         (나) 成格이 되었다.

```
인수  정재 정관    大
 庚   癸  丙  戊  乾  己
 申   丑  辰  辰     未
      이격
 庚       戊
```

   (2) 印綬와 財星이 떨어져 있어 좋다.
      ① 혹시 四柱가 弱할까 싶어서 印綬가 떠서 日干을 生助까지 해 주고 있다.
      ② 財星과 印綬가 떨어져 있어 서로 간섭을 하지 않는다.

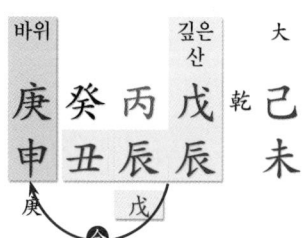

   (3) 正官格에 財星이 透出되어 財生官을 하고 印綬가 日干을 生助하면서 印綬와 財星이 떨어져 있어 서로 간섭을 하지 않아 정말 格이 아름답고 좋다.

※앞의 사항은 사주를 쓰는 동안에 格을 보면서 재빨리 파악 해야 하며 바로 한마디 던져야 한다 → 사주가 참 좋다는 마음으로 아래의 통변이 나와야 한다.

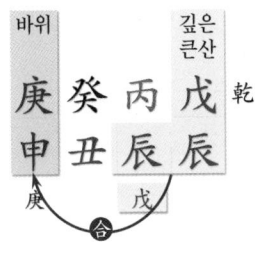

2) "깊은 큰 바위산 계곡의 호랑이가 촉촉이 봄비 내리는 꽃밭을 바라보고 있다" 라고 첫마디 던졌다.
→ 회화 사주
⑴깊고 큰 바위 산 계곡
　①깊은 큰 산 계곡 - 戊辰, 辰
　②큰 바위
　　㈎庚申- 큰 바위
　　㈏큰 바위가 깊은 산 계곡에 편하게 안겨(合) 있는 형상이다.
　③戊土가 좋은 작용을 할 때는
　　㈎조직과 부모나 형제가 굉장히 좋다고 보는 것이다.
　　㈏그런데 좋게도 볼 수 있고, 나쁘게도 볼 수 있는데, 이것을 신속히 보는 基準이 여러 가지 중에 하나가 格局인 것이다.
⑵호랑이가 봄비 내리는 꽃밭을 보고 있다.

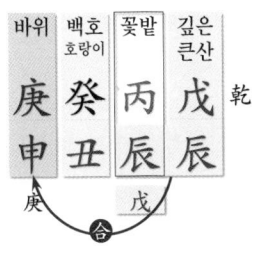

```
바위 호랑이 꽃밭 깊은
      비      큰산
庚 癸 丙 戊  乾
申 丑 辰 辰
   庚      戊
      合
```

① 호랑이:
　癸丑은 白虎大殺로 호랑이.
② 촉촉히 봄비 내리는 꽃밭
　㈎봄비:辰月 봄의 癸水 비
　㈏꽃밭:辰은 밭이고, 丙은 태양,
　　꽃이다.
　　丙辰 자체를 꽃밭으로 보기도
　　한다.

```
바위 호랑이 꽃밭 깊은
     生 비    生 큰산
庚 癸 丙 戊  乾 己
申 丑 辰 辰      未

83 73 63 53 43 33 23 13  3
乙 甲 癸 壬 辛 庚 己 戊 丁
丑 子 亥 戌 酉 申 未 午 巳
```

3) 호랑이가 깊은 계곡에서 꽃밭을
　바라만 보고 나가지 않는다.
　⑴직장 다니고 있느냐?
　　①正官格에 財生官하고, 印綬가
　　　日干을 相生하는 사주다.
　　②正官格 四柱는 직장에 다니는
　　　사주인데 직장을 제대로 다니고
　　　있느냐고 물었다.
　　③직장 여부를 어디에서 판별
　　　하느냐 하면 運(특히 大運)에서
　　　판단한다.
　　㈎지난 10년간 大運을 보면
　　　午 大運을 지나 현재 己未
　　　大運에 있다.
　　㈏이 사주를 天干과 地支로
　　　나누어 보면

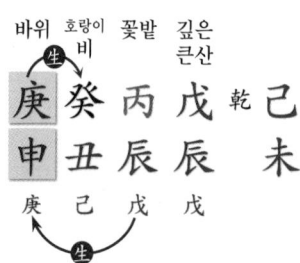

(ㄱ) 天干으로는 正官格에 財生官 하고 印綬가 있어 官印으로 좋기는 한데

(ㄴ) 地支로는 이 사주가 正官格 인데 丑 中 己土 偏官이 있어 官殺混雜이 되는데 官殺混雜 을 해소해 주는 印綬 즉 申(庚 金)이 있어 좋다.

(ㄷ) 따라서 天干과 地支에 印綬가 있어 天干도 좋고, 地支도 좋아 진짜 좋은 사주다.

(다) 이 사주가 패(敗)가 나려면
  (ㄱ) 地支로는 印綬를 剋하는 火 財運이 오는 것이다.
  (ㄴ) 官殺混雜되는 財가 오면 敗가 된다. 生助해 주는 財運이 오면 문제이다.

(2) 따라서 지난 10년간 大運을 보면 戊午의 午 大運을 거쳐 현재 己未 大運에 있다.
  ① 지난 10년간의 運이 무엇인지 봐야 한다.
  지난 10년간 뜻을 이루지 못 하는 運이다.

②戊午는 만 13~22세까지인데 午運은 18세~22세에 해당하는 運이다(天干, 地支를 5년씩 본다).

㈎午運은 火運이다. 火는 財星이다.

午財가 申 印綬을 剋해 官印相生을 못해 官殺混雜이 가중되어 敗格이 된다.

㈏남자에 財星은 돈, 여자이다. 따라서 학생에게 財星運은 學魔運이다(돈, 여자 쫓아다니느라 공부 안 한다).

㈐공부하지 않고 연애한다고 노는 데에 정신 빠졌다.

※戊午大運의 戊運(13세~17세) 正官格에 用神 正官이 와서 전혀 하자가 없고 좋다.

⑶현재 己未 大運은

①天干으로는

㈎正官 戊土가 있는데 偏官 己土가 들어와서 官殺混雜이 작동된다.

㈏이 四柱가 좋은 것은 뒤에 印綬 庚金이 받쳐 주고 있으니 결국은 좋은 방향으로 흘러간다.

㈐일단 偏官으로 인한 문제가 생기고, 그 뒤에 印綬로 해결은 된다.

```
인수    재성   정관   정관
庚     癸    丙    戊    乾   己
申     丑    辰    辰         未
       破
         冲
```

② 地支로는
　㈎ 未가 들어오니까 丑未冲이 일어나고
　㈏ 丑이 動해 丑辰破가 일어난다.
　㈐ 이런 식으로 시끄러워 지는 것이다.

```
  인수生  재성  정관   정관
庚    癸   丙    戊    乾   戊
申    丑   辰    辰         午
  X   己   戊    戊         丁
  인수 편관 정관  정관       편재
                          여자
             관살혼잡       돈
        生X        生
               剋
```

⑷ 이 사주는
① 만 18세 午 大運부터 己未 大運까지 15년을 말아먹었다. 15년 동안 흉해서 그렇다.
② 그래서 이 좋은 사주가 나쁜 운을 지나가니 좋은 사주를 나쁘게 해석하는 것이다.
③ 사주만 놓고 봤을 때는 좋지만 運이 나쁘기 때문에 나쁘게 해석을 해야 한다.

■ 이런 사주의 형상을 보고 역술인은 순간적으로 시인이 되어야 한다. 그림을 그릴 줄 알아야 된다. 이것을 좋게도 표현할 수 있고 나쁘게도 표현할 수가 있다.
■ 運이 나쁘기 때문에 나쁘게 표현한 것이다. 좋은 것이 절대적으로 좋은 것은 없다. 나쁘게도 변할 수 있다. 그러면 나쁘게 판단을 해야 한다.

■四柱의 格을 잡고 기준을 定하는 方法을 모르면 이현령 비현령이 된다.
四柱의 틀이 분명하면 좋을 때는 좋게 해석하고 나쁠 때는 나쁘게 해석하면 된다.

※ '팔자가 좋은 사주인데 깊은 숲속의 호랑이가 봄비 내리는 꽃밭을 한가로이 바라보고 있으니 직업이나 제대로 있겠나?' 하니, 집안이 좀 산다고 한다.
놀면서 골프 치러 다니니 잘산다. 어릴 때부터 얼마나 애지중지 키웠겠나?
어디를 가도 다 사주가 좋다고 한다. 그러나 어느 정도 명리학을 공부한 사람이 보면 사주가 아주 좋다고 본다. 運이 안 좋은 쪽으로 흘러가므로 안 좋다고 이야기를 해야 한다.

※ 좋고 좋지 않고의 기준이 분명하지 않으면 "좋은 게 좋다"라고 이야기 하기 쉽다.
이렇게 분명하게 보이는 것은 분명하게 이야기해야 할 필요가 있다.
분명하게 이야기를 할 때 카리스마가 나온다.
"마음은 아프지만 당신은 내년에 머리 깨진다." 라고 말해야 머리 깨지고 나에게 다시 오는 것이다.

*어제 손님인데 올초에 한 번 왔었던 손님이다. 와서 사주를

보는데 "손님은 올해 연말에 저한테 한 번 더 오셔야 한다. 내년에 크게 다칠 일이 있기 때문에 부적을 쓰든지 해서 대비를 해야 될 것 같다. 12월달에 오시라." 어제 다시 왔다. 하는 말이 "며칠 전에 어줍잖게 침대에서 일어나다 넘어져서 머리가 찢어져서 깁었다." 라고 한다.

＊내가 던진 말이 실행이 될 때 손님은 다시 찾아오게 된다. 뭔가 말을 했을 때 손님의 폐부를 움직이는 것이 필요하다.

■사주를 볼 때 손님이 이해할 수 있도록 그림의 형상을 그려준다.

(1)丙(丁) 日干에 癸水(남편)가 있다. 사주가 조열하였다.

(2)大運도 火 大運으로 흘러가고 있었다.

(3) "이 四柱는 사막에서 농사짓는데, 물 한 바가지가 남편 복이다." 라고 했다.

(4)남편 복이 있네 없네 말할 필요가 없는 것이다.

"내가 사막을 지나는데 물 한 바가지 들고 간다. 그게 남편 복이다." 손님이 울려고 하더라.

남편 복이 없는 것이다. 있다 없다 말할 필요가 뭐 있는가. 내가 정말 남편에 대한 情을 갈구하지만, 있는 것은 고작 한 바가지의 물이다. 오다가 엎어지면 그냥 끝나는 것이다. 결국 이혼하고 혼자 사는데……

(5) 그럼 이 사람이 어떤 인연을 만나야 잘살겠는가?

① 地支로 水가 들어오면 된다.
　　丑, 辰, 亥, 子生 중에 만나면 된다.
② 이 손님이 "좋은 남자 친구 없겠습니까?" 한다. "이 네 가지 띠 중에 한 명을 만나 봐라."
③ 물론 사주 전체 구조를 봐야 한다. 사주가 신속하게 나온다.
④ 중요한 것은 사주를 보고 사주 그림을 그려서 손님에게 제시하는 것을 알아야 한다.
㈎ 단순히 사주가 좋다 나쁘다 木이 어떻네, 언제 좋았네 나빴네 이런 것도 좋겠지만 손님들이 이해할 수 있도록, 폐부를 찔러 감동할 수 있도록, 우리의 시를 보고 감동을 한다.
㈏ 사주를 보고 그런 식을 이야기를 했을 때 감동을 해야 하는데 손님이 감동을 한다. 제대로만 이야기를 하면 감동을 하게 되어 있다.
㈐ 왜냐하면 사주 글자가 그 사람의 인생이니까. 각자 자기 사주를 놓고도 시를 쓰는 연습을 해 봐야 한다.
가족들 사주를 보고도 연습해 보고, 주변 사람들 사주를 보고도 연습해 봐야 한다.
이런 것을 회화 사주법이라고 한다. 사주를 그림 그리듯이 묘사를 하는 것이다. 동양화 그리듯이 묘사하는 것이다.

2 | 격국 종합 통변 사례 - 2   (자녀 진로 상담)

좋고 나쁨의 판단 기준
1 사주의 格을 잡는다.
2 大運에서 格을 판단한다.
(1) 運에서 格이 成格되면 吉
(2) 運에서 格이 敗格되면 凶

1) 建祿格이다.

```
 病  病  死  死
정관 인수 편재
 壬  丁  甲  辛   坤
 寅  卯  午  巳
 甲  乙 [丁] 丙
 丙      建祿格
```

```
 病  病  死  死
정관 인수㉗편재
 壬  丁  甲  辛   坤
 寅  卯  午  巳
 甲  乙  丁  丙
 丙
```

(1) 사주의 格과 주변 작용 상황을 파악한다.
　① 月柱 甲午를 쓸 때부터 주의를 해야 한다.
　　午月 여름 丁을 인식해야 한다.
　② 天干에 丁을 보는 순간 四柱格이 나온다.
　　月支 比肩 建祿格이다.
　③ "建祿格은 무얼 봐야겠구나" 하고 머릿속에 생각을 계속하는 것이다.
(2) 日支가 卯이고 月干 甲이 있어
　① 建祿格에 印綬가 포진하고 있으며
　② 地支에 劫財도 있어 뭔가가 좀 강하다.

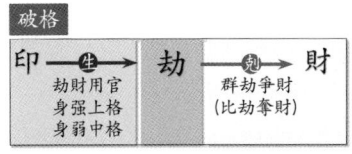

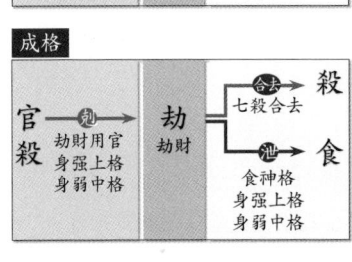

③建祿格에 財星이 뜨면 破格인데 年干에 辛金 財星이 있어 破格이다.

④그럼 時에 의해서 사주가 결정되겠다.

이렇게 格局을 쓰면 사주를 쓰면서 신속하게 判斷이 된다. 建祿格에 財가 뜨면 破格이라 나쁘다.

⑤官이 와야 한다. 財生官하여 官印相生으로 成格이 될 수 있다.

㈎時가 壬寅이 와서 壬 官이 사주를 살려 준다.

㈏成格이 되었다. 建祿格에 財官을 봤으니 成格이 되었다

2) 이 사주가 上中下로 봤을 때 어느 정도인가?

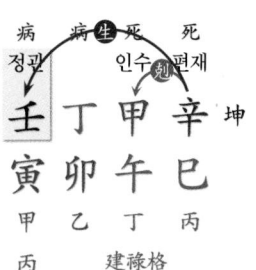

(1) 이 사주 核心은 建祿格에 官을 본 것이다.

①建祿格은 正官을 보는 것이 좋은 것이다.

②正官이라고 하는 用神 壬이 뜬 것이다.

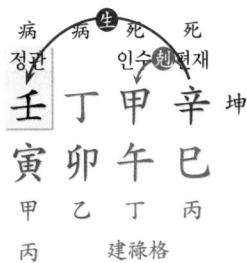

③建祿格은 天干에 뜬 吉神을 用神으로 잡는 것이다. 正官格이다.
⑵格이 튼튼하려면 用神 正官의 뿌리가 튼튼해야 한다.
　①正官 壬의 뿌리(根)가 없다.
　　㈎水의 根: 申, 子, 辰, 亥, 子, 丑
　　㈏冲이 되면 根이 될 수 없다.
　②壬의 根이 없어 格이 확 떨어져 버린다.

⑶좀 더 세부적으로 보자.
　①天干과 地支로 나누어 보는 방법이 있다.
　　㈎천간과 지지를 구분해서 보면 사주의 품질을 분석하기가 좋다.
　　㈏天干:1~10단계, 좋고 나쁨으로 분류
　　㈐地支:1~10단계, 좋고 나쁨으로 분류

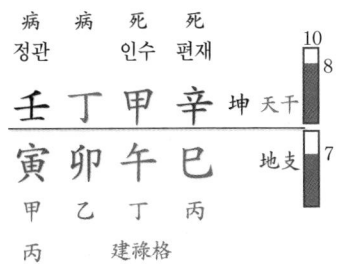

　②天干만 보면 8정도로 좋다.
　③地支는 建祿格에 劫財, 印綬가 많이 있어 格이 뚝 떨어진다. 最下 1 정도로 차이가 있다.

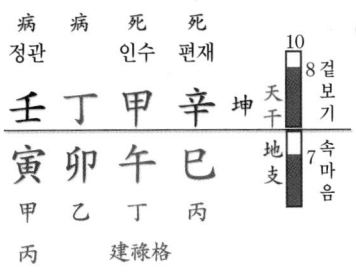

④天干을 보는 것과 地支를 보는 것이 확연히 다르다.

㉮앞에 사주는(깊은 산 호랑이가 봄비 내리는 꽃밭을 보는 사주) 天干도 좋았고 地支도 좋았다. 上級이다. 집안도 잘살고, 놀아도 골프 치러 다니고 그런 것이다.

㉯그런데 이 사주는 겉보기는 괜찮은데 地支가 부실하니까 겉보기는 좋은데 실속이 없다.

㉰만일 이 사람이 직장을 다니고 있으면
  ㉠그 직장은 겉보기는 참 좋은데
  ㉡실속이 없는 부실한 회사다.

3)格을 알면 사주가 신속하게 상황이 나온다.

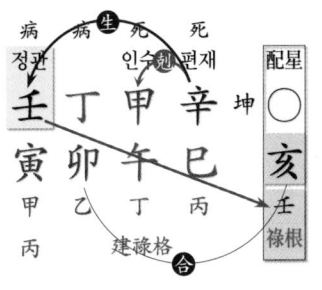

(1)어떤 변화가 있으면 그걸 신속하게 말할 수 있어야 한다.

(2)사주학은 사람을 살리는 활인업이다.
 ①이 사주가 인생이 더 나아지려면 어떤 인연을 가까이해야 되는지 딱 나온다.
 ②地支로 水가 부족하다.

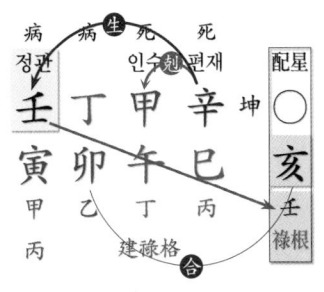

㈎먼저 亥生을 만나면 굉장히 좋다.

　㈀왜냐하면 官 壬水의 祿으로 根이다.

　㈁게다가 卯와 合까지 한다.

㈏이 사람의 남자 친구가 돼지 띠라면 얼굴이 곰보라도 만나야 한다.

③그렇게 이야기를 해 줄 수 있는 것이다.

이론들을 조합해서 만들어 내는 것이다.

| 질 문 | 亥卯合으로 亥가 木으로 변하여 영향을 끼치는가? |

1)亥卯合으로 작용이 생긴다.

2)亥卯合이라

　⑴木局이 되므로 亥가 木으로 변해 地支가 木과 火로 되어 木生火가 되어 火局으로 가는 것이 아닌가 하는 생각은 하지 마라.

①예를 들어 甲己合土로 무조건 土를 계산하는데, 그것이 아니다.

② "土의 성향으로 간다, 土로 흘러가고자 한다" 는 마음이 있는 것이지 土로 바뀌지 않는다.

⑵亥卯로 合을 하면 스토리가 나온다(重要).

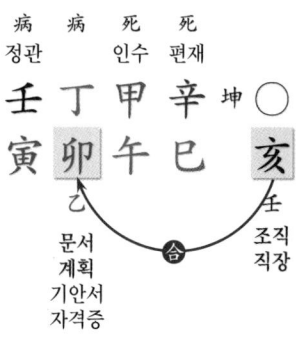

① 合으로 변화가 생기면서 스토리가 나온다.
② 卯(乙:印星)는 문서, 계획, 기안서, 자격증, 내가 계획하는 것, 생각하는 것이다.
③ 내가 생각하는 문서나 기획서가 亥(官)에게 채택이 되는 것이다.
④ 이 사람은 年月日만 보면 실속이 없다. 뭔가 열심히 노력하지만 제대로 되는 것도 없는데,
⑤ 돼지띠를 만나면 그때부터 직장에서의 출세 길이 열리는 것이다. 기안서를 작성하면 인정을 받는 등 인생이 바뀌는 것이다.

4) 이 四柱는 子息 福은 어떨까?

(1) 子息 福이 없다.
① 宮位로 보면 時柱가 子息宮이다. 따라서 時柱는 食傷(女命), 官星(男命)이 있어야 할 곳이다.
② 女命 時柱에 印星이 있으면 食傷을 剋하므로 자식 복이 좋지 않다. 거기에다 사주에 자식이 나타나지 않았는데…

자식궁
土
壬 丁 甲 辛 坤
寅 卯 午 巳

丁 日主의 자식은 土이므로 時柱가 土가 있는데 印星 木이 있어 들어오는 土를 헨하므로 자식 두기 어렵다.

(2) 어떻게 하면 자식을 둘 수 있을까?

자식궁   配星
壬 丁 甲 辛 坤 ○
寅 卯 午 巳 亥
   三合一虛
      未

① 亥生 남편을 만나면 자식을 둘 수 있다.

② 亥卯合하여 三合에 빠진 未 食神 자식을 끌어당긴다.

③ 運이 좋으면 未運에 자식을 가질 수 있다.

(3) 根本的으로 이 사주는 子息이 弱해 자식이 있어도 크면 빨리 내보내야 한다.

같이 있으면 병아리가 닭이 되기 어렵다.

5) 사주가 좋다.

81 71 61 51 41 31 21 11 1
癸 壬 辛 庚 己 戊 丁 丙 乙
卯 寅 丑 子 亥 戌 酉 申 未

(1) 사주의 좋고 나쁨은 해당 大運으로 판단하는데 현재 申 大運에 있다.

① 申 大運 己亥年으로 申 大運은 財運이다.

②財 金運이 오면 印綬 木을 剋해 破格이 된다.
　㈎우리 딸이 고3이다. "사주는 괜찮은데, 學魔運이 들었다."
　　㈀사주는 괜찮은데 學魔運이 들었다.
　　㈁왜 學魔運이 들었다고 했느냐 하면, 財運이 들면 印綬를 剋한다. 그러면 헛바람이 든다.
　㈏大運을 봐야 한다. 만 18세라 丙申의 申 大運이다.

```
자식궁              大
壬 丁 甲 辛  坤  丙
寅 卯 午 巳      申
甲              合破  庚
인성            刑    재성
```

81 71 61 51 41 31 21 11 1
癸 壬 辛 庚 己 戊 丁 丙 乙
卯 寅 丑 子 亥 戌 酉 申 未
　　　水運　　　財運

　　㈀사주는 겉으로 보면 괜찮은데, 속으로는 안 좋다고 말할 수는 없다. 그냥 괜찮다고 말해 줘야 한다.
　　㈁그리고 좋은 인연을 만나면 얼마든지 사주를 바꿀 수는 있다.
　　㈃大運이 申酉戌 亥子丑으로 흘러가고 있다. 천만다행이다.
　　　大運이 살려 준다. 金水運으로 흐르니 사주가 충분히 좋다.
　　㈄사주에서 부족한 것도 大運에서 이렇게 보충해 주면 얼마든지 잘산다.
　㈐이 사주는 官이 印을 생해 주는 官印相生하는 사주인데 申 大運은
　　㈀地支로 申 財가 들어오면 巳申

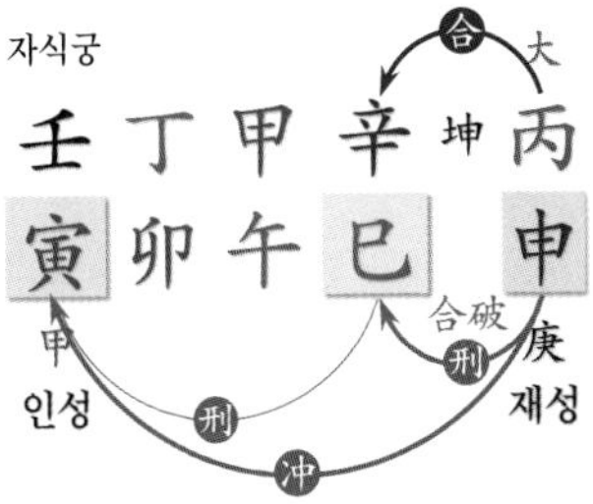

刑이 들어오고, 寅申冲이 들어온다.

㈁財星으로 인한 마음의 동요가 발생한다.

㈂ "생각보다 성적이 나오지 않아 고민이겠네요." 라고 했다.

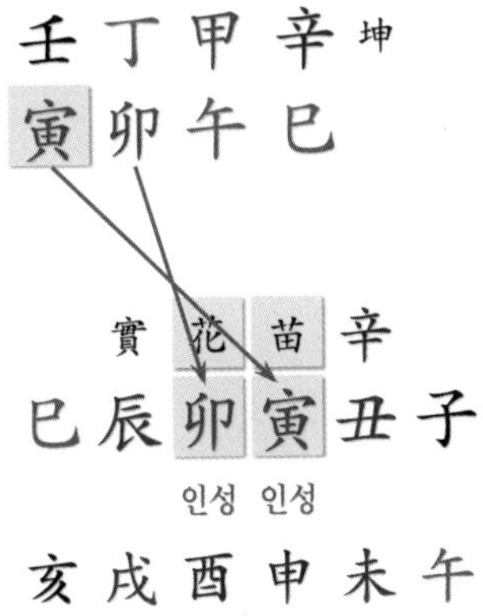

㈃10월 31일 왔다. 辛丑日이다.
사계단법으로 보면
印綬 문서가 하나는 苗에 있고 하나는 落花에 있다.
시험 성적이 신통치 않은 상태이다.

㈄學魔運이 大運에 들어온 상태에서 四階段法에도 苗와 落花에 걸려서 약하다고 보인다.

③그런데 중요한 것은 己亥年이다.

㈎天干으로는 己가, 地支로는 亥가 온다.

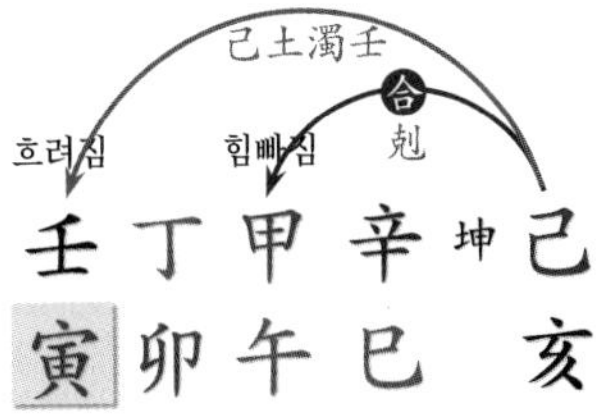

㈏天干으로 己가 오면

㈀먼저 印綬 甲木은 食神 己土를 한 번 엮어 주지만, 己土를 막느라 기운이 떨어져 成格이 떨어지게 된다.

㉡ 己土가 壬水를 己土濁壬으로 혼탁하게 한다. 正官이 食神을 만나면 破格이 되기 때문이다.
㉢ 물론 印綬가 있으면 크게 도움이 된다. 그러나 어쨌든 좋지는 않다.
㉣ 地支로 亥가 오면
  巳亥冲으로 변화를 겪지만 결정적으로 亥卯合으로 들어오고 印綬의 뿌리가 되는 亥가 좋다.

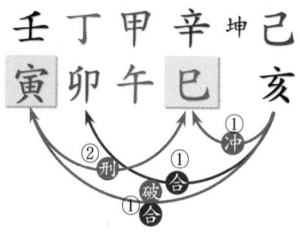

㈐ 己亥年 종합한 통변은
  ㉠ 天干으로 보면 혼탁한 물이지만
  ㉡ 地支로는 맑은 물이 들어온다.
  ㉢ 관복은 찌그러졌지만 입을 수 있겠다.
  ㉣ 즉, 조금 눈만 낮추면 관복을 입을 수 있겠다(대학 하향 지원하면 합격).

㈑ 올해 감투가 찌그러졌지만, 己土가 와서 甲木을 묶었고 壬水를 탁하게 만들었으니까
㈒ 감투는 찌그러졌지만 관복은 온전하니 地支로 바라던 亥가 들어와서 합을 했기 때문에 "대학은 입학하겠지만 눈은 좀 낮춰야 한다."

(ㅅ) "안 그래도 그럴 생각인데 뭐 조심할 것은 없습니까?"
"성격적으로 적극성이 떨어지고 대체로 혼자 놀기 좋아하며 집 밖을 잘 나가지 않으니 외톨이가 되기 쉽다. 대학에 가면 바깥 활동을 하면 좋다."

◎이것은 사주에 印綬가 旺하고 食傷이 전무하다. "뭔가 머리 쪽으로만 생각하고 행동을 잘 안 합니다."

6) 동생 사주를 보자.

비견 칠살 편재
己 己 乙 癸 乾
巳 丑 丑 未

비견 칠살 편재
己 己 乙 癸 乾 癸
巳 丑 丑 未　亥
　　　　己
　　　　辛
　　　　癸

우리가 格을 해야 하는 이유가 사주를 신속하게 판단할 수 있기 때문이다. 신속하게 판단되면 신속하게 조언을 해 줄 수 있다.

(1) 現在 만 14세, 大運이 12癸亥 大運에 들어와 있다.
　①이 사주의 格은 偏財格이다.
　　(가)月支 丑中에 己, 辛, 癸가 있다.
　　(나)月支가 土면 雜氣格인데 天干에 透出된 것이 己土와 같은 五行이라 格으로 잡지 않고 남은

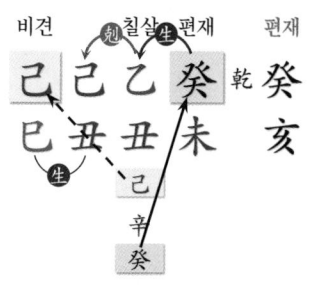

癸水가 透出되었다.

㈐癸水는 偏財이므로 偏財格이 된다.

②偏財格은 무엇을 봐야 제일 좋은가?

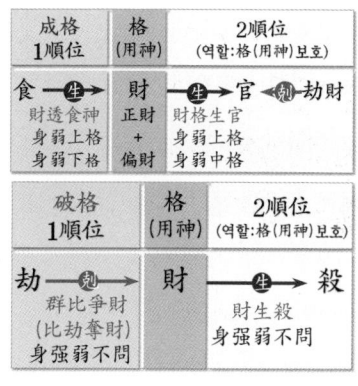

㈎正官을 보거나 食傷을 보면 좋다.
㈏그런데 偏官이 떴다. 偏財格이 偏官을 보면 破格이다. 格이 뚝 떨어져 버린다.
㈐게다가 大運에서는 財(癸)가 들어와서 偏官(乙木) 凶神을 生助한다. 더욱 더 破格이다.

⑵이러면 공부는 물 건너갔다. 게다가 癸亥 大運이다.

①공부라는 공부는 모두 박살을 내버린다.

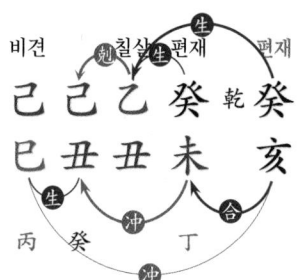

㈎巳亥冲으로 巳中丙火가, 丑未冲으로 未中丁火 印星 공부가 다 깨어진다.

㈏솔직히 말해서 이 정도 사주면 공부 안 해도 된다. 사고만 치지 마라.

② "기술 학교 보내세요."

제10강 자평진전(子平眞詮) 완결

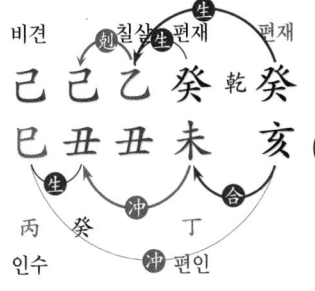

㈎ 기술 학교라고 나쁜 것은 아니다.
㈏ 사주에 맞게 살면 되니까.
⑶ 이 사주가 좋은 점은
　① 나중에 時支 巳의 印綬가 살아 있다.
　　㈎ 印綬는 학문이고
　　㈏ 殺을 殺印相生해 주니까 사주의 나쁜 기운을 좋게 만들어 준다.

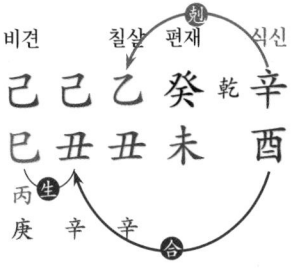

　② 나중에 辛酉 大運을 만나게 되면
　　㈎ 天干으로 食神 辛이 偏官 乙을 剋하고
　　㈏ 地支로는 巳酉丑 三合이 되어 이 사주가 좋아진다.

나중에 좋아지니까 걱정하지 말고 지금은 공부시킬 생각하지 말고 기술 학교 보내라고 해야 한다.

사주를 간단하고 신속하게 판단할 수 있으려면 자평진전의 格局 논리를 꼭 공부해야 한다.
이런 틀이 잡힌 다음에 여러 가지 액세서리를 달면 통변이 풍부해진다.

제 11 강

조후(調候)

제1편 절기가단(節氣歌斷)

■절기가단(節氣歌斷)
이 절기가단은 명리정종(命理正宗) 비전묘결편(秘傳妙訣篇)에 수록된 것으로, 조후의 기준이 되는 절기를 이해하는데 아주 중요한 내용이니 반드시 숙독하기 바란다.

| 1 | 寅月 |

立春 초기에는 겨울의 寒氣가 남아 있는 중에 火氣가 나타난다.
雨水후에는 木이 비로소 영화로운 시기이다.

| 2 | 卯月 |

驚蟄이 되면 木氣가 가볍게 뻗어가 점차 왕해지는 때이므로,
春分에는 木氣가 충만할 정도로 旺하다.

| 3 | 辰月 |

淸明이면 木氣도 무성하고 水氣도 모이니,
穀雨절에는 水와 土가 함께 남아 있으니,

| 4 | 巳月 |

立夏에는 여름이라 하나 초기에는 土金이 함께 남아 있고,
小滿절에는 丙火가 작용한다.

5	午月

亡種은 猛炎이 강세를 띠는 떨치는 때이나, 이때에는 丙己가 旺盛하다.
夏至에는 丁이 旺盛하고 陽이 極에 이르니 陰이 始生하는 시기이다.

6	未月

小暑임에도 여전히 木氣를 남아있으니,
大暑절에는 土氣가 旺盛한 시기이므로,

7	申月

立秋면 가을이나 여전히 老炎이 남아 있고 金氣는 점차 旺하게 된다.
處暑가 되면 비로소 水가 生하니

8	酉月

白露와 秋分에는 金氣가 旺盛하다.

| 9 | 戌月 |

寒露가 되면 土旺일 것이나 아직은 金氣가 살아 있다.
霜降이 되면 火土가 모여든다.

| 10 | 亥月 |

立冬이면 水氣가 가득하며,
小雪때면 木氣가 始生하니,

| 11 | 子月 |

大雪은 寒冷이 極에 이르고 水氣가 얼어붙는 때이며
冬至에는 陽이 始生하는 때이나,

| 12 | 丑月 |

小寒에는 冷寒이 위세를 떨치고 火氣는 쇠약하다.
大寒이 되면 金과 土가 함께 남아 있다.

제2편 일주(日主)의 조후론(調候論)

제1장 甲木 일주의 조후론

1 寅月의 甲日

(1) 立春 초기에는 여전히 찬 기운이 남아 있는데, 만일 丙火가 우선 투출하여 보온한다면 吉하고, 다시 癸水가 암장되어 木의 뿌리를 윤택하게 하면서 자양하면 귀격이다. 만일 庚辛이 어린 싹을 剋한다면 가난하거나 단명하게 된다.
(2) 雨水 후에는 木의 본기가 돌아오니 火가 있으면 木火통명으로 부귀요, 金이 있으면 재목을 다듬어 쓸 수 있으므로 귀격이다.
(3) 地支에 水가 盛하면 뿌리가 썩게 되어 빈천할 것이나 土의 조율이 있다면 귀하게 된다.

2 卯月의 甲日

(1) 甲日이 양인 卯月을 만났으니 木이 더욱 旺하다.
(2) 만일 庚金이 천간에 투출하면 양인합살(羊刃合殺)이 된다. 이때 木이 극왕하고 庚金이 약하여 金剋木이 불가하니, 차라리 土로써 庚金을 생조하는 것이 필요하다. 그래서 戊己가 있으면 부귀를 누린다.
만일 庚이 있고 水가 있으면 살인이 상생하여 일주가 더욱 강성해지므로 흉하게 되나, 庚이 없고 丙만 있으면 木火

강성해지므로 흉하게 되나, 庚이 없고 丙만 있으면 木火통명으로 부귀하고 순행하는 火운에 발전이다.
丙이 없고 丁만 있으면 지지에 寅巳午가 있어 통근해야 공이 있다.
⑶반면에 火가 너무 많으면 金水의 조후가 필요하다.

4 辰月의 甲日

⑴淸明 초 辰月은 모춘(暮春)이라 土旺하여 濕土가 木根을 배양하니 木氣가 남아 있고 또 찬 기운도 살아 있으니 火로 보온하면 귀격이다.
⑶穀雨 후는 庚金이 있으면 丁火로 단련(鍛鍊)해야 길하다. 庚이 있고 丁이 없으면 壬으로 庚壬이 살인상생하여 고시 합격하는 등 귀인이 된다. 庚이 없이 土만 旺하면 차라리 甲으로 土를 제지하면서 壬으로 甲을 생조하면 발복한다.

5 巳月의 甲日

⑴火 열기가 점차 성하니 木이 마르기 시작하니 우선 癸水로 뿌리와 줄기를 적셔 줄 필요가 있다.
⑵그런데 명조에서 이미 지지의 세가 윤습(潤濕)하고 다시 庚이 있으면, 丁으로 庚을 단련하면서 水氣가 제거되어야 귀하다.

3) 또 土가 많아 木의 소통이 필요한 경우라면 水의 도움이 필요하다.

5 │ 午月의 甲日

⑴성하(盛夏)의 열기로 지엽이 고갈하니 癸水로 해갈하며 조후됨이 시급하다. 地支에 金氣가 암장되었으면 살인이 상생하여 수원(水源)이 고갈되지 않아 부귀한다.
⑵대개 여름철의 木은 水가 있어야 길한데 辰이나 丑이 있어도 무방하다.
⑶火土가 극심인데 다시 火土運을 만나면 빈곤하고 질병이 많다. 이때, 金水가 없고 運에서도 보지 못하면 하격이다.
⑷만일 木이 盛하면 庚으로 다스려야 한다.
⑸반대로 다시 庚이 旺하다면 丁으로 써야 하는데 丁은 월지에 祿을 두어 귀명이 된다. 이때 다시 水運을 만나면 단명한다.

6 │ 未月의 甲日

⑴小署 중에는 가지와 잎이 무성한 시기로 癸水가 우선 필요하다. 大署 후에 土가 盛하면 水와 함께 木을 병용한다.
⑵大署 말에 丁火가 퇴기하고 金水가 진기하므로 癸를 보는데 이를 삼복생한(三伏生寒)이라 하고, 木이 盛하면 庚金을 쓰고, 金이 많으면 오히려 丁火를 취하여 목화통명(木火

通明)하면서 殺을 제하여 부귀를 이룬다.
火가 많으면 金水를 함께 써야 하는데 만일 金水가 부족하면 가난하지 않으면 단명이다.

7 申月의 甲日

(1) 申月에는 木氣가 絶地의 死木이므로 점차 쇠약하기 시작하니, 마른 가지를 잘라 내야 하니 庚金을 우선 필요로 하고, 庚金을 쓰는데 이때 투출된 庚金을 丁火로 제극해야 귀격이 된다.
(2) 반면 原木은 배양해야 하는 면이 있으니, 地支에 암장 水가 있으면 地氣는 윤습하고 온화하여 부귀겸전이다.
(3) 秋木은 천간에 庚이 있고 丁이 있으면 상격인데, 만일 金多이나 丁이 없다면 대신 壬이 있어야 金氣를 설기하여 길해진다.
(4) 가장 꺼리는 자는 戊己土니 丁火 기운을 설기하고 壬水를 상하게 하므로 가난하지 않으면 요절한다.

8 酉月의 甲日

(1) 金氣가 태왕하여 木勢가 약하므로 丁火로 金을 다스려 주면서 丙火로 조후하면 木火通明을 이룬다. 이때 癸水가 천간에 투출 되면 丁火를 剋하니 불길하다.
(2) 戊己가 투출하고 지지에 水가 암장하면 富를 누린다.

⑶丙丁이 전혀 없으면 승려가 되고, 丙이 있고 癸가 없으면 부귀를 모두 겸비하지만, 丙과 癸가 함께 있으면 富는 있으나 貴하지는 않다. 현달하지 못한다.

9 戌月의 甲日

⑴깊은 가을에 土旺이라 木은 더욱 시들어 무력하니, 木으로 旺土를 制하고 癸로 자윤(滋潤)한다면 부자다.
가을의 木은 생기가 안으로 수장되는 때이기 때문이다.
丁은 뿌리를 따뜻하게 한다.
⑵木이 旺하면 庚을 써야 하고 丁이 희신이며, 만일 庚이 없다면 지엽을 정리하지 못하니 고생을 면하기 어렵다.

10 亥月의 甲日

⑴亥月에는 木의 長生이나 한습(寒濕)한 때로 木은 낙엽이 지고 앙상한 가지만 남아 따뜻한 火의 조후를 기다리고 있다. 이때 戊土로 한습(寒濕)을 막아 주면서 火를 지켜준다면 더욱 길할 것이다.
⑵木이 旺하면 庚金으로 다스리면서 丁火가 투출되어야 귀격이고 다음에 丙火가 희신이다.
⑶庚이 없으면 辛이, 戊가 없으면 己라도 있으면 길하다.

11 子月의 甲日

⑴冬至 전은 天地가 한냉(寒冷)하고 동결(凍結)되니 丙으로 조후하고 戊로 제습(制濕)하면 귀격이다. 丙戊가 없고 地支에 寅巳午未戌이 있으면 중격이다.
水가 많고 火土가 약하면 평범한 사람이다.
⑵冬至 후는 木火土가 함께 盛해야 부귀하고, 庚丁이 함께 투출 되면 크게 귀하게 된다.
⑶癸水가 투출하여 火氣를 剋하는데 戊己가 없으면 病苦이다.

12 丑月의 甲日

⑴丑月은 천한지동(天寒地凍)의 시기로 木根이 점차 견고하여 庚으로 가지를 자르고 丁으로 木을 따뜻하게 해야 부귀하고, 이때에도 土가 旺하면 木으로 소통해야 길하다.
⑵丁이 있고 庚이 없으면 貴를 누리지 못하고, 庚이 있고 丁이 없으면 少貴를 누린다.

제2장 乙木 일주의 조후론

1 寅月의 乙日

(1) 乙木이 癸水를 필요로 하지만 아직 초춘(初春)에 寒氣가 남아 있으니 우선 丙으로 온난을 필요로 한다. 水가 많으면 木의 生氣를 손상하므로 적은 癸水를 필요로 한다.
(2) 만일 水가 많은데 土가 제어하지 못한다면 박학다식(博學多識)하지만 빈곤하게 된다.

2 卯月의 乙日

(1) 卯月은 양기가 점점 올라 나무가 춥지 않으니 丙火가 君이고 癸水가 臣이다.
(2) 丙癸가 모두 투출 되면 발복하여 귀한 이가 틀림없고, 庚癸이 모두 투간 되면 官印이 상생하여 역시 귀하다.

3 辰月의 乙日

(1) 辰月에는 火氣가 점점 많아지는 시기이나, 清明이 지나면 아직 丙火를 우선 필요로 하고 癸水는 차순이다.
(2) 穀雨 후에는 癸水로 木을 자윤(滋潤)하고 丙火로 旺木을 설기하니 부귀의 명이다.
3) 水가 많으면 戊土를 필요로 하는데, 이때에는 이국 땅에서 이름난다. 만일 戊土가 없으면 박학다식이라도 볼품없게 되고 단명이다.

4 | 巳月의 乙日

(1) 기후가 염열(炎熱)하여 만물이 메마를 때이므로 먼저 癸水로 조후하면 丙이 있어도 두렵지 않다.
(2) 庚辛이 癸水를 생조하면 더욱 길하며 수재이고, 無金이라도 수재이다.
(3) 그러나, 壬癸水가 많은데 土가 없으면 빈곤이며, 辛이 투간되고 癸가 없으면 단명하거나 병고이다.

5 | 午月의 乙日

(1) 천지가 炎熱하므로 곡물이 마른 때이니 水氣가 있어야 만물이 생장할 수 있다.
(2) 亡種절은 癸水를 쓰면서 金이 도와주면 길이고, 夏至 이후는 삼복생한(三伏生寒)이라 丙火와 癸水를 함께 병용한다.
(3) 火氣가 성한데 癸, 壬이 없으면 단명하거나 승도의 명이다.

6 | 未月의 乙日

(1) 炎天의 기세가 물러나는 때이므로 마르기 쉬우니 癸水의 도움으로 윤토자목(潤土滋木)해야 한다.
(2) 土가 盛하면 木으로 저지해야 하고, 金이 많아 木을 剋해 온다면 고독을 면치 못하니 丙火의 도움이 필요하고, 金水가 많아도 불리하니 역시 丙火의 도움이 절실하다.
(3) 丙癸가 모두 있으면 부귀의 명이고, 丙만 있고 癸가 없으면 평인이다. 丙癸가 모두 없으면 박복이다.

7 | 申月의 乙日

(1) 아직은 여염(餘炎)이 있는 시기이니 癸水의 도움이 있어야 己土가 木의 根을 배양할 수 있게 되니 上格이 된다.
(2) 천간에 癸水가 없다면 中格이며, 丙火가 癸水가 모두 투간되지 않았다면 평범하다.

8 | 酉月의 乙日

(1) 酉月은 金氣가 왕성한 숙살의 기후로서 열매를 맺어야 하는 시기이다.
(2) 白露 후는 癸水를 用하여 乙木의 뿌리를 자양해야 하고, 秋分 후는 丙火를 기뻐하는데 장간에 습윤이 암장되어 있다면 더욱 길하다. 만일 辛金 칠살의 위협이 있을 때 丁火의 도움이 없다면 단명하게 된다.

9 | 戌月의 乙日

(1) 戌月 늦가을이라 한랭(寒凉)이며 근고엽락(根枯葉落)이므로 癸水의 자양이 필요하고, 辛金을 만나면 水의 원천이 되니 길하다.
(2) 癸辛이 모두 있어 상생하니 반가우나 金水가 너무 많은 것을 싫어한다.
(3) 癸가 있어도 辛이 없으면 평범하고, 辛이 있고 癸가 없으면 박복이다.

10 亥月의 乙日

(1) 亥月은 겨울이라 기맥은 모두 根에 수장되어 있으니, 丙火가 조후하고, 戊土가 찬 바람을 막아 주니 희신이다.
(2) 丙戊가 함께 있으면 귀하고, 丙이 있으나 戊가 없으면 벼슬은 하되 큰 벼슬은 못하리라. 丙戊가 모두 없다면 큰 인물이 될 수는 없다.

11 子月의 乙日

(1) 子月은 엄동설한으로 꽃과 나무가 한동(寒凍)되어 壬癸는 필요 없고, 오로지 丙火만이 필요할 때이다.
(2) 만일 壬癸水가 있더라도 丙戊가 있어 해동(解凍)하면서 壬癸水를 제어한다면 부귀하나, 壬癸水를 막지 못하면 빈천하게 된다.
(3) 丁은 등잔의 불빛이므로 해동(解凍)할 수 없다.

12 丑月의 乙日

(1) 生木이 동결(凍結)되어 있으므로 丙火가 따뜻하게 하면 귀한 명이 될 것이나, 丙火를 만나지 못하면 초라한 삶을 살게 된다.
(2) 癸水를 만나면 반드시 戊土로 제어한다면 의식은 넉넉할 수 있다. 丙火를 만나면 부귀를 모두 누릴 수 있다.

제3장 | 丙火 일주의 조후론

1 | 寅月의 丙日

(1) 丙이 왕성해지니 壬水 관살을 필요로 하고 庚은 壬水를 生助해 주니 壬庚이 모두 투출 되면 현달할 것이다.
(2) 金이 많고 木火의 도움이 없으면 남녀 모두 주색의 재앙이 있고, 壬水가 많으면 戊土의 조력이 있어야 발복한다.
(3) 만일 염열(炎熱)하면 壬水가 있어야 귀명이다.

2 | 卯月의 丙日

(1) 봄기운이 만연한 때이니 壬水를 필요로 하고, 乙木이 있어서 壬水를 소통하면 살인상생(殺印相生)이라 귀격이다.
(2) 金이 많아 水를 生하거나 水가 많으면 戊가 길신이 된다.
(3) 壬水가 없고 己土가 있다면 火氣를 설기하니 총명하고 의식도 풍족하다.

3 | 辰月의 丙日

(1) 陽氣가 진기하며 火가 왕세(旺勢)하니 壬水를 필요로 하고, 甲이 투출하여 壬水를 지켜주니 귀격이다.
(2) 辰月 土旺이므로 회광(晦光)의 우려가 있으니 甲이 길하다.
(3) 甲壬이 모두 투간 되면 부귀 현달이나, 丁이나 己가 있어 합한다면 평범하고, 甲壬 중 하나만 있어도 중격은 된다.
4) 甲壬 모두 없으면 하격이다.

4 巳月의 丙日

(1) 火勢가 旺하니 壬水를 보아야 火炎이 해열되니 귀격이 되고, 庚金이 壬水를 보좌하면 샘은 마르지 않을 것이다.
(2) 庚壬이 모두 투간 되면 상격이고, 壬水만 있어도 중격이다. 壬水는 戊土의 剋을 꺼려한다.
(3) 명조에 일 점 水氣가 없고 火炎이면 승도의 명이고, 水가 만연한데 제복됨이 없다면 오히려 도적이다.

5 午月의 丙日

(1) 午月 丙火이므로 양인이 되어 火氣가 극성이므로 壬庚이 투간하여 旺火를 제하면 고위직에 오른다. 庚이 없이 壬水만 있는 중에 戊만 있다면 평범하다.
(2) 地支에 申이 있어 庚壬이 암장되면 타향에서 발달한다.

6 未月의 丙日

(1) 小滿 후는 午月의 丙日과 같이 壬,庚을 필요로 한다.
(2) 大暑 후에도 壬,庚을 필요로 하나 이 시기는 점차 土가 旺하니 점차 金이 進氣이다.
(3) 壬庚이 모두 투간되어야 귀명이나, 壬만 홀로 있다면 戊土가 없어야 小富小貴는 된다. 그럼에도 戊가 투출하면 지역 유지 정도는 된다.
戊己가 모두 투간이면 하격이다.

7 | 申月의 丙日

(1) 申月이라 火氣가 점차 쇠퇴하는 시기이나, 立秋 후는 아직 老炎이 있으니 壬水를 필요로 한다. 戊土가 있어서 火를 잠재우면 좋으나 壬水를 制하면 오히려 불길이다.
(2) 處暑 후에도 壬이 투간 됨을 요하나 이때는 수기가 생하는 시기이므로 병화가 왕할 때 고위직에 오름이 있다.
(3) 申月 丙은 서산에 저물고, 壬을 보아 강휘상영(江輝相映)하니 귀격이다.

8 | 酉月의 丙日

(1) 陰氣가 더해 가는 가을이나 저무는 태양이니 火氣나 남아 있으므로 壬癸가 투간 되면 고위직에 오름이다.
(2) 壬이 우선이고 癸는 차순이라.

9 | 戌月의 丙日

(1) 陰氣가 더해가는 만추(晚秋)이나, 土旺이라 甲으로 旺土를 제하면서 丙火를 보존하면 귀격이다.
(2) 壬水가 투출 되면 길하나 金氣가 많은 것은 꺼린다.
(3) 甲壬이 함께 투간 되면 壬이 없고 癸가 있어도 크게 쓰인다. 壬癸가 암장되면 중격이다.
金水가 투출 되지 않으면 하격으로 요절한다.

10 | 亥月의 丙日

(1) 초겨울이라 寒氣가 旺來하니 戊로 旺水와 寒氣를 제하고, 甲으로 丙을 生하니 청귀하다. 亥 中의 壬甲이 살인상생(殺印相生)하여 길하다.

(2) 戊土는 亥中 젖은 甲木의 濕을 제하는 공이 있지만, 만일 土가 많으면 오히려 木으로 소통해야 길한데, 이때 壬水가 긴요하다. 또 木이 지나치면 庚으로 다스려 줌이 원칙이다.

11 | 子月의 丙日

(1) 大雪 후는 여전히 亥月과 같은 이치이고, 冬至 후는 일양시생(一陽始生)하므로 壬水를 필요로 한다.

(2) 戊己土로 旺水를 조절해야 하니 戊土가 더 절실하다. 만일 土가 많으면 木의 도움이 필요하다.

12 | 丑月의 丙日

(1) 火勢가 쇠약인 듯해도 二陽이 進氣하니 壬水를 취용하고, 甲은 희신이다. 壬甲이 모두 투간 되면 현달이다.

(2) 丑月이라 土旺이므로 木이 없으면 재능만 뛰어날 뿐이다.

제4장 丁火 일주의 조후론

1 寅月의 丁日

(1) 立春 후 火는 旺盛하지 않은데 甲 인성이 旺盛하여 庚을 필요로 한다.
庚은 왕성한 甲을 破하여 벽갑인화(劈甲引火)한다.
(2) 雨水 후에는 木火가 모두 旺盛한 시기이므로 壬庚을 모두 보면 재관쌍미(財官雙美)라 귀격인데, 만일 水가 없다면 외로운 승도의 명운이다.

2 卯月의 丁日

(1) 木氣가 旺盛한 시기인데, 木氣가 왕성하면 火氣의 지체되므로 우선 庚金을 필요로 하고 그 다음에 甲木을 쓴다.
(2) 木이 旺盛한 후 水가 투간 되면 貴함이 있게 되어 벼슬의 명운이 된다.

3 辰月의 丁日

(1) 淸明 후 陽氣가 상승하여 土旺이나 水氣도 머금고 있으니 丁火가 衰하다. 그러므로 甲木이 旺土를 누르고 庚金이 旺土를 설기하면서 조후하면 귀명이 된다.
(2) 木이 盛하다면 火가 지체되니 庚이 있어야 하고, 水가 盛하여 殺이 重하면 土가 있어서 이들을 제하여야 한다.

4 巳月의 丁日

(1) 立夏 초기에는 陽土와 陽金이 살아 있어서 아직은 火氣가 旺盛한 때는 아니므로 아직 甲을 必要로 한다. 그러나 만일 甲乙木이 많으면 庚이 길신이다.

(2) 小滿 후 火가 旺盛하면 壬癸水의 제가 있으면 귀하나 그렇지 않으면 빈곤한 삶이 된다. 水가 太旺하면 甲木으로 통관하거나 土로써 제하면 길하다.

5 午月의 丁日

(1) 火勢가 맹열(猛熱)한 때이니 庚壬으로 조후하면 부하를 거느리는 지도자의 명이다.

(2) 이때 壬癸로 조후하는데 木이나 土가 조후를 방해하면 허무하다.

6 未月의 丁日

(1) 未月은 점차 火氣가 물러나기 시작할 때이나, 甲木으로 火氣를 도우면서 壬水의 윤택함을 기다린다.

(2) 그러므로 庚金과 壬水를 함께 보면 부귀를 모두 갖추게 되는 귀명이다.

7 申月의 丁日

⑴立秋면 가을이나 여전히 노염(老炎)이 남아 있기는 하나 申月이라 점차 쇠약해 가니 甲과 庚을 필요로 한다.
⑵處暑가 되면 비로소 水가 출현하여 火氣를 잠재우려 한다면 戊土로 水를 制할 필요가 있다.
⑶丁日이 丙을 만나 빛을 빼앗기는 기세는 있으나 癸를 물리는 일면이 있다.

8 | 酉月의 丁日

⑴甲庚이 용신이다. 甲이 없고 乙만 있어도 마른풀에 불을 당기는 격이다.
⑵甲乙庚이 다 없고 水土가 성하면 丙火가 희신이다.
⑶지지에 金국이면 설단생금(舌端生金)격이다.

9 | 戌月의 丁日

⑴土왕절로 甲이 투출하면 학문으로 청귀(清貴)하고 甲庚이 다 있으면 발전이 무궁하며 乙이 투출하면 미술 분야 재주가 비상하고 甲이 투출하면 음악 분야 재주가 특출하다.

10 | 亥月의 丁日

⑴초겨울이니 木이 길신이다.
⑵水土가 혼잡하면 불리하다.
⑶겨울철의 丁은 甲庚이 병투하면 길하고 水가 왕하면 丙戊가

있어야 길하다.
⑷辛이 유정하고 신왕하면 부귀겸전이다.

11 子月의 丁日

⑴甲이 최길하고 庚은 차길하다.
⑵水가 성하면 丙戊가 용신이다.
⑶金水로 종세(從勢)하면 청고한 귀격이다.
⑷寅午가 있고 庚辛을 보면 재복이 좋고,
⑸乙辛이 수기하면 의식은 풍족하다.

12 丑月의 丁日

⑴丑土 사령으로 냉한하나 이양진기(二陽進氣)하니 甲이 투출 상길이다.
⑵丙火 태왕은 불길하니 미약한 丁火가 광명을 쟁탈해도 무색한 법이다.
⑶丁火가 약하면 丙火도 무방하다.
⑷金水가 왕하고 甲이 있으면 근이 되어 대용(代用)하며 未가 있고 乙丁 투출이면 섬유, 의류 사업가요 己를 보면 재정 금융인이다.

제5장 戊土 일주의 조후론

1 寅月의 戊日

(1) 이른 봄은 냉한하니 丙으로 온난케 하고 甲의 도움이 있으면 귀하다.
(2) 癸로 윤택하게 함이 필요하고 丙甲癸가 모두 투출하면 일품귀인이다.
(3) 甲丙은 투출하고 癸가 없으면 조이불윤(燥而不潤)하여 난관이 많다.
(4) 火局에 壬癸가 없으면 승도격(僧道格)이다.
(5) 유갑무병(有甲無丙)이면 보통사람이다.

2 卯月의 戊日

(1) 寅月과 비슷하나 특성은 戊午 일주에 火 인성이 없고 관살이 왕하면 午 中 己 양인으로 용하는데 子운을 만나 沖을 당하면 예측할 수 없는 재앙이 생긴다.
(2) 木이 많고 庚이 있으면 겉은 정직하고 안은 간사하며
(3) 인수혼잡에 庚이 없으면 게으르고 탐식무치(貪食無恥)다.
(4) 최선은 丙火를 만남이다.

3 辰月의 戊日

(1) 신왕이면 먼저 甲木으로 소통하고 다음은 丙火 癸水를

함께 써야 상격이다.
2) 甲丙 투출하면 귀하지만 癸가 없으면 가난하다.
3) 甲丙癸가 없고 타신잡란(他神雜亂)하면 하격이다.
4) 甲癸가 있고 丙이 없으면 돈은 있으나 명예가 부족하다.
5) 비 온 뒤에 태양이 없으면 초목(草木)이 잘 자랄 수 없는 이치라 甲丙이 있고 癸가 없으면 무재유명(無財有名)이다.

4 巳月의 戊日

(1) 춥지도 않고 덥지도 않는 불한불열(不寒不熱)의 巳月은 지지에 水가 암장되고 甲丙투출이면 귀하다.
(2) 신왕이면 金水가 희신이다.
(3) 甲이 용신이나 金水가 많으면 丙으로 대용한다.
  火가 많으면 壬癸가 용신이요 癸甲이 암장하면 의식이 넉넉하다.

5 午月의 戊日

(1) 午月은 조열하여 조후가 급하니 壬癸가 용신이다. 壬甲이 있고 辛이 있으면 상등귀인이다.
(2) 火土가 많고 水가 없으면 위장병, 안질이 있다.
(4) 金水 태왕하면 丙火가 필요하다.

6 未月의 戊日

⑴未月은 火가 조열하니 癸조후가 시급하다.
⑵土가 많으면 木으로 소토함이 먼저이며 壬癸가 있어야 공이 있다. 壬은 癸만 못하나 辛癸가 없으면 壬으로 대용한다.
⑶水木이 성하면 丙의 化殺生身이 필요하다.
⑷土가 왕하면 金이 희신이 된다.

7 申月의 戊日

⑴申月은 金왕으로 土가 설기하나 더위의 찌꺼기가 아직 남아 있어 立秋 때는 癸를 필요로 하고
⑵處暑 후는 寒氣가 점진하니 丙이 길신이고 癸도 길하나 甲이 있으면 더욱 길하다. 甲丙癸가 다 있으면 상등귀격이다.
甲癸가 있고 丙이 없거나 甲丙이 있고 癸가 없으면 중격이다.

8 酉月의 戊日

⑴酉月은 숙살지상(肅殺之像)으로 甲이 길신인데 癸가 甲을 생조하고 丙이 온토(溫土)하면 상길이다.
⑵甲은 있으나 丙이나 癸가 없으면 유로무공(有勞無功)이며 壬癸가 많은 것은 불길하다.
⑶火가 필요하며 丙癸가 투출하면 의식은 넉넉하다.

9 戌月의 戊日

(1) 甲木으로 疎土하면 길하고 癸가 윤토하고 根을 생하면 귀하다.
(2) 丙은 추량(秋涼)의 냉토(冷土)를 생조하니 길하다.
(3) 火土가 지나치게 성하면 甲癸가 대공을 이루고, 甲이 있고 丙癸가 없으면 사람은 청고한데 가난하다.

10 亥月의 戊日

(1) 기운이 추워지면 土는 약해지므로 丙火가 온난케 하고, 甲木이 戊를 영명(靈明)케 하니 甲丙이 함께 투간이면 부귀하고, 이때 庚이 투출하여 甲을 극하면 불길하나 丁이 있으면 주변의 도움으로 발전한다.
(2) 壬癸만 盛하고 甲丙이 없으면 가난하다. 甲丙이 암장되면 의식은 넉넉하다.

11 子月의 戊日

(1) 子月은 丙으로 조후가 급선무다. 甲으로 土의 영기(靈氣)를 조장하니, 甲丙 투출 되면 부귀한다. 유병무목(有丙無木)은 貴가 부족하고 유목무병(有木無丙)이면 富가 부족하다.
(2) 甲丙이 地支에 있으면 의식이 넉넉하고 甲丙이 없으면 하격이라 빈한하다.

12 丑月의 戊日

(1) 丑月은 천한지동(天寒地凍)으로 온기가 없으니 丙이 투출하면 귀명이고 더불어 甲으로 疎土하고 火를 生하면 부귀겸전 하다.

(2) 甲丙가운데 하나만 있으면 중격이다.

(3) 三冬寒土는 丙丁을 크게 기뻐한다.

제6장 己土 일주의 조후론

1 寅月의 己日

(1) 寅月은 한기미진(寒氣未盡)하니 丙火가 용신이다. 甲은 吉神이고 壬은 忌神이나 戊가 있으면 害가 없다.
(2) 木이 많으면 庚이 吉이요, 丁을 쓸려면 巳午未에 根을 해야 쓸 수 있다.

2 卯月의 己日

(1) 卯月 己土는 극약(極弱)하므로 丙火가 용신이다. 甲이 함께 있으면 貴하다.
(2) 火土가 盛하면 癸가 吉하나, 신약인데 癸가 투출 되면 유의미취(有意未就)격이다.

3 辰月의 己日

(1) 丙癸가 있으면 안락복명(安樂福命)이다. 먼저 丙火를 쓰고 나중에 癸水를 쓴다. 그리고 다시 甲이 투출하면 高官이다.
(2) 丙癸만 있어도 고시는 분명하고, 庚金을 만나면 의식은 넉넉해도 명예가 없다.
(3) 丙癸甲 중에 하나만 있어도 賤格은 면한다.

4 | 巳月의 己日

(1) 초여름이라 氣가 건조하니 癸로 土를 윤습(潤濕)케 하면 대길하고, 丙火로 만물을 생장케 하면 발복한다.
(2) 金은 水의 근원으로 大吉하고 火土 조열에 金水가 부족하면 암(癌), 심장, 신장, 간장 등 질환이 따른다.
(3) 丙癸양투에 辛金이 癸水를 생하면 수화기제(水火旣濟)로 大富大貴이다.

5 | 午月의 己日

(1) 盛夏에는 癸가 가장 먼저 필요하고 金이 水를 生하면 吉하다.
(2) 丙은 만물을 생장시킨다.
(3) 夏土無木이면 토양이 쓸모가 없으므로 富貴가 없다.

6 | 未月의 己日

(1) 木으로 疎土하면 길한데 조후가 급하므로 癸가 있어야 제일 길하다.
(2) 小暑 중에는 丙이 藥神이고, 大暑 말에 金水는 서리가 되므로 丙이 吉하다.
(3) 火土가 太旺하면 從旺이고, 乙木 투출에 木이 많으면 從殺이 되어 명리를 도모한다.

7 申月의 己日

(1) 庚金이 사령하니 丙이 용신이 되어 金을 제하고 癸水는 설금(泄金)하여 조화를 이루니 貴하다.
(2) 丙火가 金국에 癸가 투출되면 부자이고, 丙이 투출되면 高貴하게 되는데, 신왕사주가 丙癸 모두 투간되면 富貴를 함께 누린다.
(3) 戊土투출자는 가난하다. 木의 생을 받으면 吉하다. 그리고 癸가 있으면 의식은 넉넉하다.

8 酉月의 己日

(1) 丙이 용신이고 癸가 희신이다.
(2) 지지 金국에 癸水가 투출하고 통근하면 富中取貴 하며,
(3) 金水나 사고(四庫)가 있는 자는 甲이 투출해야 고빈(孤貧)을 면하고 부를 누린다.
(4) 그리고 火局을 이루고 水가 없으면 간악한 무리와 어울리게 된다.

9 戌月의 己日

(1) 만물이 수장(收藏)하는 시기로 丙이 길한데 癸가 潤土하면 귀격이다.
(2) 土가 많으면 甲木으로 疎土해야 발복하고 有丙無癸면

성실성이 없고 有癸無丙이면 돈은 있으나 명예가 없다.

10 | 亥月의 己日

(1) 丙이 용신이면 貴하게 되는데 丁으로 대용하면 하격이다.
(2) 甲丙이 모두 있으면 더욱 길하여 부귀를 겸전하게 된다. 그러나 有丙無甲이면 有財無名이다.
(3) 丙이 희신인데 卯를 쓰면 총명하나 흐트러짐이 많다.

11 | 子月의 己日

(1) 丙이 용신인데 天干에 투출 되면 상격이고 地支에 암장 되면 중격이다.
(2) 甲이 희신이고,
(3) 水旺하면 戊로써 제방함이 길하다. 그것은 범람하는 水를 저지하기 때문이다.

12 | 丑月의 己日

(1) 丙이 溫土하면 貴하고,
(2) 小寒 초에는 水가 太旺하니 丙戊가 大吉이요 大寒 후는 甲丙이 모두 투간해야 高貴하다.
(3) 木火가 많으면 癸가 희신이다.
(4) 火를 만나야 외롭지 않고 살 만하다.

제7장 庚金 일주의 조후론

1 寅月의 庚日

(1)丙丁이 희신이나 신약하면 戊土가 용신이다.
(2)土가 많으면 甲木으로 疎土하고, 火가 旺하면 壬水가 희신이며 火土가 많으면 癸가 희신이다.
(3)丙甲이 모두 투간이면 귀격이고 하나만 투출이라도 벼슬길에 오른다.

2 卯月의 庚日

(1)木이 강해 신약하면 土가 희신이나 庚이 통근을 하면 丁火가 용신이다.
(2)甲丙이 투출하면 부귀 명운으로 하나만 있어도 의식은 넉넉하다.
(3)丁이 용신이면 상격이고 丙이 용신이면 중격이다.

3 辰月의 庚日

(1)甲丁이 있으면 大貴하고,
(2)土가 많으면 매금(埋金)이 염려되어 甲이 용신이 된다.
(3)火가 많으면 癸(壬)가 희신이다.
(4)甲丁 가운데 하나만 있으면 중격이고, 다 없으면 하격이다.
(5)甲은 사업을 이루고 丁은 명성을 이룬다.

4 巳月의 庚日

(1) 巳月 장생궁은 壬으로 더러운 먼지를 씻어 주고 丙으로 연금(鍊金)하면 貴하다.
(2) 火가 왕하면 戊土가 있어야 부귀가 따르고
(3) 金이 왕하면 丁甲이 있어야 복인이다. 丁火로 단련하고 甲木으로 火를 생하기 때문이다.
(4) 甲丙이 암장이면 하격이며
(5) 壬丙丁이 없으면 평범한 사람이다.
(6) 壬戊丙을 다 갖추면 반드시 발복한다.

5 午月의 庚日

(1) 火가 旺하니 壬癸가 길신인데 壬은 투출되고 癸는 암장 되어야 상격이 된다.
丑辰은 화설생금(火洩生金)하니 희신이다.
(2) 土가 있고 壬癸가 있으면 귀명이나 戊己투출로 水를 극제 하면 하격이다.
(3) 화열무수(火熱無水)면 위장, 대장, 맹장, 심장 등에 질병 (疾病)이 있다.

6 未月의 庚日

(1) 小暑 절은 五月과 같고 水氣가 윤습해야 길하다. 大暑 후는 甲으로 소토(疎土)하면 좋다.
2) 지지에 濕土나 水가 있으면서 丁이 있으면 귀하다.

(3)丁甲 중 하나만 있어도 의식은 넉넉하고 모두 없으면 보통 사람이다.
(4)金多二丁이면 이로공명(異路功名)이다.

7 | 申月의 庚日

(1)丁이 오로지 용신이다.
(2)甲으로 丁을 생조하면 참으로 귀인이다.
(3)有丁無甲이면 중격이고, 有甲無丁이면 하격이다.
(4)丙甲이 있으면 귀하고, 木火가 많으면 壬癸가 희신이 된다.
(5)丁甲이 다 없으면 한평생 헤매는 사람이다.

8 | 酉月의 庚日

(1)羊刃달로 신왕하니 丙이 희신이고 丁火 용신이 있으면 최고의 권력이 따른다.
(2)丙은 조후하고 丁은 단련하니 관살혼잡(官殺混雜)이 아니다. 丙이 암장되면 중격이고, 丙이 투출하고 丁이 암장이면 官名이 부족하며, 有木無火면 쓸모없는 인간이다.

9 | 戌月의 庚日

(1)戊土當令이라 土가 많으면 甲木이 용신이다.
(2)壬은 금세유광(金洗有光)하니 대길이고,

⑶壬甲이면 귀격인데 甲이 있고 壬이 없으면 유식무귀(有食無貴)요 土가 있고 火가 없으면 유언무실(有言無實)이다.

10 亥月의 庚日

⑴丙으로 조후(調候)하고 丁火 용신으로 鍊金하면 길하고 지지에 寅이 있으면 상격이다.
⑵丙이 있고 丁이 없으면 공명불성(功名不成)하고,
⑶甲丙 투출에 丁이 암장되면 무관(武官)이다.
⑷金水 상관에 火가 없으면 무발복(無發福)이다.

11 子月의 庚日

⑴金水冷寒하니 丁甲이 절대로 필요하다.
⑵丙이 함께 있으면 부귀격이고, 丙丁이 있고 甲이 없으면 명예가 있으나 甲이 있고 丙丁이 없으면 쓸모없는 소인이다.
⑶지지에 寅午戌이 있으면 유력유부(有力有富)다.

12 丑月의 庚日

⑴寒氣가 극심하니 丙이 용신이고 丁이 희신이다. 甲이 火를 생조하면 귀하고, 有木無火면 의식자족(衣食自足)하고 有火無木은 소격이라 빈곤하다.
⑵金多無火면 독신자가 분명하다.

제8장 辛金 일주의 조후론

1 寅月의 辛日

(1) 己土가 生助하면 용신이다. 戊土는 매금(埋金)되어 꺼린다.
(2) 壬으로 금세유광(金洗有光)을 大喜한다.
(3) 木이 많으면 즉 庚을 喜하고 水가 많으면 火土를 喜한다.
(4) 丙火 투출하면 武官으로 출세한다.

2 卯月의 辛日

(1) 木이 많으면 庚金이 희신이나, 일주유근(日主有根)하면 壬甲이 용신이고, 지지에 亥가 있으면 甲己가 있어야 貴命이다.
壬甲이 없으면 빈천하다.
(2) 戊癸가 섞이고 財多하면 탐재망신(貪財亡身)이 따른다.

3 辰月의 辛日

(1) 戊土司令으로 辛金이 착근(着根)하니 壬甲이 함께하면, 貴命이고 壬甲이 없으면 평범하다.
(2) 土가 많으면 甲이 喜神이요,
(3) 水가 많으면 유재유능(有財有能)하고, 木이 있으면 吉하다.

4 巳月의 辛日

⑴첫여름을 만나 燥熱하니 水를 먼저 쓰고 다음에 癸水甲木을 쓴다.
⑵濕土가 있으면 旺火를 설기하고 金을 生하므로 吉하다.
⑶土가 많으면 水가 무조건 喜神이다.
⑷壬癸가 없으면 외로운 홀아비·과부다.

5 │ 午月의 辛日

⑴壬이 用神이고 己癸가 喜神이다.
⑵辛金이 着根하고 壬이 잘 짜이면 大貴格이다.
⑶火多無水면 下格으로 가난하다.
⑷身旺하고 甲이 暗藏으로 實하면 大富大貴다.

6 │ 未月의 辛日

⑴土가 旺하면 매금무광(埋金無光)이라 크게 꺼린다.
⑵壬水가 용신이라 庚으로 보좌하고 甲으로 疎土하면 길하다.
⑶甲己合은 도리어 빈천명이 된다.
⑸壬은 大吉하다.
5)庚壬甲이 있으면 부귀명이다.

7 │ 申月의 辛日

⑴壬水로 세금(洗金)하면 大吉하다.
⑵金이 旺해도 火의 剋은 꺼린다.
⑶土가 많고 甲木이 없으면 下格이다.

(4)水가 많으면 戊土의 制를 要한다.
(5)癸는 불세금(不洗金)하므로 壬을 만나야 貴한 命이 된다.

8 酉月의 辛日

(1)壬이 用神이다.
(2)戊己土가 투출하면 甲乙이 喜神이다.
(3)일주가 왕하고 壬이 없으면 丁이 용신이다. 甲이 丁火를 생조하면 길하다.
(4)戊己土가 없으면 甲木을 쓸 수 없다.
(5)壬水 용신에 木이 많으면 간사하고 庚辛金이 제지하면 仁義가 있다.
(6)金多用壬에 土重見甲이면 창립지인(創立之人)이다.

9 戌月의 辛日

(1)火土가 病神이고 水木이 藥神이다.
(2)火土가 많으면 濁하고 생기가 없다.
(3)壬甲이 귀명이고, 土만 있고 甲이 없으면 평범하다. 지지에 甲이 암장되고 壬水 투출 되면 부유하나 고귀하지 못하다.
(4)己透無壬이나 暗藏壬水하면 의식은 넉넉해도 貴는 부족하다.

10 │ 亥月의 辛日

(1) 辛金이 통근하고 壬이 있으면 金白水淸으로 귀격이다. 이때 丙이 있어 조후하면 진격이고, 丙이 암장하면 중간 부자요 丙透壬藏하면 중격 귀인이라.
(2) 亥月만은 戊가 길하나 水가 많으면 丁과 甲이 있어야 총명재인이다.

11 │ 子月의 辛日

(1) 깨끗한 한금(寒金)으로 丙이 용신이다.
(2) 有水無火면 총명한 선비요,
(3) 亥卯未 木局에 丙戊가 있으면 上等貴人이다.
(4) 壬甲이 같이 있으면 부귀하고 癸甲이 함께하면 다재다능하다.

12 │ 丑月의 辛日

(1) 丙으로 조후하고 壬으로 세진유광(洗塵有光)하면 귀격이다.
(2) 丙壬이 없고 甲만 있으면 의식은 넉넉하다.
(3) 土金이 난잡하고 丙이 없으면 천격이다.
(4) 丙壬甲이 다 있으면 상격이다.

제9장 壬水 일주의 조후론

1 寅月의 壬日

(1) 寅月생이 庚丙戊를 다 갖추면 귀인이다.
(2) 水가 많으면 戊가 희신이고,
(3) 약한 水라 庚의 생조가 필요하고,
(4) 추운 봄이라 丙의 조후가 좋다.
(5) 金水가 상생하고 戊가 투출 되면 일장당관(一將當關)에 중사불범(衆邪不犯)하는 격으로 대중을 압도하는 인물이다.
(6) 火土만 있고 金이 없으면 공허하다.

2 卯月의 壬日

(1) 卯月은 無根之水라 庚金이 있고 戊土가 제방이면 大吉하다.
(2) 火는 조후용신이나 金이 없고 火土만 있으면 평생 잔질로 고생한다.
(3) 일시가 土金으로 신왕하면 교육, 언론계의 지도자다.

3 辰月의 壬日

(1) 辰月은 戊가 당령하니 甲으로 疎土하면 길하다. 甲丙이 같이 있으면 相生되어 良朋貴人이다.

⑵庚이 없으면 우둔하고, 甲이 없으면 강폭하다. 金이 많으면 丙이 길하고, 穀雨 후는 庚金이 희신이다.
⑶土가 많고 金이 없으면 일생 무용지물이요,
⑷水가 많고 金이 있으면 火土가 희신이다.
⑸甲庚이 모두 투간이면 귀격이고,
⑹甲透庚藏이면 수제품격(修齊品格)자로 세상의 스승이 된다.

4 巳月의 壬日

⑴巳月은 絶地가 되니 辛壬이 있어야 귀격이다.
⑵甲이 없고 지지에 寅만 있으며 戊가 투출하면 삼형칠살(三刑七殺)로서 火土운을 만나면 평생에 이룸이 없다.
⑶甲木이 없으면 남의 부림을 당하는 사람이다.
⑷從財하면 처덕으로 致富하고
⑸乙을 보면 成財한다.

5 午月의 壬日

⑴午月은 丁火 당령하여 金水가 쇠약하다. 庚辛이 있으면 水의 근원이 장구하다.
⑵癸水의 조후가 필요하고, 庚辛이 있고 癸가 없으면 유복무귀(有福無貴)다. 癸가 있고 庚辛이 없으면 불발인데, 庚癸 모두 투간이면 고시 합격이고, 庚壬 모두 투간이면 고관대작이 된다.

6 | 未月의 壬日

(1) 未月은 산천이 고갈하니 金이 희신이다.
(2) 土가 투출 되면 木의 소토(疎土)가 절실히 필요하다.
(3) 辛甲중 하나가 투출 되고 하나가 암장하면 중격이고 甲辛이 없으면 천격이다. 辛甲이 다 투출하면 상격이다.

7 | 申月의 壬日

(1) 立秋절은 庚辛을 용신으로 쓰는 것이 옳으나,
(2) 處暑에는 丁으로 제함을 받는 庚이 길하다. 戊가 용신이면 귀명이다.
(3) 戊가 착근하고 丁이 통근하면 大富大貴한 妙格이다.
    戊透丁藏은 아주 좋으나 반대는 不吉하다.
(4) 戊土가 용신이고 丁火가 보좌해야 원원류장(源遠流長)이다.

8 | 酉月의 壬日

(1) 酉月은 금수통원(金水通源)으로 甲을 크게 기뻐한다.
(2) 일주가 신약하면 庚辛이 희신이 된다.
(3) 甲 용신에는 庚이 기신이다.
(4) 金水가 성한데 戊土를 용신으로 쓰면 비록 문장일지라도 가난을 탄식하는 선비다.
(5) 신왕하면 戊甲丙이 대길하다.

9 | 戌月의 壬日

(1) 戌月은 土가 왕하니 甲으로 소토(疎土)하면 길하다.
(2) 壬이 착근하면 甲丙戊가 大吉하다.
(3) 丙戊가 없으면 하격이고 己는 크게 꺼린다.
(4) 庚은 좋지 않으니 丁이 있으면 희신이다.
(5) 신왕하고 丙戊가 모두 투간이면 청귀(淸貴)가 지극하다.

10 | 亥月의 壬日

(1) 亥月은 녹왕(祿旺)하니 丙이 조후하고 戊로 제습(制濕) 하면 귀격이다.
(2) 甲이 투출하여 戊로 제하면 庚이 약신이다.
(3) 甲戊庚이면 대귀하고 丙이 없으면 부귀할지라도 자성(慈性)이 없다.

11 | 子月의 壬日

(1) 子月은 水旺이라 戊가 긴급히 필요하다. 丙으로 조후하고 戊가 투출하면 부귀가 특출하다.
(2) 丙戊 중 하나만 있으면 인품은 있으나 노다불성(勞多不成) 이다.
(3) 丙透戊藏이거나 그 반대면 중격이다.
(4) 丙戊가 암장이면 의식은 넉넉하고

⑸丙戊가 투출하지 않으면 평생 노다무공(勞多無功)으로 하격이다.

12 丑月의 壬日

⑴丑月 小寒 절에는 丙이 용신이고 大寒 후는 丙이 용신이나 土가 旺하면 甲이 희신이다.
⑵甲丙용신에 庚壬은 기신이요
⑶丁은 지지 寅巳午에 통근 되면 쓸 수 있다. 丁壬合은 음란이 두렵고 경제는 가난하다.
⑷辛이 투출하면 대문장가다.

제10장 癸水 일주의 조후론

1 寅月의 癸日

⑴水의 욕지(浴地)로 辛이 용신이다. 丙은 조후 희신이고,
⑵火土가 많고 金이 없으면 比劫이 있어도 잔병이 많다.
⑶土가 많으면 木이 길하다.
⑷辛丙이 모두 투간이면 소년에 급제하여 귀인이 된다.

2 卯月의 癸日

⑴卯月은 無根弱水라 庚이 용신이다.
⑵庚辛이 투출하고 丁己가 있으면 귀하다.
⑶木盛無金이면 천격이라 재난이요,
⑷金이 旺하면 丙丁이 길신이다.
⑸庚辛이 없으면 평범하고
⑹癸가 卯를 만나면 미(美)를 다루는 재능이 특출하다.

3 辰月의 癸日

⑴辰月은 癸가 암장하므로 丙이 투출하면 귀명이다.
⑵곡우 후는 辛甲이 길하다.
⑶土가 많으면 庚辛이 희신이고 丙은 다음이다.
⑷水가 旺하고 木이 없으면 삶에 빛이 없으나 戊를 만나면 영화를 누린다.

⑸丙辛甲이 없으면 쓸쓸히 질병에 시달린다.

4 巳月의 癸日

⑴巳月은 천지가 燥熱하니 辛金이 희신이다. 辛金이 없으면 庚金으로 代用한다.
⑵戊丁이 투출 되면 不吉하다. 이때는 壬이 大吉하다.
⑶水가 旺하면 木이 희신이다.

5 午月의 癸日

⑴午月은 庚辛이 용신이다. 만물이 고갈하니 壬癸가 있으면 더욱 길하다.
⑵金水가 약하고 火土가 旺하면 안질로 고생이다.
⑶金水 盛局에는 火土 대운도 무방하다.
⑷庚辛壬癸가 투출하고 통근하면 명진사해(名振四海)한다.

6 未月의 癸日

⑴未月 小暑 중에는 金水가 용신이고, 大暑 중에는 壬癸가 더욱 길하다.
⑵丁午는 不吉하다.
⑶火土가 旺하면 金水를 모두 필요로 한다.

7 申月의 癸日

⑴申月 立秋 절은 庚辛이 길하고 處暑 후는 丁火가 길신인데 午戌에 통근 되면 묘하다.
⑵丁이 午 위에 있으면 독재자왕격(獨財自旺格)으로 부귀 겸비한 묘격이다.

8 | 酉月의 癸日

⑴酉月에 丙辛 함께 투간되면 귀격이다. 일물투출(一物透出)하고 일물암장(一物暗藏)하면 중격이다.
⑵火土가 많으면 庚辛이 무방하다.
⑶金水가 많으면 木火가 용신이다.

9 | 戌月의 癸日

⑴戌月은 실령이라 辛이 吉하고 庚은 다음으로 吉하다. 壬癸의 방조도 쓸 수 있으며, 辛甲이 투출하고 癸가 암장하면 길하다.
⑵癸의 착근이나 세력이 있으면 木火도 무방하다.
⑶土가 많으면 木이 大吉하다.
⑷신왕하고 戊土가 투출하면 팔방미인의 재주가 있다.

10 | 亥月의 癸日

⑴亥 중에는 甲木이 은장(隱藏)하였으니 木이 많으면 癸의 영기(靈氣)를 잃는다.

⑵丁火가 희신이나 통근 됨이 吉하다.
⑶金水가 旺하면 火土가 吉하다.
⑷火土 태왕하면 庚辛金이 大吉하다.
⑸庚辛 함께 투간되고 丁火가 없으면 공명을 누린다.

11 | 子月의 癸日

⑴子月은 해동(解凍)하는 丙이 시급하다. 丙火가 통근 되고 東南運이면 부귀를 누린다.
⑵戊透甲無면 辛이 도움이 되지 않는다.
⑶金水가 旺하면 火土가 吉인데 丙火가 없고 丁火 無根이면 가난이 뼈에 스며든다.
⑷丙丁의 통근이 중요하며 壬水를 보지 않아야 귀하다.

12 | 丑月의 癸日

⑴丑月은 丙으로 해동(解凍)한 다음에 戊로 제습(除濕)하고 金이 있으면 상격이다.
⑵丙戊 가운데 하나만 있어도 중격은 된다. 둘 다 없고 어지럽게 뒤섞이면 하격이다.
⑶火土가 암장된 지지가 있으면 편하게 살고 寅木이 있으면 병장(丙藏)하여 의식이 넉넉하다.
⑷丙火가 없으면 丁火가 보좌한다.
⑸水가 많으면 乙木이 勝 財官이다.

조후론을 이해하는 KEY

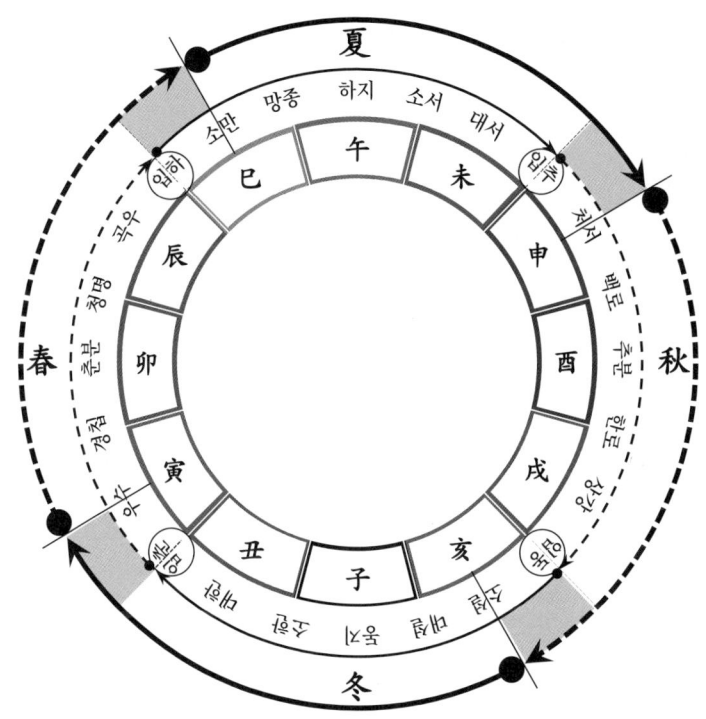

- 보통 亥子丑을 겨울로 보는데, 亥의 절반 중 뒷부분부터 寅의 절반 앞부분까지 겨울로 보자.
- 나머지도 같은 원리이다.
- 12지지의 배치는 그대로 두고, 계절을 이렇게 보아야만 비로소 조후론이 완전 이해가 될 것이다.
- 음양론(陰陽論)과 조후론(調喉論)은 분명 다르다.

제3편 조후(調候)와 통변(通辯)

※調候論은 외우는 것이 아니라 종횡으로 이해해야 하고, 통변이 되어야 한다.

1. 통변에서 가장 중요한 것이 日干이다.

(1) "나"가 중요하다는 것이다.
   ① 日干이 중요하다는 것은 당연하고 年柱의 중요성은 고급 단계에서 자연스레 알게 될 것이다.
   ② 어느 집안 환경에서 태어나는가가 중요하다. 집안이 성장 과정에 많은 영향을 미치기 때문이다.
(2) 나를 알고 주변을 보아야 한다 → 내 중심(자기 중심)
   ① 命理學은 이기적 학문이다 → 홍익인간할 수 있는 도구로 사용한다는 것이다.
   ② 이기적인 학문이기 때문에 日干 中心으로 판단한다.

■ 甲申이 있다.

   甲   ① 甲과 申중 어느 것이 強할까?
   申   ② 旺相休囚, 十二運星에 따라 甲이 달라진다.
         ㈎ 즉 月이라는 기준이 주어져야 한다.
            - 旺相休囚
         ㈏ 天干과 地支의 만남 - 十二運星

2. 十干과 十二支의 만남

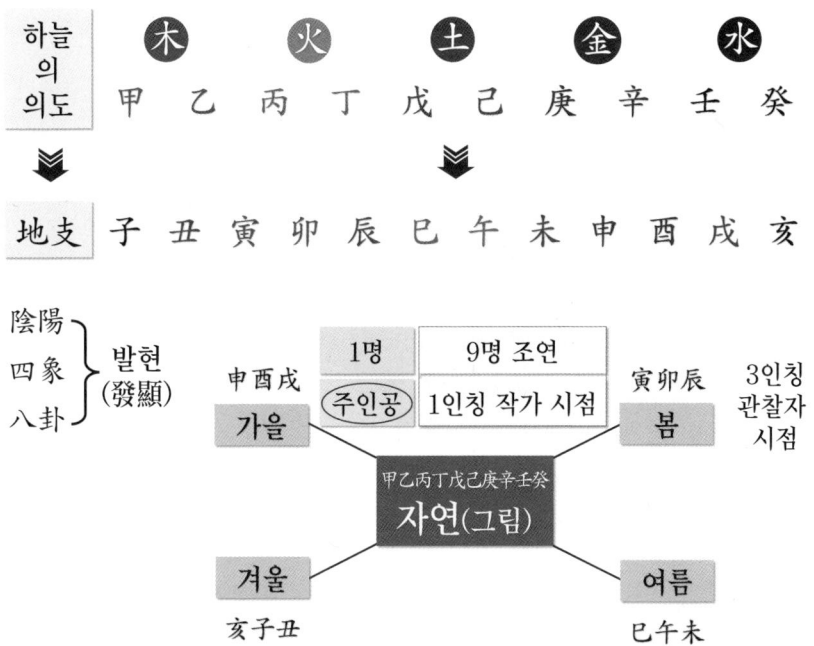

■하늘의 기운이 땅으로 내려와

(1) 四時의 오행이 춘하추동의 변화에 따라서
(2) 만물의 변화는 시시때때로 다양하게 바뀌기 시작한다.
(3) 그러면 하늘의 기운이 땅으로 내려와서 열 가지의 모습으로 비치는데 그것을 十干이라고 이야기한다.
(4) 하늘의 五行 氣運이 十干으로 이야기하고, 十干의 기운은 地支의 모습으로 말미암아 그 존재의 의미가 있다.
(5) 하늘의 모습은 땅에 있는 모습으로 말미암아 하늘의 존재를 인식 가능하게 한다.

⑹하늘의 모습은 地支 곳, 쪽, 때로 말미암아 그 모습을 드러내고 자신이 하고자 하는 바를 나타내기 시작한다.
⑺그러면 地支를 떠난다면 하늘의 모습은 인식 불가능하다.
⑻그러한 하늘의 모습을 우리에게 보여 주는 모습은 四時에 따라 보여 준다.
그 四時는 陰과 陽이라는 것이고, 陰과 陽에 의해서 하늘의 뜻을 우리에게 보여주는 것이다.
⑼하늘의 모습은 陰과 陽에서 보여 주고, 하늘의 목소리는 陰과 陽 四象에 의해서 하늘의 목소리를 들을 수 있다.
⑽하늘의 뜻은 하늘의 목소리, 하늘의 모습, 하늘의 의현 八卦의 모습에서 우리에게 그 목소리를 전달한다.
⑾하늘의 뜻, 하늘의 모습, 하늘의 양태는 十二地支에 의해서 우리에게 그 고뇌의 모습과 고뇌의 뜻을 알게 해 준다.
⑿그러기 때문에 주역, 팔괘도 마찬가지이다. 하늘이 우리에게 주시고 있는 메시지가 무엇인지는 周易, 八卦에 의해서 우리가 그 뜻을 알게 한다.
⒀그러기 때문에 하늘의 목소리는 陰과 陽이면서 하늘의 뜻은 四象이면서 하늘의 의도는 八卦에 의해서, 하늘의 명쾌한 眞理와 智慧는 十二地支에 의해서 우리에게 보여 준다.
⒁하늘 모습은 地支, 陰陽, 八卦, 四象으로 그 모습이 우리에게 알현하시어 그것이 자연의 이치인 것이다. 그것을 깨닫는 것이 空이란 것이다.

⒂그런 가운데 十干이란 것은 어떤 모습인가?
　①때로는 산의 모습으로 보이기도 하고
　②밭의 모습으로 보이기도 하며,
　③그리고 태양의 모습으로 떠 있기도 하고
　④달의 모습으로 떠 있기도 하고, 때로는 불이 타오르기도 하고
　⑤나무가 성장하기도 하고
　⑥화초가 성장하기도 하며, 새가 날아다니기도 하고
　⑦때로는 비가 내리기 시작하고
　⑧때로는 큰 물이 흐르기도 하고,
　⑨또한 큰 바위, 작은 바위가 있기도 하고
　⑩작은 자갈이 있기도 하다.
　물이 흘러가는 가운데 자연에는 많은 생명체가 다니면서 살고 있다.
　이 모습이 별것 아닌 것 같아도 우리가 자연의 세계에서 볼 수 있는 것 모두가 담겨 있다.

3 자연에 투영된 十干과 十二支

(1) 나무가 있고 생명이 있고, 새도 날아다니고, 이 자연에 의지하여 살아가는 사람도 있다.

사람과 자연의 관계에서 사람은 자연의 소산물이다.

※ 따라서 이 지구상 모든 만물을 인간이 지배할 권리가 없다. 왜, 내 땅에 사람이 살고 있으면서 나를 보면 쫓고 죽이려고 하는가? → 다른 생명체의 입장

※ 집 안에 쥐: 그 집안은 먹고 살만하다 즉 안정적이다, 머지않아 식구가 늘어난다.

집 안에 쥐가 없어지면 그 집안은 망한다.

(2) 自然의 모습은 이와(그림과) 같이 생겼다.

이렇게 생겼는데 우리가 인식을 못하는 게

① 이것이 十干의 모습이고 天干의 모습이라 한다면
② 여기서 이것은(십간 설명, 그림)은 사시사철 다 똑같다.
③ 봄, 여름, 가을, 겨울에 따라서 이 자연의 모습, 사계가

바뀐다. – 달력 1, 2, 3, 4, 5, 6, 7, 8, 9, 10, 11, 12월의 모습을 볼 수 있다.

④이것은 조후론을 이해하는데 아주 소중한 자료가 된다.

⑶십간이 투영된 자연의 모습은 다음과 같다.

甲	乙	丙	丁	戊	己	庚	辛	壬	癸

①자연은 天干의 모습 즉 十干의 모습으로 표시할 수 있다.

②四柱는 10개로 나타내고 열 개 외에 다른 것은 올 수 없다.

③사람의 사주는 이 열 개의 글자로 되어 있다.

④열 개 이외에 지지에 봄, 여름, 가을, 겨울이라는 곳, 쪽, 때가 형성되어 있다.

⑤十干 열 개의 글자와 地支에 봄, 여름, 가을, 겨울이라는 곳, 쪽, 때를 벗어나는 것은 없다.

⑥굳이 말하자면 현재 논하지 않는 太陽과 달의 관계선상

에서 설명하는 월장, 명궁을 설명할 수 있는데 이를 차치(且置)한다. 이것 외에 밤하늘의 모습, 북극성을 중심으로 하고 28수를 생각할 수 있지만 이는 다음 기회에 자세히 공개하겠다.

⑷ 그러면 十干 중에서 주인공은 누구인가?

이 十干은 각자가 다 모두 주인공이다. 어느 하나만을 주인공이라 할 수 없다. 사주는 주인공 중심으로 이야기한다. 1인칭 작가 시점이다.

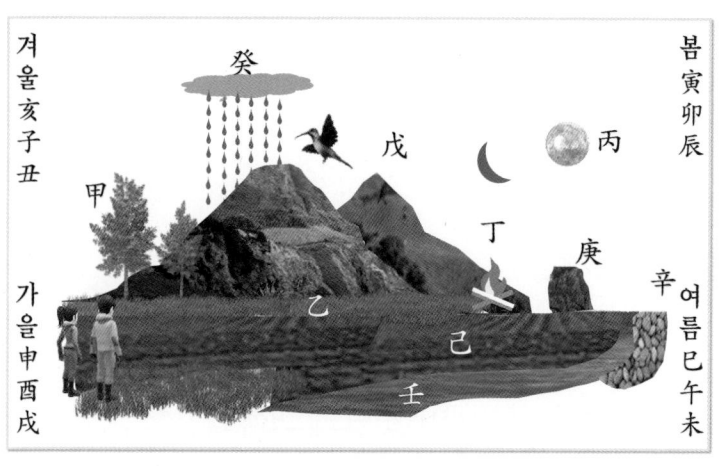

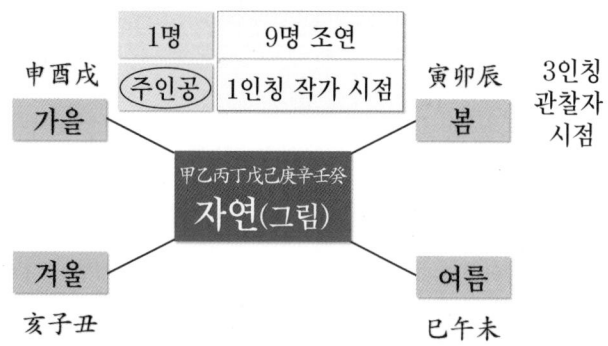

1인칭 관찰자 시점도 아니다. 日干이 무엇이냐 그것이 주인공이다.

명리학에서는 3인칭 관찰자 시점이 나올 수 없다.

①그러면 癸 日干이면 癸 자신이 주인공이며, 己 日干이면 己 자신이 주인공이며, 甲 日干이면 甲 자신이 주인공이다.

②또 이것이 춘하추동 따라서 조연이 바뀌기 시작한다. 그러면 주인공은 매 계절마다 10명이 나올 수 있다.

1명은 주인공이고 나머지는 조연들이 춘하추동 12개와 만날 수 있다.

따라서 10(十干)×12(地支)=120가지가 된다.

즉 120가지의 調候 그림이 나온다.

③그렇지 않으면 四季로 나누면 40가지가 된다.

4(춘하추동)×10(十干)=40가지로 이야기할 수 있다.

제4편 춘하추동(春夏秋冬)

제1장 | 봄 - 봄이라는 것을 보면 꽃이 핀다.

(1) 2~3월 달이 되면 얼음이 녹기 시작한다.

(2) 얼음이 녹기 시작하고, 개구리가 나와 알을 낳기 시작하며, 뱀이 기어 나오기 시작한다.

그러면서 만물이 성장하려고 폼을 잡는다.

(3) 꽃이 피면서 새싹이 파릇파릇 나기 시작한다. 이 새싹이 파릇파릇한 꽃들은 強할까, 弱할까?

아직은 初春(초춘)이라 약하다. 그래서 水를 필요로 한다.

(4) 봄에는 만물(나무와 꽃)이 있다고 생각하고,

　① 물이 旺하다고 보지 말고

　② 이 나무가 겨울 내내 찌그러져 있다가 이제 싹이 나기 시작하므로 이 나무는 弱하다.

　③ 따라서 나무는 물이 필요하다. 물이 필요하지만 큰 물이 오면 무리수가 따르므로 하늘의 이슬 물부터 먹어야 한다(癸水○, 壬水×).

(5) 봄이 되어 이슬 물을 먹고 만물이 자라기 시작하면서 어린

나무이므로

①庚이나 辛으로 나무를 쪼개는 것은 조금 무리다.

②그러나 卯月이 되면 庚이나 辛으로 조금 다듬어 주는 것은 괜찮다.

③그러면 이것은 木의 성질이라는 것은 하늘로 쭉쭉 뻗어 나가는 기세가 있다.

④너무 뻗어 가면 안 되므로 庚이나 辛으로 조금 자제시켜 줄 필요가 있다. 그것은 卯月에서 하는 일이다.

그래서 寅月에는 木을 전재를 해 준다는 것은 잘 쓰지 않는다. 卯月에 가면 庚이나 辛을 가지고 나무를 조금 전재해 준다.

⑹그런 가운데에 봄에는 庚이나 辛조차도 힘이 아주 弱하다. 庚이나 辛은 가을이 되어야 튼튼하다. 힘도 없는 게 힘없는 것을 건드린다.

⑺봄에 났을 때 사계에 太陽의 빛이 장렬하기 시작한다.

①太陽의 빛이 장렬하기 시작하기 때문에 萬物을 도와주는 것이 필요하고

②여기에 있는 壬水와 癸水로 가지고 萬物을 키워 주는 것이 좋겠고,

③그러한 가운데 丙火가 아직 봄이지만 얼음이 녹기 시작

하기 때문에 봄에는 太陽을 가지고 따뜻하게 비춰 주는 것이 좋다(丙 필요).

④ 여기에다 丁이라는 불을 확 놓으면 이제 금방 태어났는데 불나면 안 된다. 봄에는 불타기 쉽다. 丁은 미운 존재다(丁 不要).

⑤ 그래서 戊와 己라 하는 것은 甲과 乙을 키워 주려는 생각을 하고 있다.

⑥ 癸水 입장에서는 봄에 나서 甲과 乙을 키워 주려고 하는 입장이고 癸가 태양을 만나면 곤란하겠지만, 癸는 어쨌든 만물을 생육케 하려는 生意(생의)를 가지고 있다.

⑦ 壬水도 마찬가지로 生意를 가지고 있다.

각자의 주인공, 각자의 역할에 따라서 봄의 그림은 대략 이렇게 그려 본다.

제2장   여름 - 여름 7월이라 덥다 더워 시원한 물이 좋다.

여름 7월이라 생각하면 어휴 더워라 덥다 덥다. 시원한 물속에 들어갔으면 좋을 텐데, 나무가 자라고 매미의 울음소리가 진동하고,

모기가 물어뜯고… 얼마나 더운가 수박 생각나고 우물가에 가서 등물 하고 싶다. 여름에는 반바지, 러닝 차림으로 발가벗고 다니는 것이 최고로 좋다.

(1) 그러니까 나무는 자랄 만큼 자라고 만물이 전부 더워하고 있다.
  ① 그러므로 이 여름에 내리는 癸水는 더없이 반가운 것이다. 강물에 가서 풍덩풍덩 뛰어놀고 시원하겠다.
  ② 그런 가운데 나무는 자랄 만큼 자라고 乙木도 자라기는 자란다.
  ③ 물은 많이 있으니 여름에는 물만 있다면 土는 가물가물 충분히 나무를 키울 수 있다.

(2) 그런데 더워 죽겠는데 누가 불을 놓고 있다. 더워 죽겠는데 제발 불 피우지 마라(丁 不要).

(3) 여름 더워 죽겠는데 태양이 떠서 더워 죽겠다. 나무가 타고 말라 죽겠다. 그래서 물이 필요하다.

⑷물이 필요하므로 庚과 辛은 어떻게 쓰느냐 하면 물을 길러 오는 데 쓴다.

①물을 길러 쫙 뿌려 준다.
②때로는 木을 바로 치기도 한다. 그런데 지금 木이 말라 죽을 지경이다.
③물이 필요해서 庚과 辛을 木을 치는데 사용해서는 안 되고 물을 길러 오는 데 사용해야 한다.
④庚과 辛을 때로는 과실수, 열매로 보기도 하는데 이제 여름이 되면 점점 살을 찌우기 시작한다.
⑤여름에 살을 더 찌우기 위해서 水生木으로 水氣와 조금의 火氣가 때로 필요하기도 하다.
⑥그래서 여름에 庚, 辛은 水氣도 필요하다.
⑦庚과 辛은 木을 다루기도 하지만 물이 필요하고, 庚이 丁을 받으면 날카로운 호스가 되거나 물을 더 빨아 당긴다.

제3장 가을 - 단풍 들고, 성장이 멈추는 만물은 수렴의 시기

가을로 넘어간다. 8월 되고 9월, 10월 단풍이 물들기 시작하고 단풍 낙엽이 떨어진다.

(1) 낙엽이 진다. 낙엽이 지면 더 이상 성장은 멈추고 이제 옷을 다 벗기 시작하는 시기이다.

(2) 가을은 옷을 벗기 시작한다. 뚝뚝 떨어지는 만물은 수렴의 시기이다.

  ① 수렴의 시기이니 만물은 더 이상 가물가물 자랄 필요가 없다.

  ② 자랄 만큼 자라기 때문에 甲과 乙은 자랄라야 자랄 수가 없다.

(3) 그런 가운데 水生木은 무슨 의미가 있을까? 그러다 보니 물도 길어서 나를 필요가 없는 것이다.

(4) 결과 辛은 木을 쪼개어 나무를 절단하든지 쓰임새가 있게 만들어 주는 것이다.

(5) 그렇지만 甲과 乙은 때로는 庚과 辛을 두려워할 경우가 있다. 때로는 庚과 辛이 바로 木 옆에 있으면 안 되기 때문에

  ① 水가 있어 중간에서 소통시켜 주면 좋을 것 같고

  ② 丙과 丁이 있어서 甲木의 힘을 조금 빼기도 한다.

왜냐하면 봄, 여름부터 충분히 자랄 만큼 자랐기 때문이다.

(6) 때에 따라서 甲, 乙木은 죽지 않으려고 발버둥을 치고 있다.

甲과 乙은 가을로 왔기 때문에 죽지 않기 위해서 생명을 가지고 있는 내가 비록 가을이 되어 낙엽이 지고 내 스스로 잠자리에 들 준비는 되었지만

(7) 나는 죽기는 싫어 나에 대해서 칼을 대어 벌목되는 것보다 나를 지켜 주었으면 좋겠다. 그래서 때로는 물을 달라고 하는 경우가 있다.

나는 죽기 싫어! 죽기 싫어!! 물을 주시오. 물을 주시오…

① 오히려 甲과 乙의 입장에서 庚, 辛을 싫어하여 오지 않는 것이 좋다.

② 그래서 甲과 乙은 가을에 나면 丙, 丁을 찾아서 庚, 辛을 경계하기 시작한다.

(8) 癸라는 것은 가을에는 甲과 乙 弱한 나무를 키워 주면서 자신도 보호하려 하는 것이다.

(9) 丁이라는 것은 가을에는

① 가을에 甲을 보았으니 이것은 충분히 木生火해서

② 온 세상에 불을 피워서 세상을 불바다로 만들고 싶은 욕망을 가지고 있다.

⑽壬이라는 것은
　①가을의 壬水가 서서히 자기 本性을 키우기 시작한다.
　②가을이 되어 金水로 흘러가니 가을에는 水라는 것은 相이 되고
　③겨울 가면 旺이 되니 相旺으로 흘러가기 때문에 자기도 힘을 키우기 위해 자기 본색을 드러내기 위해서 가을, 겨울에 壬癸가 得勢할 것이다.
　④그러면서 자기도 나무를 키워 보려고 한다. 나무를 키우려고 하는데 이 나무와 근접해 있으면 꺼린다.
⑾가을에는 이 庚辛과 다른 글자와의 싸움이 많이 일어나고 있다.

가을에는 庚辛이 旺하므로 다른 글자들은 庚辛에 저항하는 그런 모습을 많이 보이고 있는 것이 가을의 모습이다.

제4장 　겨울-만물이 얼어 있어 태양과 장작불이 필요하다.

겨울이 왔다.
온 세상 만물이 꽁꽁
얼어 붙어 있다.
나무도, 산도, 밭도,
태양도 비실비실하고,
비는 눈이 되어 있고,

庚辛도 꽁꽁 얼어붙어 있고, 물도 꽁꽁 모두 꽁꽁 얼어 있다.

(1) 여기서 죽고 싶어 하는 것은 아무도 없다. 다 살아남고 싶다. 그래서 하나같이 바라는 것은 "太陽아, 太陽아 너가 좀 나와 줘 나와 줘, 너가 없으면 안 될 것 같아 좀 나와 줘 너가 바쁘냐, 바쁘면 丁 너라도 나와서 온 세상 만물을 녹여 줘, 녹여 줘"라고 한다.

(2) 太陽이 떴다, 丁火가 있다.

① 그러면 太陽이 있던 丁火가 있던 모두 살아나고 싶어 하기 때문에

② 太陽과 丁火가 말하길 "땔감으로 불을 피워 줘, 피워 줘" "알았다 알았다, 甲과 乙아, 너가 희생하여 불을 피워 줘, 불을 피워 세상 만물을 따뜻하게 해요. 얼어붙은 壬水도 녹여 주고 癸水도 녹여서 성장할 수 있도록 해 다오 해 다오" 하면서

⑶甲과 乙은 자기 몸 일부를 태워 가면서 세상 만물을 따뜻하게 하면서 살아갈 기회를 위해서 희생을 한다.
　①甲과 乙은 丙을 만나면 丙, 丁을 만나 버리면 자기 자신을 희생을 하면서
　②세상 만물이 잘 돌아갈 수 있게 해 준다.
⑷그러면서 丙은 따뜻하게 세상 만물을 키워 주기도 하고
⑸그때 戊와 己라는 것은 太陽과 丁으로 말미암아 얼음(壬)과 눈(癸)을 녹여서 甲과 乙을 키우고 싶어 하고
⑹庚辛이라는 하는 것은 자신들이 클 만큼 컸는데 자신들도 깡패 짓을 해 보려고 하는데 모두 얼어붙어 조용히 있어 庚辛은 "야! 그러지 말고 太陽아 太陽아, 너가 만물을 좀 깨워라, 깨워서 내가 놀게 좀 해 다오" 그러면서 庚辛金 자기들도 丙火를 보려고 한다.

그러면서 甲乙丙丁戊己庚辛壬癸 세상 만물은 四季의 변화에 따라 순응한다.

■우리가 생각하는 調候는 自然에서 봤던 그대로의 모습이다. 이 내용들이
　甲이 寅月, 卯月, 辰月 … 亥月, 子月, 丑月의 모습
　乙이 寅月, 卯月, 辰月 … 亥月, 子月, 丑月의 모습
　　　　　　　　〳
　癸가 寅月, 卯月, 辰月 … 亥月, 子月, 丑月의 모습이

모두 위 그림 설명 내용에 들어 있다. 이 설명을 잘 이해하면 調候를 꿰뚫을 수 있으니 이를 토대로 잘 생각하고 공부하길 바란다.

※명리학에는 억부론, 격국론, 조후론이 있는데 그중 조후론이 명리학의 王法(왕법)이다.

제5편 조후의 활용과 예시

1 조후 예시

주인공
甲 戊 丙 己 乾
寅 寅 寅 酉
　　봄

(7, 3, 1 대운수)
73 63 53 43 33 23 13 3
戊 己 庚 辛 壬 癸 甲 乙
午 未 申 酉 戌 亥 子 丑

■寅月은 봄이다. 戊土는 봄에 태어나 주인공이다.
⑴寅月 봄이 되었으니
　①꽁꽁 얼어붙은 만물이 녹기 시작한다.
　②개구리가 폴짝폴짝 뛰기 시작하며 얼음이 녹기 시작하고
　　얼음 사이에 물이 졸졸 흐르고 있다.
　③나무가 잘 자라고 있으니 나무에게 물이 필요하다.
　　戊土가 나무를 키우기 위해서는 물이 필요하다.
　④물이 필요한데 얼음이 남아 있으니
　　"太陽아 太陽아 세상을 따뜻하게 해 다오"
　　비로소 만물이 잘 자라게 되겠다.
　⑤이 나무는 잘 자란 나무일까, 못 자란 나무일까?
　　이제 겨울 나고 봄을 맞이하여 시작한다. 아직 못 자란
　　어린나무다.
　　"이 나무는 強할까요, 弱할까요?" 대부분 寅月의 木이
　　강하다고 말할 것이다. 그러나 寅月의 木이라 弱하다.

```
 주인공
甲 戊 丙 己  乾
寅 寅 寅 酉
       봄

73 63 53 43 33 23 13  3
戊 己 庚 辛 壬 癸 甲 乙
午 未 申 酉 戌 亥 子 丑
```

그러므로 물이 필요하다. 癸水가 필요하다. 壬水는 큰 물이라 곤란하다.

⑥봄에 태어났는데 庚辛金으로 건드리면 될까? 안 된다.

㈎卯月이면 자란 强한 木이라 金으로 건드려도 된다.

㈏寅月이면 어린나무로 弱한 木이라 金으로 건드리면 안 된다. 따라서 庚辛金이 오면 안 된다.

⑦초봄에 萬物이 꽁꽁 얼어 있어 이를 녹일 太陽(丙)이 必要하다.

㈎만약 太陽(丙)이 없다면 얼음을 녹여야 하니 丁火라도 할 수 없이 써야 한다.

㈏그러나 丁을 조심해서 써야 한다. 잘못 쓰면 불이 난다 (卯月 고성 산불). 즉 木과 丁火는 떨어져 있어야 한다.

⑧그럼 여기 물이 있는 것과 없는 것은 어떨까? 물이 있어야 할까? 없어야 할까?

㈎초봄에 나무를 키우기 위해 물이 있어야 한다.

㈏丙火가 있어 얼음을 녹여 주므로 물이 흐르게 되므로 물이 있게 된다. 따라서 물이 있는 것과 같다.

⑨그런데 이 命造를 보았을 때 봄이 왔는데 물이 없다. 나무가 무엇을 먹을까?

㈎먹을 것이 없다. 물이 없다.

㈏바짝바짝 말라 있는 나무에 太陽만 있어 될 일이 아니다.

㈐抑扶論으로 보면 戊日干에 木이 多하면 火를 先用하고 次善으로 金과 土를 先用한다고 되어 있다.

㈑그런데 抑扶論이 中手보다 위라고 했지만 調候論으로 보았을 때는 문제가 발생한다. 왜냐하면 金을 쓰면 안 된다. 寅月의 木들이라 弱하기 때문이다.

㈒金을 쓰면 되고 여기서는 火가 따뜻하게 비춰져야 할 것이고

㈓土는 같이 힘을 같이 보태어 주므로 괜찮다 본다 하더라도 그 다음 무엇이 필요하다고 볼까요? 물이 필요하다는 것이 보인다.

※ 이 身弱四柱임에도 불구하고 財星을 필요한다는 것을 본다면 이는 고수이다.

※ 이 사주를 보고 水가 좋다고 하는 易學者는 단 1명이었다. 좋다는 논리는 五行의 흐름에 水가 없어 흐름이 끊어지므로 있는 것이 좋다고 본다 했다. 이는 調候의 논리와는 다르다.

주인공
甲 戊 丙 己 乾
寅 寅 寅 酉
　　　　봄
73 63 53 43 33 23 13 3
戊 己 庚 辛 壬 癸 甲 乙
午 未 申 酉 戌 亥 子 丑

⑩水運으로 大運이 흘러왔다. 모든 사람들이 좋지 않다고 했다.

㈎水가 와 水生木으로 흐르니 水가 忌神인데

㈏水의 生으로 인해 水의 문제가

주인공
```
甲 戊 丙 己  乾
寅 寅 寅 酉
      봄
```
73 63 53 43 33 23 13 3
戊 己 庚 辛 壬 癸 甲 乙
午 未 申 酉 戌 亥 子 丑

생길 수 있거나 비참한 삶을 살 것이라고 했다.
木이 발동하여 木剋土로 戊土를 剋하므로 좋지 않다고 했다.

(다) 乙丑 大運은 모두가 꽁꽁 얼어 있어 힘들었다.

(라) 甲子, 癸亥, 壬戌 大運으로 水運이 흘러 등 따뜻하고 배부른 시기였다. 하는 일 모두가 잘되어 부동산도 마련했다.

(마) 戌, 辛酉 大運에는 水가 없어 財는 붙지 않는다.

(바) 庚申 大運에는 직장 변화의 운이다.
  (ㄱ) 庚이 甲을 剋하면서 寅申冲이 발생한다.
  (ㄴ) 甲木이 庚金을 만나 깨어진다. 머리나 간담이 손상된다.
  (ㄷ) 甲木에 庚金은 偏官으로 剋의 충격이 아주 컸다.
  (ㄹ) 甲木이 깨어지므로 직장의 변화를 의미한다.

(사) 庚申 大運에 財를 조금 가질 수 있을 것이다.
  (ㄱ) 申이 오면 壬水의 長生이 되고, 申子合, 子辰合을 水 財를 이끌어 줄 수 있는 것이다
  (ㄴ) 따라서 돈을 가질 수 있는 여건이 되었다.

寅月(正月) 戊土 長生

立春一日에 火方生하여 雨水之中에 木正榮(목정영)이라
立春이 되고 나면 寅月(正月)이므로 당연히 木旺節이지만
立春 처음에는 겨울의 寒氣를 완전히 후퇴시키는 시기이므로
陽火煖氣가 일단 돌아온다.
(陽火煖氣를 要하는 시기가 일단 돌아온다. 寅月에 무조건
火가 있다는 것이 아니다)

寅月이 되면 즉 立春에서 雨水까지 보름 동안은 아직 寒氣가
남아 있으니 불을 필요로 한다.
雨水 지나서 비로소 木이 번성하기 시작한다.

火는 陽氣로 子月에 始生한다.
陽의 대표적인 글자가 火이다, 寅月이 되면 火가 더욱 구체화
된다는 말이다.
寅은 丙火의 長生支라 불을 피울 준비가 되어 있고 시동이
걸린다.
甲木에 寅月이 왜 長生인가?
寅月에는 火가 시동이 걸리기 때문에 生地이므로 丙火를
두었다.
 1)春寒이 있으니
  ⑴丙火로 온난케 하고 甲木으로 도우면 貴格이며
  ⑵癸水로 윤습함이 필요하며

2) 丙甲癸가 透出하면 一品 貴人이요.
3) 甲丙이 있고 癸가 없으면 春寒이라 하지만 燥而不潤하여 一生에 많은 난관이 있다.
4) 만일 火局을 이루고 壬癸가 없으면 승도의 格이라.

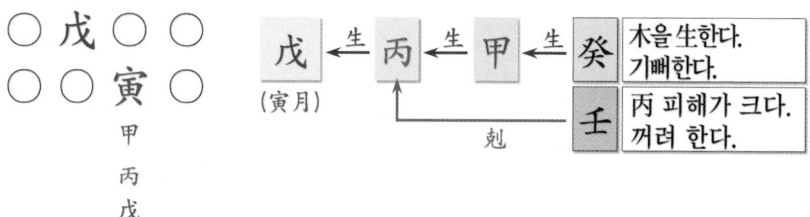

1) 春寒이 있으니
　⑴ 丙火로 온난케 하고 甲木으로 도우면 貴格이다.
　　① 立春에서 雨水 前까지는 아직 寒氣가 남아 있으므로 丙火가 필요하다.
　　※ 調喉用이라 木生火가 아닌 火生木이다.
　　② 丙火가 약하므로 이를 生하는 甲木이 오면 지속적인 丙火가 되어 좋다.
　　※ 木生火가 된다. (寅月은 季節, 甲木은 生剋制化)
　⑵ 癸水로 윤습함이 필요하며
　　① 雨水 前의 木은 아직 弱한 木이다.
　　② 木을 生하여 주는 水가 오면 水生木이 되어 木이 힘을 가진다.
　　③ 癸水 필요하다.

㈎丙火 큰불은 癸水 이슬방울에 견디어 낸다.
㈏壬水 不要: 陽水 壬水가 오면 陽火 丙火의 피해가 매우 크기 때문이다.
2) 丙甲癸가 透出하면 一品 貴人이요.
 ⑴ 寒氣가 있으니 丙火가 와야 하고
 ⑵ 丙火를 生하여 주는 甲木이 와야 한다.
 ⑶ 甲木 또한 丙火를 生하느라 힘이 빠지므로 癸水의 生을 받아야 좋다.
  따라서 丙, 甲, 癸 모두가 透出하면 貴人이다.
3) 甲丙이 있고 癸가 없으면 春寒이라 하지만 燥而不潤(조이불윤)하여 一生에 많은 난관이 있다.
 ⑴ 寅月에 戊土인데 丙火와 甲木이 투출 되면 火가 旺해져 건조하게 된다.
 ⑵ 건조하여 水가 必要한데 水가 없으면 건조한 土가 되어 쓸모가 없어진다.
 ⑶ 水가 없으면 木이 살지 못해 죽으므로 木이 죽고, 木이 죽으니 火가 죽고, 火가 죽으니 土가 죽는다.
4) 만일 火局을 이루고 壬癸가 없으면 승도의 格이라.
 ⑴ 火局을 이룬 것은 火가 많다는 것이다.
 ⑵ 火는 학문이라 공부를 많이 했다는 것이다.
 ⑶ 壬癸가 없다는 것은 戊土에게는 돈이 없다는 것이다.
 ⑷ 즉 많은 공부를 했지만 돈이 없는 것이니 스님이다.

日主 基準 月別 調候圖表

日	月	寅	卯	辰	巳	午	未	申	酉	戌	亥	子	丑
甲	용신	丙	庚	庚	癸	癸	癸	庚	庚	庚	庚	丁	丁
	희신	癸	丙丁戊己	丁壬	丁庚	丁庚	庚丁	丁壬	丁丙	丁甲壬癸	丁丙戊	庚丙	庚丙
乙	용신	丙	丙	癸	癸	癸	癸	丙	癸	癸	丙	丙	丙
	희신	癸	癸	丙戊	甲	丙	丙	癸己	丙丁	辛	戊	甲	甲
丙	용신	壬	壬	壬	壬	壬	壬	壬	壬	甲	甲	壬	壬
	희신	庚	己	甲	庚癸	庚	庚	戊	癸	壬	戊庚壬	戊己	甲
丁	용신	甲	庚	甲	甲	壬	甲	甲	甲	甲	甲	甲	甲
	희신	庚	甲	庚	庚	庚癸	庚壬	庚丙戊	庚丙戊	庚戊	庚	庚	庚
戊	용신	丙	丙	甲	甲	壬	癸	丙	丙	甲	甲	丙	丙
	희신	甲癸	甲癸	丙癸	丙癸	甲丙	甲丙	甲癸	癸	丙癸	丙	甲	甲
己	용신	丙	甲	丙	癸	癸	癸	丙	丙	甲	丙	丙	丙
	희신	庚甲	丙癸	甲癸	丙	丙	丙	癸	癸	丙癸	甲戊	甲戊	甲戊
庚	용신	戊	丁	甲	壬	壬	丁	丁	丁	甲	丁	丁	丙
	희신	甲壬丙丁	甲庚丙	丁壬癸	戊丙丁	癸	甲	甲	甲丙	壬	丙	丙甲	丁甲
辛	용신	己	壬	壬	壬	壬	壬	壬	壬	壬	壬	丙	丙
	희신	壬庚	甲	甲	甲癸	己癸	庚甲	甲戊	甲	甲	丙	戊壬甲	壬戊己
壬	용신	庚	辛	甲	壬	癸	辛	戊	甲	甲	戊	戊	丙
	희신	丙戊	戊庚	庚	辛庚癸	庚辛	甲	丁	庚	丙	丙庚	丙	丁甲
癸	용신	辛	庚	丙	辛	庚	庚	丁	辛	辛	庚	丙	丙
	희신	丙	辛	辛甲	庚	辛壬癸	辛壬癸	丙	丙	甲壬癸	辛戊丁	辛	丁

2. 조후 활용 사례 - 1

⑴ 寅月의 甲木이다.
　雨水전후에 따라 金의 사용 여부를 판단한다.
⑵ 寅月에서 雨水전후로 구분한다.

　① 雨水전

○ 戊 ○ ○
○ ○ 寅 ○
　　雨水前
　　춥다

　㈎ 寒氣가 아직 남아 있어 차다.
　㈏ 따라서 따뜻하게 하는 丙火가 좋다
　　　→ 丙○
　㈐ 아직 어린싹이라 金을 꺼려 한다
　　　→ 金×

㈑ 癸水가 暗藏되어 있으면 좋다. → 癸○
㈒ 위 丙, 金, 癸를 제외한 五行은 半吉半凶이다.

　② 雨水후

○ 戊 ○ ○
○ ○ 寅 ○
　　雨水後
　　木正氣

　㈎ 雨水 후는 木의 正氣가 돌아오니 火가
　　　있으면 木火通明으로 富貴다 → 丙○
　㈏ 金은 材木을 다듬어 쓸 수 있으므로
　　　貴格이다 → 金○

　③ 공통
　　㈎ 土는 木이 着根의 利가 있다 → 土○
　　㈏ 水盛하면 木 뿌리가 썩게 되므로 不吉하다 → 水盛×

㈐ 大運의 흐름을 보고 喜忌를 판단한다.

區分	丙	癸	金	土	水	木	備考
雨水 前	○	○	×	○	×	△	癸(暗藏) ○
雨水 後	○	○	○	○	×	△	水盛 ×

1 寅月 甲木(甲寅祿) 丙, 癸 / 丙, 庚(土)

1) 立春節 中에는 寒氣가 未盡하니
  ⑴ 丙火가 透出하여 保溫함이 吉하고
  ⑵ 癸水가 暗藏되어 木根을 滋潤하면 貴格이라
  ⑶ 어린싹이 金이 克함을 꺼린다.
2) 雨水 後는 木의 正氣가 돌아오니
  ⑴ 火가 있으면 木火通明으로 富貴요,
  ⑵ 金이 있으면 材木을 作成하여 貴格이라
    ① 土는 착근의 利가 있으나
    ② 水盛하면 不吉하다.

寅月: 丙火 必要
1) 雨水 前: 調喉
2) 雨水 後: 泄氣

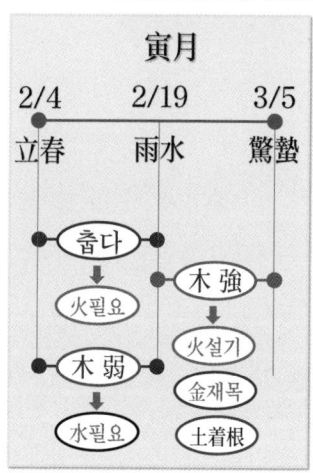

풀 이

立春이 되면 寅月이므로 木旺節이다. 3단계로 나눌 수 있다.
1) 立春에서 雨水 前 (2/4 ~ 2/19 前後) : 弱한 木

어린
나무
○ 甲 ○
○ ○ 寅 ○

(1) 寅月이 되면 아직 겨울의 寒氣가 남아 있다.
　① 따뜻하게 해 줄 火가 필요하다.
　② 丙火 필요(調喉用)
　※ 丙火가 透出하여 보온함이 吉하고
(2) 正月이라 아직 어린 弱한 木이다.
　① 자라기 위해 生을 해 주는 水가 필요하다(水生木).
　② 癸水 필요(만물을 윤택하게 한다).
　　㈎ 큰 불 丙火는 이슬에 견디어 낸다.
　※ 癸水가 暗藏되어 木根을 滋潤하면 貴格이라(地支의 地藏干:丑, 辰 吉, 戌未 凶).

튼튼한
나무
○ 甲 ○
○ ○ 寅 ○
寅에 뿌리를 둔
튼튼한 나무

3 조후 활용 사례 - 2

○ 戊 ○
○ ○ 申 ○
處暑前
덥다
※실제 8월은 더 덥다.

(1) 申月의 戊土이다.
　처서(處暑) 이후에 따라 甲丙癸의 사용 여부를 판단한다.
(2) 申月에서 처서(處暑) 이후로 구분한다.
　① 처서(處暑) 전
　　㈎ 입추(立秋) 때는 熱氣가 아직 남아 있어 덥다.

○ 戊 ○ ○
○ ○ 申 ○
處暑後
寒氣漸進

　　㈏따라서 熱氣를 식게 하는 癸水가
　　　좋다. → 癸○
　　㈐丙이 있고 癸가 없으면 中格이다.
　②처서(處暑) 후
　　㈎처서(處暑) 후는 寒氣가 漸進(점진)
　　　하니 丙이 있으면 吉神이다.
　　　→ 丙○
　　㈏이때에 癸도 吉하나 甲이 있으면
　　　더욱 吉하다. → 癸○, 甲○
　　㈐甲丙癸가 있으면 상등귀격이다.
　　　㈀甲癸가 있고 丙이 없거나
　　　㈁甲丙이 있고 癸가 없으면 中格
　　　　이다.

4 조후 활용 사례 - 3

○ 庚 ○ ○
○ ○ 申 ○

⑴鍊金하는 丁火가 제일 좋다.
⑵甲木으로 丁火를 生助해 주어야 진정한
　貴命이 된다. 上格이 된다.
　①丁이 있고 甲이 없으면 中格이고
　②甲이 있고 丁이 없으면 下格이다.
　③丙甲이 있으면 貴하고, 木火가 많으면
　　壬癸가 좋다(喜神이 된다).

```
○ 庚 ○ ○
○ ○ 申 ○
```

④丁甲이 없으면 한평생 헤매는 쓸모 없는 인간이다.

⑤運에서라도 丁甲이 들어와야 좋다.

5 조후 활용 사례 - 4

난강망의 調候로 보는 것이 제일 정확하다.

```
주인공
甲 戊 丙 己  乾
寅 寅 寅 酉
        봄
```

73 63 53 43 33 23 13 3
戊 己 庚 辛 壬 癸 甲 乙
午 未 申 酉 戌 亥 子 丑

* 삼재대운수 3
* 일반대운수 9

■寅月의 戊土이다.

(1) 抑扶法으로 보면

① "木多土崩이면 扶法으로 火를 쓰고 다음에 土金을 쓴다" 라고 되어 있다.

㉮火運이 좋고, 다음으로 土, 金運이 오면 좋다.

㉯水, 木運이 오면 나쁘다는 것이다.

② 실제로는 水運이 좋았다.

㉮따라서 水運이 나쁘다는 것은 맞지 않았다.

㉯抑扶法으로는 완전하지 않다는 것이다.

```
주인공
甲 戊 丙 己  乾
寅 寅 寅 酉
        봄
```

(2) 王法인 調候로 보면

①이른 봄은 냉한하니 丙으로 온난케 하고 甲의 도움이 있으면 귀하다.

→ 丙, 甲이 있다.

甲	戊	丙	己	乾
寅	寅	寅	酉	

73 63 53 43 33 23 13 3
戊 己 庚 辛 壬 癸 甲 乙
午 未 申 酉 戌 亥 子 丑

② 癸로 윤택하게 함이 필요하고 丙甲 癸가 모두 투출하면 일품귀인이다.
　㈎ 癸가 없다.
　㈏ 運이 丑子亥 水運으로 갔다.
　　㈀ 다양한 사업을 하였다.
　　　- 부동산 매입, 학원, 커피숍
　㈐ 사업 실패 없이 財를 이루었다. - 좋았다.
　㈑ 水運이 끝나자 돈이 마르기 시작되었다.

甲	戊	丙	己	乾
寅	寅	寅	酉	

③ 甲丙은 투출하고 癸가 없으면 조이불윤 (燥而不潤)하여 난관이 많다.
　→ 어려움이 많았다.
④ 火局에 壬癸가 없으면 승도격(종교인)이다. → 스님은 아니더라도 불교와 인연이 깊다.
⑤ 有甲無丙이면 보통 사람이다. → 甲丙이 있어 역학에 소질이 많았다.
⑶ 丙을 반드시 가지고 가야 한다.
　① 丙이 있다는 전제하에 水가 와야 財를 가질 수 있다.
　② 水運이 끝나니 돈이 마르기 시작했다.
　　㈎ 현재 辛酉 大運에 있는데 財가 붙지 않는다.
　　㈏ 水運이 와야 財를 가질 수 있다.
　　　53세 庚申 大運이 오면 財를 가질 수 있다.
　③ 庚申 大運에 들어가면

甲	戊	丙	己	乾	庚
寅	寅	寅	酉		申

73 63 53 43 33 23 13 3
戊 己 庚 辛 壬 癸 甲 乙
午 未 申 酉 戌 亥 子 丑

㈎ 庚申이 甲寅 官을 剋하므로 직장을 그만둘 것이다.

㈏ 食神이 官을 치므로 직장 생활하기 힘들어진다.
따라서 명예롭게 퇴직하려고 한다.

㈐ 申이 오면 申 中 壬水가 있어 財를 가질 수 있다.
辰이 오면 子를 불러들인다. 돈이 된다.
子가 오면 辰을 불러들인다. 돈이 된다.

㈑ 天干으로 壬癸, 地支로는 亥子의 인연은 財를 당겨 준다.
申生은 언제든지 水를 당겨 오므로 로또와 같은 인연이다.

6 | 조후로 정리하여 설명

甲 戊 丙 己 ^乾
寅 寅 寅 酉

73 63 53 43 33 23 13 3
戊 己 庚 辛 壬 癸 甲 乙
午 未 申 酉 戌 亥 子 丑

＊삼재대운수 3
＊일반대운수 9

(1) 戊 日干이 寅月에 태어났다.
  ① 寅月에 나서 木이 무럭무럭 익었다.
  ② 그중에 本氣 寅 中 甲이 무럭무럭 자라고 있다.
  ③ 立春은 지났으나 아직 寒氣가 남아 있으니
  ④ 이 四柱 중에 天干의 丙火가 우선이며 調候를 이루는 것이 필요하다.
  ⑤ 木이 많이 있는 것은 맞지만 이것이 아직 初春이기 때문에 丙火로써 이 사주체를 따뜻하게 해 줄 필요가 있다.

(2) 밭이 있고 태양이 떠 있고, 산이 하나 있고 나무가 있으면서 寅이라는 나무가 있다.
  ① 아직 계절은 겨울에 있다.
  ② 戊가 나무를 키워야 하는데 나무를 키우기에는 아직은 찬바람이 불고 있으니 겨울이 오기 때문에 여기에 물이 오기보다는 우선에 대지를 따뜻하게 해 줄 필요가 있다. 丙火 필요.

甲 戊 丙 己 ^乾
寅 寅 寅 酉

73 63 53 43 33 23 13 3
戊 己 庚 辛 壬 癸 甲 乙
午 未 申 酉 戌 亥 子 丑

③태양이 있어 만물을 따뜻하게 녹여 주어야 하는데 丙火 太陽이 있어 온도는 따뜻한 환경이 되었다.

④따뜻한 환경 속에서 나무가 자라기 위해서는 물을 먹고 살아야 하므로 水가 必要하다. 그런데 사주에 水가 없다. 暗藏된 癸水 필요.

⑤水가 없으니 하고자 하는 일은 태양이 비춰주면서 의욕은 자라라고 하지만 자랄 수가 없고, 하려고 하지만 의욕대로 할 수가 없다. 즉 水가 없으니 되는 바가 없어 속가(俗家)와의 인연이 멀어져 승도(僧徒)의 길이 아니면 뜻을 이룰 수가 없다.

재물이 없어 되는 바가 없으니 속가(俗家)와 因緣이 멀어지고 승도(僧徒)의 길을(승려, 신부, 역학 등) 가게 된다.

⑥그런데 大運이 北方 水運으로 흘러가고 있어 뜻한 바를 이룰 수 있게 된다.

승도의 길을 가면서 財運을 받쳐 주면 거부가 될 것이요, 받쳐 주지 않으면 不成 즉 이루어지는 것이 없다.

※이 명조가 女性이라고 하면 안타까운 운명으로 水運이 받쳐

甲 戊 丙 己 ^乾
寅 寅 寅 酉

73 63 53 43 33 23 13 3
戊 己 庚 辛 壬 癸 甲 乙
午 未 申 酉 戌 亥 子 丑

주지 않으니 승도의 길로 간다.
지금쯤 명리 공부를 하고 있을 수 있다.

※調候는 외우는 것이 아니라 自然을 이해하는 것이다.

※일어난 사건을 어떻게 추리할 것인가?
　十干의 관계는 회화론으로 추리한다.

(3) 이 명조를 十二神殺로 보면

甲 戊 丙 己 ^乾
寅 寅 寅 酉
겁살 겁살 겁살 장성
차압 차압 차압
압류 압류 압류
부수다 부수다 부수다

① 寅이 劫殺이다.
② 劫殺은 압류, 차압, 부수다, 빼앗다 뜻인데 偏官 甲木이 寅 劫殺과 같은 同柱에 있으므로 劫殺의 영향을 받는다.
③ 따라서 偏官의 기운이 "차압, 압류, 부수다"와 관련된 기운을 가지고 있다. 무관四柱이다.

```
甲 戊 丙 己 乾
寅 寅 寅 酉

73 63 53 43 33 23 13  3
戊 己 庚 辛 壬 癸 甲 乙
午 未 申 酉 戌 亥 子 丑
```

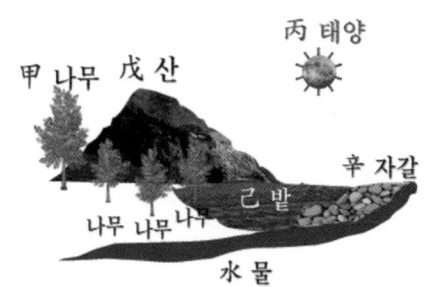

④七殺의 氣運이 위와 같으므로 직업은 문관보다는 무관의 기운이다.

따라서 직업이나 취미가 무관의 기운 쪽으로 가 있다.

(직장, 운동을 취미 - 태권도, 검도 등)

⑤七殺 정신문화로도 본다.

정신문화을 대개 印星을 말하지만 七殺도 정신문화를 뜻한다.

※甲+戊는 독산고목(禿山古木)으로 역학, 종교에 뛰어나다.

■命理는 재미있는 학문이다.

나와 관련된 因緣이 된 사람이 찾아온다.

남자이든 여자이든 인연이 되는 사람은 남녀를 불문하고 다 찾아온다.

○○生을 만나 어떠한 일이 생겼고, ○○生 만나 무슨 일이 생겼고 ○○生을 만나 어떤 일이 생겼다 등 모두 가려진다.

■명리에서 출생 지역을 추리할 수 있다.

甲 戊 丙 己 乾
寅 寅 寅 酉

73 63 53 43 33 23 13 3
戊 己 庚 辛 壬 癸 甲 乙
午 未 申 酉 戌 亥 子 丑

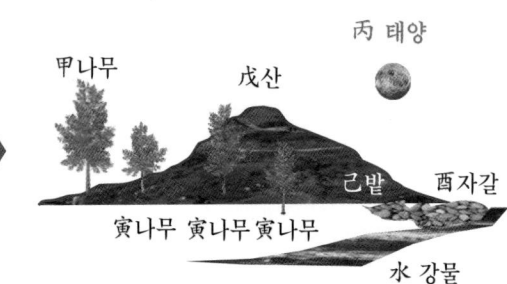

(1) 명조를 그림으로 보면 위 그림과 같다.
(2) 큰 나무, 산, 태양, 작은 밭, 작은 바위, 나무, 나무, 나무로 표현할 수 있다.
　① 나무가 많은 낮은 산속에 작은 밭이 있고 한쪽 편에는 작은 바위가 있는 곳이다. (밤나무 사이 산 비탈길 집에 옆에 밭이 있고 바위가 있는 곳에서 태어났다)
　　- 그 자리가 절 → 무속인 → 양봉업을 하고 있는데 기운이 센 곳으로 종교, 역학, 교육과 인연한 곳이다.
　② 그곳을 바로 가기 위해 앞에 흐르는 강을 건너야 했다. 江은 大運의 亥子丑 水運으로 물이다.
　③ 申酉가 空亡이라 소리가 울린다. 즉 불경, 종소리, 목탁 소리가 나는 절이 있는 곳이다.

■水運이 들어오지 않으면 不成이라 재물을 이루지 못한다.
 어차피 해 보아야 돈이 되지 않는다. 따라서 돈을 바라지 않고 무료 역학 강의를 하고 있는 것이다.
 易은 진퇴를 알고 스스로 처신하는 것이다.

 庚申 大運이 넘어가면 상황이 달라진다.
 → 丙火를 안고, 辰을 안고, 亥를 안고, 壬을 안고, 癸를 안고 子를 안고 있으면 돈이 되어 먹고사는 데는 지장이 없을 것이다.
 역학 공부를 하는 것은 나의 진퇴를 알고 나아갈 바와 물러설 때를 스스로 판단하여 스스로 처신하는 것이다.

■지금 현재 본인은 씨를 뿌려서는 안 된다.
 씨를 뿌려도 다 말라 죽는다.
 남들은 씨 뿌려도 되지 않느냐고 한다.
  - 陰陽에서 金의 氣運에 있어 수축, 응결하는 氣運이기 때문이다.
 金, 水는 陰이라 유지, 마무리하는 氣運이다.
 씨를 뿌리고 확장을 할 수 있는 氣運은 木火의 氣運이다.
 木의 기운에 씨를 뿌려야 씨가 자랄 수 있다.

■ 寅月 戊土(戊寅生) 丙, 甲, 癸(壬)

立春一日에 火方生하여 雨水之中에 木正榮(목정영)이라
立春이 되고 나면 寅月(正月)이므로 當然히 木旺節이지만
立春 처음에는 겨울의 寒氣를 完全히 後退시키는 時期이므로
陽火煖氣가 일단 돌아온다
(陽火煖氣를 要하는 時期가 일단 돌아온다.
寅月에 무조건 火가 있다는 것이 아니다).

○ 戊 ○ ○
○ ○ 寅 ○
　　甲
　　丙
　　戊

寅月이 되면 즉 立春에서 雨水까지 보름 동안은 아직 寒氣가
남아 있으니 불을 必要로 한다.
雨水 지나서 비로소 木이 번성하기 시작한다.

火는 陽氣로 子月에 始生한다. 陽의 代表的인 글자가 火이다.
寅月이 되면 火가 더욱 구체화된다는 말이다.
寅은 丙火의 長生支라 불을 피울 준비가 되어 있고 시동이
걸린다.
甲木에 寅月이 왜 長生인가?
寅月에는 火가 시동이 걸리기 때문에 生地이므로 丙火를
두었다.

1)春寒이 있으니
　(1)丙火로 온난케 하고 甲木으로 도우면 貴格이며
　(2)癸水로 윤습함이 필요하며

2)丙甲癸가 透出하면 일품 貴人이요.
3)甲丙이 있고 癸가 없으면 春寒이라 하지만 燥而不潤하여 一生에 많은 난관이 있다.
4)만일 火局을 이루고 壬癸가 없으면 승도의 格이라.

풀이

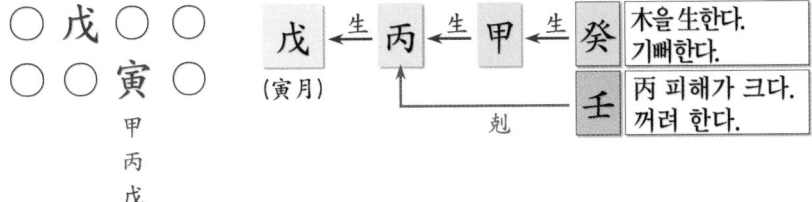

1)春寒이 있으니
　⑴丙火로 온난케 하고 甲木으로 도우면 貴格이다.
　　①立春에서 雨水 전까지는 아직 寒氣가 남아 있으므로 丙火가 필요하다.
　　※調喉用이라 木生火가 아닌 火生木이다.
　　②丙火가 弱하므로 이를 生하는 甲木이 오면 지속적인 丙火가 되어 좋다.
　　※木生火가 된다(寅月은 季節, 甲木은 生剋).
　⑵癸水로 윤습함이 필요하며
　　①雨水 전의 木은 弱한 木이다.
　　②木을 生하여 주는 水가 오면 水生木이 되어 木이 힘을 가진다.

③癸水 필요하다.
　㈎丙火 큰불은 癸水 이슬방울에 견디어 낸다.
　㈏壬水 不要한 것은 陽水 壬水가 오면 陽火 丙火의 피해가 매우 크기 때문이다.

2) 丙甲癸가 透出하면 一品 貴人이요.

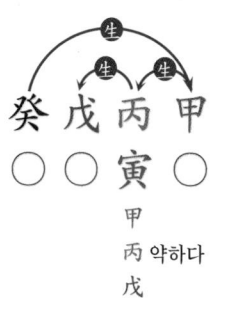

⑴寒氣가 있으니 丙火가 와야 하고
⑵丙火를 生하여 주는 甲木이 와야 한다.
⑶甲木 또한 丙火를 生하느라 힘이 빠지므로 癸水의 生을 받아야 좋다.
따라서 丙, 甲, 癸 모두가 透出하면 貴人이다.

3) 甲丙이 있고 癸가 없으면

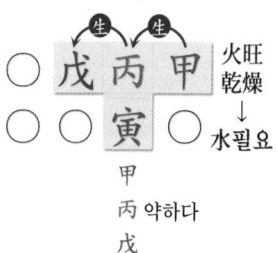

⑴春寒이라 하지만 燥而不潤(조이불윤)하여
⑵일생에 많은 난관이 있다.
　①寅月에 戊土인데 丙火와 甲木이 透出하면 火가 旺해져 건조하게 된다.
②건조하여 水가 필요한데 水가 없으면 건조한 土가 되어 쓸모가 없어진다.
③水가 없으면 木이 죽고, 木이 죽으니 火가 죽고, 火가 죽으니 土가 죽는다.

⑶만일 火局을 이루고 壬癸가 없으면 승도의 格이라.

○ 戊 丙 ○　　①火局을 이룬 것은 火가 많다는 것이다.
○ 戌 寅 午　　②火는 학문이라 공부를 많이 했다는 것
　甲　　　　　　이다.
　丙　　　　③壬癸가 없다는 것은 戊土에게는 돈이
　戊　　　　　　없다는 것이다.
　　　　　　④즉, 많은 공부를 했지만 돈이 없는 것
　　　　　　　이니 스님이다.

제 12 강
회화 사주학
(繪畵 四柱學)

회화 사주학 十干 관계론

■회화 사주학 중 十干 관계론을 이해한다.
■調喉의 관계는 제외된 회화 사주학임을 알고 공부하기 바란다(달리 象論이라고도 한다).
■日干을 기준하여 四柱나 大歲運에서 오는 十干과의 관계를 보는 것이다.
■十干 … 궁위 통변

불	새	겨울서리	
丁	乙	辛	○
亥	亥	丑	○
밤	바다	겨울	

▶회화 사주학은 六親보다 궁위에 우선하여 판단한다.
 → 바다 위의 새(乙)
▶한겨울 밤에 바다 위에 날아가는 새가 앞에는 서리를 보고, 뒤에 꼬리는 불이 붙어 있다.

1. 甲論

甲+甲 雙木成林	(1) 나무가 두 개 있다. 나무가 나무를 만났다. 갑갑(甲甲)하다. 다투지는 않는다. (2) 두 개가 서로 침범 않고 경쟁한다, 경쟁 체제이다, 조급하다. (3) 이러지도 저러지도 못하는 관계.

甲+甲	⑷自然의 모습에서는 영양분을 서로 갈라 먹는 것이다. 생생하게 둘 다 成長한다. ⑸甲甲○○:자식이 답답, 금전 손실을 일으킨다.
甲+乙 藤 蘿 甲 木	⑴나무(甲:木) 위에 새(鳥:乙)가 앉아 있는 모양이다. 乙이 甲을 利用한다. ⑵甲 나무에 온갖 잡새(乙)가 다 모여든다. 주변에 사람이 모인다. 복잡한 일이 많이 생긴다. 甲 입장에서는 인기가 상승한다. ⑶甲 日干이 乙年에 사업하면 주변에 사람들이 모여든다. 대신 온갖 좋은 새, 나쁜 새 모두 달려든다. ⑷나(甲)는 가만히 있는데 주변에 사람들이 모여든다. ⑸集(모일 집) 字이다. 사람이 모여든다, 주변이 번잡스럽고 많이 모인다. ⑹乙(새)가 둥지로 파고든다. ⑺때로는 乙(새) 때문에 甲 나무가 힘들다. ⑻乙 새가 있음으로 해서 甲 나무가 번식을 한다. 씨를 뿌려 준다. ⑼乙은 나무에 기생하는 모든 존재(새, 곤충 等)다.
甲+丙 生	⑴날아가는 새가 구멍으로 쫓아 들어가는 것. 甲丙 관계에서는 乙(새)은 없다. ⑵그림 속에서 새의 모습이 그려진다. 주변이 굉장히 바쁘게 움직인다.

甲+丙
生

(3) 나무가 있는데 근처에 太陽이 떠 있다.
  열심히 일한다. 근면, 성실. 부지런함.
  삶의 현장에 뛰어들다.
(4) 어미 새가 열심히 먹이를 물어 새끼들에게
  먹이는 모습이 숨어 있다(나무에 구멍을
  뚫어 둥지를 튼다).
(5) 太陽에 의해서 나무는 무럭무럭 자란다.
  성장을 하게 된다.
(6) 丙火라는 太陽이 甲木을 길러 준다(키워 준다).
  甲木이 성장한다. 이때는 木生火가 아니고 火育
  甲木이 된다.
(7) 五行에서는 甲木이 丙火를 木生火로 키워 주는
  것이지만 진화한 모습에는 오히려 丙火가 甲木을
  길러 주는 모습으로 간다.
(8) 원초적인 모습에는 甲 모친이 丙 자식을 키우는
  것이지만
(9) 진화된 모습에는 丙 자식이 오히려 甲 모친을 가르
  친다. 빛, 丙生木
(10) 子息이 시집, 장가가서도 나(甲)를 보살펴 준다.
(11) 살다 보면 오히려 丙火가 甲木을 더 챙기고 보살
  피고 키워 준다 →因緣法.
(12) 열심히 해 주고 나중에 대가를 받는다.

甲+丁	(1)丁이 甲을 키워 주는 것이 아니고 甲이 丁을 生産하는 것이다. 　五行의 木生火 모습을 아직 지니고 있다. (2)甲나무가 다 타 버리고 잿더미가 된다. 　甲이 丁을 만나면 희생해야 한다. (3)丙은 太陽이지만 丁은 촛불이다. 　甲이 촛불을 향해서 불을 뿜어낸다. (4)이것이 진정한 木生火가 된다. 甲木이 탄다. 　甲木이 희생한다. (1)일은 엄청나게 하지만 나(甲)는 온데간데 없다. 　(헌신적 사람이 된다) (2)甲木이 丁火 자식 위해 온몸 태워 다 해 주었으나 甲 혼자 쓸쓸히 떠나게 된다. (3)甲 女子가 丁 男子를 만나 죽을 듯 살 듯 해 줘도 챙길 것 다 챙기고 결국 떠나간다.
甲+戊	(1)민둥산에 나무 한 그루 심어 놓은 것이다 　(禿山孤木:독산고목). 甲 나무의 氣勢가 　다르다. 단단한 흙 만나 뿌리 내리기  　위해 인고의 세월을 보낸다. (2)甲이 깊은 산에 뿌리를 내린 것이라 고독하고 견실하다. 성황당에서 사람들이 기원하고 간다. (3)영험한 큰 나무이다. 靈이 맑다, 깨끗하다, 스님, 성직자. → 戊+甲도 동일하다.

甲+戊	(4)영험한 큰 나무이다. 靈이 맑다, 깨끗하다, 스님, 성직자. → 戊+甲도 동일하다.
甲+己	(1)甲이 밭에 뿌리를 내린 것이다. 뿌리를 내리지만 조금 불안하지만 쓰러지지 않는다. (2)어찌 되었던 뿌리를 내린 것으로 (넘어지는 것이 아니다) 안정된 상태를 이루었다. 안정적으로 깃들여진다. (3)甲은 己나 戊에 의지해서 성장한다.
甲+庚	(1)甲은 온전한 나무인데 庚이라는 큰 돌덩이, 쇠뭉치 (도끼)가 甲을 쿵 때린다. (2)甲이 깜짝 놀란다. 甲이 庚이라는 철퇴 한 방 맞은 것이다. (3)따라서 甲木이 쪼개진다(飛宮破伐), 모양새를 갖추지 못한다. → 사망, 중상, 박살, 이사, 도피 ○甲庚○:부모덕 없다. 부모에게 박살 난다. (4)나무가 成長하는 데 장애가 생긴다. (5)乙(새)을 庚(철장)이 가두어 버리듯이 나무(甲)를 비닐하우스에 가두면 ①성장하는 데 한계가 있다(장애, 통제). ②갑갑한 데로 자리를 잡는다.

甲+辛	(1) 다듬어진, 날카로운 Knife(칼) 즉 날카로운 면이 辛金이다. (2) 辛金은 날카로운 부위로 甲木을 살살 도려낸다(심각한 관계). (3) 甲이 辛을 만나면 庚金처럼 한 방 맞는 것이 아니고 辛金이 칼로(knife) 甲木을 살살 오려낸다. 그러면 甲木이 미친다. (4) 辛金 입장에서는 재목을 다듬는 입장이지만, 甲은 신경이 날카로워지고 미친다는 것이다. 이것은 "辛甲하다" 라고 한다. 現在 이 말을 "심각하다" 라고 한다. (5) 甲木 立場에서 庚金보다 辛金이 더 겁난다. 甲木 고문, 죽지는 않는다.
甲+壬	(1) 壬水는 하늘에서 내리는 비가 땅에 스며드는 것을 의미하는 것이다. 癸水가 土를 만난 것이 壬水이다. (2) 하늘에서 내리는 빗물은 식물이 먹지 못한다. 땅에 스며들어야 물을 빨아 먹을 수 있다. 모든 생명체는 壬水를 즐겨 먹는다. (3) 甲木은 壬水를 통해서 성장하는 것이다. 壬水만이 나무가 물을 빨아 먹을 수 있다.

甲+壬	①甲木이 되는 사람은 偏印 工夫를 잘한다. (종교, 역학, 의사, 한의사 등) ②甲木은 癸 正印 工夫가 되지 않는다, 건성으로 한다. ※偏印:思考의 폭이 넓다, 正印:思考의 폭이 좁다. ⑷甲 나무가 壬 물을 만나 甲 배가 壬 망망대해로 떠나는 모습. 연못 한가운데 甲 나무. ⑸壬水에 의해서 甲木이 물을 빨아 들이는 것으로 壬水가 甲木을 키워주는 것이다.
甲+癸	⑴癸水 빗물은 지표면에 닿기 전의 물이다. 빗물이 나무를 성장시킬 수 없다. ⑵나무가 있는데 비가 쫙쫙 내리고 있다. 축 쳐져 있는 모습이다. 　①내리는 빗물은 나무가 받아먹을 수 없고 성장이 멈춘다. 　②오히려 木에게 병충해가 생기게 한다. ⑶壬, 癸 모두 甲에게는 印星이지만 癸水 正印이라 母親의 德을 못 본다. 집에 있는 엄마에게는 별로 사랑을 못 느낀다. ⑷壬水 偏印 계모를 봤을 때는 오히려 德을 보는 것이다. 밖에 있는 친구 엄마한테 情을 느낀다.

예 - 1

```
乙 甲 甲 ○   乾
亥 ○ 寅 ○
```

(1) 甲과 乙의 관계
(2) 甲 일간이 시간 乙을 보았다.
(3) 甲 일간에게 乙 후배들이 모여드는 등 인기 높았다.
(4) 하지만 이로 인해서 주변에 복잡한 일들이 많이 생겼다.

예 - 2

```
丙 甲 壬 ○   坤
寅 ○ 子 ○
```

(1) 甲과 丙의 관계
(2) 甲 일간이 시간 丙을 보았다.
(3) 甲 일간의 여성 자식 丙을 낳고 나서 크게 발전하여 직장에서 성공하였다.

예 - 3

```
甲 甲 ○ ○   坤
○ ○ ○ ○
```

(1) 甲과 甲의 관계
(2) 하는 일이 갑갑하다. 경쟁하다. 재물 손실을 일으킨다.
(3) 자식이 답답하다.

예 - 4

```
○ 甲 庚 ○   坤
○ ○ ○ ○
```

(1) 甲과 庚의 관계
   비궁파벌(飛宮破伐)
(2) 부모덕 없다.
(3) 부모에게 박살 난다.

甲 調候	日干 中心에서 생각해야 한다.

(1) 봄(春)
  ① 급속도로 성장한다.
  ② 壬, 辰, 亥, 子가 필요하다.
  ③ 癸水가 내리면 나무뿌리가 썩는다.
(2) 여름(夏)
  ① 완만하게 무성해진다.
  ② 壬水가 필요하다.
  ③ 여름에 태양(丙)이 뜨면 고마운 것을 모른다.
(3) 가을(秋)
  ① 성장이 더디게 멈춘다.
  ② 丙火가 필요하다.
(4) 겨울(冬)
  ① 성장을 멈춘다.
  ② 丙火가 필요하다.
  ③ 겨울에 丙火가 보이면 아주 감사해 한다.
(5) 甲丁이 붙어 있으면 타 버려 재가 된다.

2. 乙論

乙+甲	(1)乙(새)이 둥지(甲)를 찾아가는 것이다. 乙(새)이 나무를 만난 것이다. (2)甲나무를 만나서 둥지를 틀고 정착을 한다. (3)이사한다. 이동한다. 둥지를 차린다. (4)새끼도 생기고 주위(甲)에 온갖 잡새가 다 날아든다.
乙+乙	(1)새 두 마리가 날아간다. 하늘을 날아다니는 제비 두 마리, 어우러진다. (2)乙은 巳하고도 비슷하다. 乙乙도 되지만 巳巳 이런 모양도 된다. (3) "어우러진다, 사랑한다, 교미하다" 는 의미가 있다. (4)새+새, 동기를 만났다(짝짓기), 교우 관계가 좋아진다. (5)어우러지다. 즉 의존하고 사이 좋게 먹이를 나누어 먹는다. → 협동, 동업
乙+丙	(1)丙火에 의해 乙이 큰다. 成長한다. (2)乙은 꽃으로 꽃이 햇빛을 받아 잘 자라 꽃이 만발한다. (3)새가 자유롭게 날 수 있다. 자유롭게 푸른 창공을 날아간다.
乙=巳	(1)乙=巳의 사촌, 뱀은 머리를 쳐들고 날개도 없는 것이 자주 날려고 한다.

乙=巳	(2)이무기로 변하려 한다. (3)乙乙 = 巳巳 (짝짓기)
乙+丁	(1)참새구이가 된다. 새 꼬리에 불이 붙었다. 　　꽃에 불이 붙어 탄다. (2)乙木은 丁火에게 희생을 한다. (3)乙이 오히려 丁火에 불을 뿜어낸다. 　①丙火를 봤을 때와 반대의 기능이 된다. (4)乙이 丁을 보는 것은 꽃나무가 장작이 되는 것이고 　甲이 丁을 보는 것은 큰 나무가 장작이 된다. 　그래서 甲이 丁을 보는 것은 庚金이 와서 　쪼개 주면 좋다.
乙+戊	(1)乙이 戊土에 뿌리를 내린다. 큰 산에 꽃이 핀 형태이다. 　①산에서 자란 약초가 더 약효가 높다. 　②밭에서 자란 약초는 약효가 떨어진다. (2)꽃병에 꽃이 꽂혀 있는 형상으로 戊土가 　乙을 키워 준다. 木이 자란다. (3)꽃병에 乙이 갇혀 있다. 乙이 戊를 보면 　가치가 더욱 높아진다. 　①포장하다, 값어치가 올라간다. (4)乙 새가 큰 산을 만나 노니는 곳도 되지만 넘을 　수 없는 큰 산이 될 수도 있다.

乙+己	(1) 乙이 己를 만나는 것도 똑같다. 길거리, 밭에 피는 꽃 野生花로 자라고 있다. (2) 木이 뿌리를 내리고 成長한다. 밭을 만나 먹을 것이 많다. (3) 乙이 밖에 있다, 밭에 있다. 들꽃, 들새이다. 格이 조금 떨어진다.
乙+庚	(1) 乙은 새, 꽃이고 庚은 새집이라 꽃, 새가 새집에 갇힌 형국이다 → 보호 기능 큰 바윗돌에 맞아 충격받아 정신 못 차리거나 다칠 수도 있다. (2) 성장하는 데 한계가 있게 된다. (3) 庚金은 조율을 잘한다. 가두어 버리는 역할을 한다. (4) 庚의 통제권에 들어간다. 조직에 갇혀 버린다 → 속박, 간섭, 구속 (5) 甲, 乙木 모두가 庚金보다 辛金의 피해가 크다.
乙+辛	(1) 날아가는 새가 辛이라는 화살을 맞고 떨어진다. (2) 乙木은 辛金을 만나면 치명적이다. (3) 辛金이 乙木을 도려낸다, 잘라 버린다, 목을 쳐 버린다(正官보다 偏官이 더 겁난다). ※ 甲木 立場에서는 偏官 庚金보다 正官 辛金이 더 겁난다.

乙+壬	(1)큰 강 위에 새가 외로이 혼자 날아간다. (2)그런 반면에 또 壬水라는 물을 빨아 먹는다. (3)강물이나 연못에 연꽃이 피어 있다. (4)乙은 壬水 正印 工夫가 잘되고, 　　癸水 偏印 工夫는 잘 안 된다. (5)壬乙은 유사 소리가 "인물" 이라 인물 좋다는 　근원적 어원.  미녀 미남
乙+癸	(1)새가 날아가다가 소나기를 만났다. (2)壬水를 봤을 때는 날아가지만 이 癸水를 　만나면 날아가지 못한다. 　즉 成長이 멈춘다 (3)새가 비를 맞아 날지 못하고 꽃은 비바람을 맞아 　처량하다. 그래서 온갖 고난이 있게 된다. (4)종교, 철학, 의술, 역학 등 偏印 공부가 안 된다. 　※甲木은 偏印 공부가 잘된다.

물(水):살아 있는 생명체
(1)가을, 겨울: 숨어 있다.
(2)봄, 여름: 움직인다.
乙木
(1)봄, 여름　:丁火 필요 없다.
(2)가을, 겨울:丙火 필요하다.

乙 (1) 봄, 여름 : 丁火 필요 없다.
(2) 가을, 겨울 : 丙火 필요하다.
(3) 木 입장에서는 봄, 여름을 떠나 金이 필요 없다. 木에게 金은 필요 없는 관계.
(4) 乙日干은
  ① 봄, 여름 大運에는 기세가 등등해지며(生命體)
  ② 가을, 겨울 大運에는 기운이 가라앉기 시작한다.
(5) 火
  ① 陰의 관계에서 强하다(가을, 겨울) → 丁火 별빛
  ② 봄, 여름에 强하다. → 丙火 태양
(6) 水(壬, 癸) : 水가 겨울에 旺하다고 할 것이나, 실제는
  ① 봄, 여름 : 왕성. 움직인다.
  ② 가을, 겨울 : 수축. 숨어 있다.
  ③ 壬水
    ㈎ 午月 태생 : 왕성
    ㈏ 子月 태생 : 수축
    ㈐ 氣의 세계에서는 겨울에 壬水가 왕성하다 보겠으나 현실 세계에서는 봄, 여름에 水가 왕성하다.
    ㈑ 壬水는 물이 아니다. 壬의 포장을 하고 있는 水이다. 子는 子의 포장을 하고 있는 陰이다.
    ㈒ 陰氣는 子의 계절에 왕성한 것이다.

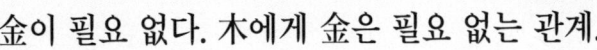

十干	⑴十干은 氣가 아니다. 눈에 가시화되는 물질이다. 　①午月이 되면 水가 왕성하다. ⑵氣와 質은 완전히 상반된 모습이다. ⑶五行과 十干은 따로 논다. → 五行에서 진화하였기 때문이다. ⑷용신, 격국은 氣의 형태로 적용한 것이다. ⑸통변은 自然(質)의 형태로 통변한다.

예 - 1

| 癸 | 乙 | 丁 | ○ | 坤 |
| 未 | ○ | 卯 | ○ | |

(1) 乙과 癸의 관계
(2) 乙 일간이 시간 癸을 보았다.
(3) 乙 일간의 새인 여성이 자식자리 癸로 인하여 소나기를 만났으니 자식이 자폐증으로 많은 고민을 하였다.
(4) 고민 끝에 다니던 직장을 그만두게 되어 주변 사람들이 아쉬워했다.

예 - 2

| 庚 | 乙 | 甲 | 甲 | 坤 |
| 辰 | 亥 | ○ | 寅 | |

(1) 乙과 庚관계;속박,구속, 간섭
(2) 乙 일간이 시간 庚을 보았다.
(3) 乙 일간의 새인 여성이 남편 庚과 혼인한 후 남편이 이 여성에 대해 의처증으로 집 밖으로 나가지 못하게 하여 감시했다. 통제권에 들어간다. 조직에 갇힌다.
(4) 이로 인해 여성은 우울증이 극심하였다.

예 - 3

| 丁 | 乙 | ○ | ○ | 坤 |
| ○ | ○ | ○ | ○ | |

(1) 乙과 丁의 관계
(2) 불이 새(꽃)를 태우려 불이 오고 있다(희생). 나는 強하게 대처한다.
(3) 꽃을 태우니 자식에게 엄하게 대한다.-폭력 행사 포함.

예 - 4

| ○ | 乙 | 辛 | ○ | 坤 |
| ○ | ○ | ○ | ○ | |

(1) 乙과 辛의 관계
(2) 새가 화살을 맞았다.
(3) 父母는 치가 떨린다.

3. 丙論 봄, 여름 旺盛하다

丙+甲	(1)丙火가 甲木을 키워 주고 있다. 木生火가 아니고 火育甲(火生木). 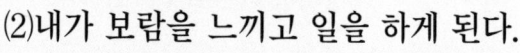 (2)내가 보람을 느끼고 일을 하게 된다. 　- 보람, 봉사 (3)甲은 偏印 母親星이 된다. 실제 내가 모친을 봉양해야 한다(丙은 효자) (4)丙은 甲에게(을) 봉사한다, 키워 준다, 노력하고 있다, 成長시킨다. ※새가 둥지를 틀어 새끼를 먹여 살린다 → 근면, 부지런함, 삶에 현장에 뛰어들다.
丙+乙	(1)甲木과 마찬가지. 乙이라는 꽃을 키워 준다. 丙이 乙을 봉양한다. (2)날아가는 새에게 길을 밝혀 준다.
丙+丙	(1)하늘 中天에 해가 두 개 떠 있다. 　- 동상이몽 (2)화창하게 밝다. 자기가 최고로 생각한다. (3)이럴까 저럴까 어찌할 바를 모른다(협력도 할 수 있으면서 우왕좌왕한다). (4)본연의 일을 계속한다. ※하늘에는 태양 1개만 있어야 한다. - 지상 최고주의 (5)比肩이 比肩을 만나면 다 똑같은 모습이 아니다.

丙+丁	(1)태양이 뜨면 달이 들어가야 되고, 달이 뜨면 태양이 들어가야 한다. (2)丁은 별빛이라 태양과 별은 공존하기 힘들다. (3)癸水와 丙火의 관계와 비슷한 관계로 공존할 수 없는 관계이다. (4)丁火가 오는 것은 밤이므로 丙火는 물러나야 한다. 　①丁火가 있는데 丙火가 오면 낮이므로 丁火가 물러나야 한다 　②둘 중 하나는 빛을 잃기 때문에 하나는 떠나야 한다. 　③移動(이동)이다. (5)丁火가 오면 시간을 가지고 온다. 　곳, 쪽, 때의 흐름을 가지고 온다. (6)丙日干이 丁을 인연하면 丙이 물러나 주어야 한다.
丙+戊	(1)戊 큰 산, 대지에 丙 태양이 빛을 쫙 비춰 주고 있다. 丙이 戊에게 헌신. (2)만물이 생장할 수 있도록 뒷바라지를 해 주고 있다. 丙은 남에게 퍼 주길 좋아한다. (3)산에 있는 甲木, 乙木이 자란다. (4)모든 萬物이 성장의 결실을 기다린다.
丙+己	(1)햇빛이 대지를 따뜻하게 비추고 있다.  　木이 잘 자란다. (2)조금의 차이가 있지만 丙+戊와 같은 이치이다. (3)丙+己는 丙+戊보다 格이 떨어진다.

丙+庚	(1)庚은 쭉정이, 씨앗이다. 과일로 생각해라. 　(석류:봄, 여름에 알이 고여 있으나 가을, 겨울에는 껍질이 터져 버린다). (2)丙이 庚을 봄, 여름에 만났다. 　①봄, 여름에 태어난 庚이면, 丙이 庚을 키워 준다. 알이 영글게 된다. 　②庚金에게 丙은 반가운 것이다. 　③봄, 여름생 丙 日干 男子가 庚띠 마누라 만나면 마누라를 봉양해야 한다. 　　길러 주고, 工夫한다면 뒷바라지해 주게 된다. (3)丙이 庚을 가을, 겨울에 만났다. 　①가을, 겨울에 태어난 庚이면 丙은 庚을 터뜨려 버린다. 껍질이 터지게 된다. 　②일을 그르치게 된다. (4)무장한 장수(果實), 庚金을 성장시킨다. 　①봄, 여름:여물어 간다. 　②가을, 겨울:과실이 터진다. 포화 상태 → 庚金이 작살난다.
丙+辛	(1)辛은 상품이다. 庚+丁→辛(상품) (2)辛은 보석인데 큰 보석과 合을 한다. 　①보석을 빛나게 한다. 　②탐욕을 가지기 시작한다.

丙+辛	(3)햇빛을 비쳐 줄 필요 없는데 세상에 알려 주니 명성이 상품화된 것이다. ①과일이 너무 익으면 진액이 나와 벌레가 생기므로 가치는 있게 되나 약간의 구설, 시비가 동반한다. ②일을 제대로 하지 않고 딴생각하고 조금 정상적이지 못하다. ③본인의 임무를 망각한다.
丙+壬	(1)큰 大洋에 태양이 떠오른다(뜬 것이다). (2)새 출발을 의미한다. 시작이다 출발이다. (3)태양이 물을 만나서 나무를 길러 준다. (4)壬水는 丙火에 의해 더욱 빛이 난다. 겨울이면 壬水는 더욱 빛을 발한다.
丙+癸	黑雲遮日(흑운차일:검은 구름이 태양을 가린다). (1)丙火와 丁火의 관계처럼 太陽과 비는 공존할 수 없다. 둘 중 하나는 물러나야 한다. (2)丙火가 있는데 癸水가 오면 丙火가 물러나야 하고 癸水가 있는데 丙火가 오면 癸水가 물러나야 한다. 移住, 變化 (3)太陽이 떠 있는데 비가 내린다. 丙火가 떠나야 한다. → 이주, 변화, 도중하차, 공존 불가 (4)丙:봄, 여름 왕성, 가을, 겨울 쇠약하므로 가을, 겨울에는 自力으로 빛난다. 환경에 의해 빛난다. 본인의 노력이 필요하다.

예-1

```
甲 丙 甲 癸  坤
午 辰 ○ ○
```

(1) 丙과 癸의 관계
(2) 丙 일간이 연간 癸를 보았다.
(3) 丙 일간의 태양인 여성이 남편 癸와 혼인한 후 태양이 비를 만났으니 매사 일이 지체되는 등 힘든 생활의 연속이었다.

예-2

```
戊 丙 丁 ○  乾
戌 申 亥 ○
```

(1) 丙과 丁의 관계
(2) 丙 일간이 월간 丁을 보았다.
(3) 丙 일간의 태양인 남성은 형제 丁 달과는 한집에 같이 있을 수 없어 이별하여 청소년기에 줄곧 외가에 맡겨져 성장했다.
※새것은 들어오고 기존의 것은 나간다.

예-3

```
甲 丙 癸 ○  坤
午 辰 ○ ○
```

(1) 丙과 癸의 관계
(2) 丙 일간이 월간 癸를 보았다.
(3) 부모와 같이 못 산다. 刑冲이면 원수 사이로 떨어지다(各居).

4. 丁論

丁+甲	(1)甲木에 의해서 丁火가 힘을 얻는다. 도움을 받는 것이다. (2)甲 입장에서는 손해이나 丁 입장에서는 더욱 더 좋다. 甲木 희생. (3)正印 문서, 학문이 오래가고 잘된다. (4)처음에는 불이 잘 붙지 않지만 불이 붙으면 지속성 있게 불을 지펴 준다. (5)甲木은 장작이 된다. 여기에 庚金이 있으면 甲木을 쪼개어 주므로 더욱 좋다.
丁+乙	(1)乙木에 의해서 힘을 얻는다. 丁立場에서는 잘 탄다. (2)지푸라기라 처음에는 불이 확 일어난다. 하지만 지속성이 없다. (3)통닭(참새)구이가 된다. 즉 偏印으로 크게 된다. → 종교, 철학, 역학 등
丁+丙	(1)丙이 丁을 봤을 때와 마찬가지로 둘 중 하나는 가야 한다. 떨어져 나간다. (2)丁이 떠나간다. → 陰(어둠)으로 떠나간다. (3)외근에서 내근, 사망 또는 구속되는 경우도 있다. (4)丁火가 빛을 얻기 위해서는 어두운 곳으로 가야 되므로 교도소에 가는 사람도 있다.

丁+丙	형사재판이 걸려 버리면 "너는 감방에 갔다 와야 겠다"로 본다. ⑸丙+丁, 丁+丙은 서로 곤란하다, 서로 등살에 못 이긴다.
丁+丁	⑴촛불에 촛불을 더 했다. 촛불(촛대)이 두 개 만났다 → 제사상, 법당이다 ⑵제사를 받는 당사자는 어떠한가? 고인이라 보지 말고 존경받는 사람이다. ⑶丁丁이 있어 존중받는다, 존경받는다. 　①종교, 신앙의 차원에서 존경을 받는다. 영적 기운, 성스러운 자리, 신령스러운 자리다. →丁은 陰의 세계를 지배한다. 영적 기운을 불러들인다. 　②丁日干이 丁運이 오면 존경받게 된다. 인정받게 된다. ⑷반면 丙은 자기 잘난 맛에 사는 것으로 내가 최고이어야 하는데 주위에서는 가만히 있다. ⑸물론 그 중에는 丙火가 고마운 사람도 있겠지만, 그런데 제사상 앞에서는 대통령도 절을 하고 모든 사람이 절을 한다.
丁+戊	⑴丁火가 戊土를 보면 산불을 내는 것. 戊土 입장에서는 산불을 입는 것이다.

丁+戊	(2)달빛, 별빛이 산을 비춰 준다. (3)일회만 농사(화전민)가 되어 일시적 덕은 있지만 지속성 없어 길게 보면 덕이 없다. ※불을 밝혔지만 뭔가 意味가 없다. 물질적 의미가 없고 상징성이 많다. (5)丁 횃불로 戊 산에 불을 놓아 태운다. ①내가 일을 그르쳐 욕먹게 되는 것이다. 남이 해 놓은 일을 丁이 망치는 것이다. ②丁이 戊己 食傷의 일을 열심히 해도 인정받지 못한다. 이 경우는 속가를 떠나 산에 들어가 혼자 사는 것이 맞고 오히려 발전한다.
丁+己	(1)밭에 불내는 것이다. 丁-戊와 같은 이치이다. (2)달빛, 별빛이 밭을 비춰 준다. 흙으로 불을 끄므로 소방관하면 괜찮다. ※불을 밝혔지만 뭔가 의미가 없다. 물질적 의미가 없고 상징성이 많다.
丁+庚	(1)丁이라는 불로 庚金이라는 원석을 녹여 辛金 보석을 만든다. 最上의 시나리오 ①甲이 와서 丁에게 불을 뿜어 주고 丁火가 庚金을 보검으로 만든다. 錦上添花.

丁+庚	(2)즉 庚金이 辛金으로 변하여 상품화가 되었다. (3)돈을 벌 수 있다. 물건을 만든다. (4)丁이 庚을 만나면 진짜 쨍하고 해 뜰 날이 왔다. (5)丁 스님, 庚 신도가 만나면 안 된다.
丁+辛	(1)丁火가 辛金 보석을 녹여 버린다. 엉망이 된다. (2)다 만들어진 寶石에게 丁火가 오면 안된다. (3)丁火는 辛金을 망친다. 다 된 밥에 재 뿌린다. (4)丁, 辛의 인연:사람 만나서 버린다, 일을 그르친다.
丁+壬	(1)丁火라는 달빛이 있고, 壬水는 선비가 갓을 비스듬하게 쓴 것이다. ①선비가 술에 취하여 달빛에 흐느적 흐느적 걷는다. ②그래서 주색잡기에 빠졌다고 한다. ③본분을 망각, 본분을 잃어버린 상태, 본분을 잃어버리는 행동을 한다. (2)강물에 가서 촛불 켜 놓고 소원을 비는 것이다. 大運의 작용이 크다. (3)별빛이 강물에 아른아른거린다. → 그리움 (4)종교인이 에로틱한 사랑을 한다.

丁+癸	(1)丁火가 癸水를 向해서 달려든다(朱雀投江).
	①癸水는 가만히 있는데 丁火가 일(訟事)을 일으켜 癸水에게 달려간다.
	②丁이 자멸한다고 이야기한다. → 패소
	(2)별빛이 비를 만나 별빛이 사라져 버린다.
	①丁+癸 : 송사 필패

예 - 1

```
辛 丁 辛 ○  坤
亥 巳 ○ ○
```

(1)丁과 辛의 관계
(2)丁 일간이 월간과 시간의 辛을 보았다.
(3)丁 일간의 촛불인 여성이 재물 辛을 녹여버리니 낭비벽이 심하여 재물을 지키지 못하고 남편과 이혼하고 말았다.

예 - 2

```
○ 丙 ○ 丁  乾
○ ○ ○ 未
```

(1)丙과 丁의 관계
(2)丙 일간이 월간 丁을 보았다.
(3)丙 일간의 태양인 남성은 형제 丁 달과는 한집에 같이 있을 수 없어 이별하여 청소년기에 줄곧 외가에 맡겨져 성장했다.

丁 調候	(1)丁은 ①봄, 여름 : 쇠약 +甲乙木 필요 ②가을, 겨울 : 왕성 +亥 필요	곳, 쪽, 때

5. 戊論

戊+甲	(1)甲 - 戊와 비슷하다. 戊가 甲을 키워 준다. 　①戊가 희생을 해도 남 甲을 키워 주는 모습. 　②甲은 得을 보면서 커 가는 모습. (2)깊은 산, 큰 산에 나무 한 그루 심어 놓은 상태이다. 　(禿山孤木:독산고목) 영험한 나무이다. (3)사주에 甲, 戊가 있으면 머리가 맑다. 총명하다. 총기가 있다. (4)어떤 사람은 큰 학자일 수 있고, 한의사, 승려 큰 스님이 된다. 한 칼 쓰시는 스님, 영험하신 분이다. 정신력이 강하다. (5)(잘못 풀리면)무속인의 길을 걷기도 한다.
戊+乙	(1)꽃병에 꽃을 꽂아 둔 상태로 꽃을 키운다. 　①꽃병이 꽃을 만났으니 꽃병이 꽃을 키워 낸다.(戊+乙:戊日干) 　②꽃병에 꽃이 담기는 모습(乙+戊:乙日干)  　※①, ②의 모습은 立場이 다르다. 　③木剋土가 아니고 土生木이다. (2)큰 산에 새가 날아든다. 戊, 己土는 가만히 있는 것이다. 　①여기에 乙 손님 官星이 찾아오는 것이다.

| 戊+乙 | ②戊, 己土 日干 女子는 官을 찾기 위해서 가만히 있으면 된다. 官이 찾아온다.
③乙 日干 男子는 돈, 女子 찾아서 自身이 움직여야 한다. 戊, 己土는 不動이다.
④乙 日干 女子는 戊己土 남자 만나면 자신이 움직여 모두 다 해야 한다.
(3)木을 길러 주는 것:
　①天干: 己, 戊, 丙, 壬 4개이다.
　②地支: 子, 丑, 辰, 亥, (未, 戌)
　　未는 황토 흙에 가깝다고 한다면 戌은 날리는 모래와 같다.
　③엄밀히 말하면 子, 丑, 辰, 亥 4가지이다.
　④여기에 癸가 없다. 이것이 중요한 것이다.
(4)여기서 癸 이야기를 조금한다면 戊와 만난다면 水+戊(土)가 되므로 옥토(沃土)가 되어 교화(敎化) 된다.
※회화 사주에서는 癸水는 취용을 하지 않는다.
　①여기서 癸水의 이야기를 조금 한다면 원래 第一 미운 것이 癸水이다.
　②癸水는 쓸 데가 없다. -간혹 쓰임새가 있는 경우도 있다(戊). |
|---|---|
| 戊+丙 | (1)太陽(丙)이 大地(戊)를 쫙 비추어주는 모습. |

戊+丙	(2)戊土가 丙火에 의해서 따스함을 담는 것이다. (3)戊土가 甲木을 길러 내야 하는데 太陽이 떴다. 　내 뜻을 키우고 살 찌울 수 있다. 　- 丙火 도움으로 성공한다. 　①甲木을 키운다. 　②새로운 시작이고 출발이다. 　　(己+丙도 새로운 시작, 출발)
戊+丁	(1)戊土가 甲木을 길러 내야 하는데 丁火를 만나 산불 나서 다 타버린다. 　①모든 것이 다 날아가 버린 것이다. 　②비관적으로 변한다. - 우울증, 슬픈 노래 　③戊+丁은 세속을 떠나고 싶다. 　　인생사에 달관하게 된다. 자포자기하게 된다. (2)甲木을 키우지 못한다. 산불이 나서 木을 태운다. (3)戊土 立場에서는 丁火 달빛, 별빛이 온다고 해도 크게 달라질 것이 없다. (4)겨울에 戊土가 丁火를 만나면 만물에 생동감이 돈다. 　①대신 甲, 乙木이 붙어 있어 丁火에 타 버리므로 곤란하다. 　※ 丁火는 만물을 태워 버리므로 조심해야 한다. (5)戊土에 丁火가 비추지만 큰 효력은 없다(달빛 모양만 좋다).

戊+戊	(1)첩첩산중이다. 산 넘어 산이다.  　①한마디로 막무가내이다. 저돌적이다. 　②메마르다. 황량하다. (2)진퇴양난이다. 암담하다. 망설이다.
戊+己	(1)산이 있는데 밭이 있다. 또 밭에 산이 있는 그림이다. 즉 墓이다. (2)戊와 己가 같이 있는 사람은 自身이 못되어 가거나 남이 잘못되어 가는 것, 망해가는 것, 死亡하는 것을 본다는 것으로 이와 관련된 일을 한다. (3)장의사, 의료업, 의사, 간호원, 보험업, 수사관, 사회 복지, 장례업 등에 종사한다. (4)파산 선고(戊, 己 日柱+戊, 己 大運)이다. (5)어린 시절 주변에 망해 가는 사람, 실패해 가는 사람 등의 환경에 처하게 된다. (6)본인이 실패하든지, 망하든지, 아프든지 할 수 있다. (7)戊日干+己年干: 　주변에 망하는 사람, 실패하는 사람 많이 보게 된다. 부모 사업 실패를 보게 된다.
戊+庚	(1)큰 산에 바위 하나가 있는 것이다.  (2)나(戊)의 精水를 모아서 무언가를 만들어 낸다. (土生金) 나의 기회를 발휘하여 결실을 본다.

戊+庚	①단, 甲, 乙木이 天干에 나와 있으면 안 된다. ②이때는 庚金이 나와 있는 甲, 乙木을 베어 버린다.
戊+辛	⑴보석이 파묻혀 있다. ⑵이를 다르게 보면 戊라는 포대기를 가지고 아기를 감싸고 있는 형국으로 자식 辛을 보호한다. 辛은 戊의 보호를 받는다. ⑶戊+辛은 괜찮다. 사업의 시작, 기반, 출발, 아귀의 창출.
戊+壬	⑴거꾸로 읽으면 임무(任務)가 된다. 　①戊가 권한을 쥐게 되고 임무를 부여 받게 된다. 비로소 무언가 하게 된다. 　②새 출발, 기반이다. 책임이 주어진다. ⑵산에 물을 막고 있는 댐이라 물이 있으니 산에 木이 자란다. 　①壬-戊의 관계도 동일하다. ⑶임무를 부여한다. 일을 도모하기 시작한다. 　①댐, 섬, 제방, 근심 　②물(壬)을 통제한다.
戊+癸	⑴큰 산이 있는데 비가 온다. 　①비를 막는 것이다.

戊+癸	②이것은 장애를 제거하는 것이다.  (2)하늘에서 내린 비가 고인다. 　①비 癸가 산 戊를 만나 壬으로 변한다. 　②산속 계곡물. 　③산속의 옹달샘. (3)戊土가 癸水에 의해 옥토가 된다. 　①비로소 만물을 막 성장할 수 있다. 　②癸水 자체는 나무를 키우지 못하는데, 戊土를 만나서 이것이 만물을 소생시킬 수 있다. 　③비가 내리면서 만물을 키울 수 있는 준비를 하게 된다.

예-1

乙 戊 ○ 癸 乾
卯 寅 ○ 巳

(1) 戊와 癸의 관계
(2) 戊 일간이 연간의 癸를 보았다.
(3) 戊 일간의 태산인 남성이 처 癸와 인연 되었으나, 아들 乙이 癸水로 인해 성장하지 못하는 등 아들 乙에 대한 양육 갈등으로 인해 결국 이혼하였다.
(4) 戊 일간의 뒷바라지로 乙은 변호사가 되었다.

예-2

壬 戊 ○ ○ 乾
寅 午 ○ ○

(1) 戊와 壬의 관계
(2) 戊 일간이 시간 壬을 보았다.
(3) 戊 일간의 경찰관이 처 壬을 만난 후 승승장구하여 경찰간부가 되었다.

예-3

○ 戊 戊 ○ 乾
○ 午 ○ ○

(1) 戊와 戊의 관계
(2) 무데뽀(감정이 앞선다)
(3) 첩첩산중, 진퇴양난
(4) 父母에게 감정이 앞선다.

예-4

○ 戊 甲 ○ 乾
○ 午 ○ ○

(1) 戊와 甲의 관계
(2) 독산고목이다.
(3) 영감, 직감이 뛰어나다. 총명하다 - 神氣.
(4) 甲戊도 同一하다

6. 己論

己+甲

(1) 밭(정원)에 큰 나무가 있는 형태이다.
(2) 己가 甲을 딱 묶어 버린다. 꽉 잡아서 길러 주는 것이다.
　① 비록 나는 나무에 얻어 맞고 있으나 나(己, 戊)로 말미암아 나무는 자라고 키워진다.
　② 甲木을 키운다.
　③ 甲木은 己土에 의지하게 된다.
　④ 己土는 甲木에 의해 무언가 통제를 받는 느낌을 갖게 된다. (통제:조여 가는 느낌이 든다. 구속)
(3) 甲은 뿌리를 내리고 자란다. 甲은 안정된 상태를 이루었다.
　① 甲木 입장에서는 무언가 내 것을 차지하려는 느낌을 받는다.
(4) 己土는 甲木으로 인해 힘들어진다(胃를 傷하기 쉽다).
(5) 己+甲은 무엇인가 보이지 않는 拘束들이 나를 쪼여 주고 발목을 잡게 된다. 己는 甲으로 인해 힘들어진다.
(6) 干合을 한다.
　① 天干의 관계는 100개 속에 10개를 가려냈다. 그것이 十干의 관계이다.
　② 干合은 十干 관계 속에서 한 부분이다.
　③ 干合은 좀 더 끈끈한 관계를 의미할 뿐이다.

己+乙	(1)己가 乙을 묶지는 못한다.  　①己, 乙, 巳 모양이 유사하다. 　②己, 乙, 巳는 모두 한집안 사촌이다. 　③이 글자들이 모여 있으면 '교접한다' 라고 보기도 한다. (2)날아가던 새가 밭에 내려 앉아 모이를 먹는 형상이다. 　①내 밭에 새가 날아와서 밭을 엉망으로 만들어 버린다. 　②精製(정제)되지 못한 밭이 되어 버린다. (3)길거리나 밭에서 피는 꽃으로 뿌리 내리고 자란다. (4)己+甲은 덜 한데 己+乙은 정신 사나워진다.
己+丙	(1)밭에 태양이 떠서 따뜻한 햇빛을 비추고 있다. 　①밭에 있는 木을 키운다. 　②새로운 일의 시작이 된다. 　　※戊+丙:새로운 일의 시작을 의미한다. (2)丙 원조자의 도움으로 성공하는 명식이다. 　①己: 밭　②丙: 태양, 햇빛
己+丁	(1)밭에 불이 났다.  　①밭이 오래가지 못한다. 　②木을 모두 태운다. 木을 키우지 못한다. 　③미치고 환장할 지경이다.

己+丁	(2)일시적인 富는 이룰 수 있으나 지속성이 없어 먼 장래를 봐서는 곤란하다. ①화전민:밭에 불을 놓으면 한 해 농사는 괜찮으나 오래 농사를 짓지 못한다. ②일시적 富는 있으나 지속성이 없다. (3)戊, 己 日干+丁 大運 ①丁+戊:밭에 불을 피워 버리니 모든 것이 남는 것이 없다. ②이때 戊, 己土의 마음이 허전해진다. 공허하다. ※戊+丙(偏印):偏印 공부가 낫다(절, 종교). 　戊+丁(正印):學校 공부하라면 재미는 없다. 공허하다. 의무적이다. 　己+丙(正印):正印 학교 공부가 낫다. 　己+丁(偏印):偏印 공부하라면 미친다(절, 宗教), 공허하다.
己+戊	(1)밭에 산이 있는 형국으로 산소이다.  戊+己와 동일하다. ※戊가 己를 지켜 준다. (2)戊와 己가 같이 있는 사람은  ①남이 잘못되어 가는 것. 망해 가는 것. ②사망하는 것을 본다는 것으로 이와 관련된 일을 한다. (3)장의사, 의료업, 의사, 간호원, 보험업, 수사관,

己+戊	사회 복지, 장례업 등에 종사한다. (4)파산 선고(戊, 己 日柱+戊, 己 大運)이다. (5)어린 시절 주변에 망해 가는 사람, 실패해 가는 사람 등의 환경에 처하게 된다. (6)본인이 실패하든지, 망하든지, 아프든지 할 수 있다.
己+己	(1)부드러움에 부드러움이 더해진다. 　①戊는 단단한 산이라면 己는 부드러운 밭이다. 　②부드러움에 부드러움을 더하니 물러 터져서 난타 당한다는 것이다. 우유부단해진다. 우왕좌왕한다. 　③강인함이 없다, 사람들로부터 이용당하기 쉽다. 　※戊土는 강인함이 있다. (2)戊+己:오히려 戊土가 己土를 지켜 준다. 　己+己:지켜 주는 사람이 없다. 온통 난장판이 된다. 　　　　쉽게 남한테 利用을 당한다(난타당한다). (3)乙, 巳, 己:사촌들이다, 　①己+己 = 뱀 두 마리가 교접, 짝짓기한다. (4)己土 日干 사람은 옆에서 누가 잘 잡아 주어야 한다.
己+庚	(1)밭에서 큰 바위(광석, 광맥)가 나왔다. 대발복이라고 한다. (2)나(己)의 기세를 가지고 무엇인가를 만들어 낸다. (土生金이다)

己+庚	①戊+庚과 동일하다. 단, 격이 조금 떨어진다. (3)天干에 甲, 乙木이 나와 있으면 안된다. (4)金과 土가 어우러지는 것은 모두 좋다. 단 木이 없어야 한다.
己+辛	(1)보석이 밭에 떨어져서 먼지가 묻어 있는 형국이다. (2)己가 辛에게 돈 벌어오라고 독촉한다. 　①辛金은 己土를 보면 미친다. 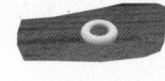 　　돈 벌어 오라고 하기 때문이다. 　②왜냐하면 己土는 밭이고 辛金은 보석이라 밭에 　　떨어진 보석이 흙(먼지)을 열심히 탁탁 털 것이다. 　　보석은 빛이 나야 하기 때문이다. 　③그러니 돈 버는 행위 즉 먼지를 아주 열심히 털게 　　되므로 열심히 일을 한다. 　④辛金은 어디로 가느냐 하면 壬水에게 씻으러 간다. 　　壬水는 己土의 돈이다. 　⑤즉 辛金이 壬水로 가는 것은 돈 벌러 가는 것이다. (3)庚+己:미완성 庚에게 생조를 받아 괜찮다. 　辛+己:辛은 이미 만들어진 것, 상품화된 것이다. 　그러므로 누가(己土)가 또 도와준다고 해도 좋아 　하지 않는다. 辛金은 Care 받기 싫어한다. (4)辛日柱+己土:辛金은 짜증을 내게 된다. 열 차이게 　된다.

己+辛	①己土의 오물이 辛金에게 묻게 된다. ②빛을 내기 위해 옷을 탈탈 털게 된다. 열심히 쓸고 닦는다. ③辛金이 壬水를 찾아 가서 씻어 내려간다. - 돈벌이. 辛+壬=돈 벌러 간다.
己+壬	⑴밭에 물이 들어왔다. 물이 구정물이 된다. 己土濁壬 - 壬水가 己土를 만나도 구정물이 된다.  ⑵己土 부드러운 흙이 물러 터져 버린다. ①己土는 壬水가 감당이 되지 않아 제방(己土)이 무너져 버린다. ②戊+壬은 강물(壬水)을 戊土가 막아서 壬水를 적절히 쓴다. ⑶壬, 癸水가 戊土를 만나면 괜찮으나 己土를 만나면 아주 곤란해진다. 己土는 힘이 없기 때문이다.
己+癸	癸에 의해서 己가 구멍이 뚫린다.  비가 오니 밭이 박살 난다. ⑴癸水에 의해서 己土에 구멍이 뚫린다. 己가 癸를 보면 반드시 사고가 난다. 癸水는 己土를 만나 어찌 되었던 壬水化하여 좋다.

| 己+癸 | 己土는 凶하다.
(2)비가 오니 밭이 박살 난다.
(3)癸水 女子, 財物로 因해서 제방이 무너진다, 혼탁하게 된다. |

예-1

乙 己 丙 ○ 乾
卯 未 ○ ○

(1) 己와 丙의 관계
(2) 己 일간이 월간과 丙을 보았다.
(3) 己 일간의 여성이 질병으로 콩팥을 잃게 되자 그 어머니 丙으로부터 콩팥을 이식받아 새 삶을 찾게 되었다.

예-2

庚 己 ○ 丙 乾
午 酉 ○ 午

(1) 己와 庚의 관계
(2) 己 일간이 시간 庚을 보았다.
(3) 己 일간의 남성이 자식 庚이 출생한 이후 사업이 성공적이었다.

| 戊己調候 | (1) 戊己土의 의무
　나무 木을 키우는 것이 의무이다.
(2) 戊己土의 조후론
　① 봄, 여름
　　㈎ 자기 역할을 잘한다.
　　　→ 나무 길러 내는 역할에 충실.
　② 가을, 겨울
　　㈎ 제 역할 제대로 못한다.
　　　→ 丙火의 助力이 절대적이다.
　　㈏ 丁火도 필요로 하지만 木과 丁이 붙어 있으면
　　　→ 나무 木을 태워서 안 된다.
　　㈐ 庚, 辛金도 좋지만 木과 붙어 있으면 안 된다.
　　　- 木을 베어 버린다.
　③ 戊, 己土는 봄, 여름으로 흘러가면 좋다.
　　가을, 겨울로 가면 丙火의 조력이 절대적으로 필요하다.
　④ 가을, 겨울로 가더라도
　　㈎ 丙火가 있다면 充分히 木을 키울 수 있다.
　　㈏ 丙火가 없다면 木을 길러 낼 수 없다.
　■ 이론이 아닌 자연의 원리로 살피는 눈이 필요하다. |

```
甲 戊 丙 己      63 53 43 33 23 13  3
寅 寅 寅 酉      己 庚 辛 壬 癸 甲 乙
                未 申 酉 戌 亥 子 丑
```

**戊己
調候**

삼재 대운수 生 7, 旺 3, 墓 1
己酉는 3이다.
⑴ 어린 시절 부친 사업 실패로 많이 힘들었다.
⑵ 大運 : 亥子丑 겨울로 흘러가니 戊土가 자신의 역할을 제대로 할 수 없다.
⑶ 戊土 日干의 역할 즉 의무: 木을 키우는 것이다.
  ① 戊土는 甲, 寅, 寅, 寅의 木을 키우는 것이다.
  ② 寅月이라 生木이다. 生木은 火, 土가 좋다.
     死木은 金이 좋다.
⑷ 寅 : 골짜기, 골짜기, 골짜기의 甲木 나무이다.
  ① 숲속에 있는 형상이다.
  ② 다행히 丙火는 떴으나 계절이 겨울 亥子丑으로 흘러가고 있다.

```
甲 戊 丙 己      63 53 43 33 23 13  3
寅 寅 寅 酉      己 庚 辛 壬 癸 甲 乙
                未 申 酉 戌 亥 子 丑
```

  ③ 겨울로 가고 있는 데다가 地支로도 寅寅寅 나무들이 많으니 戊土가 많은 부담을 느끼게 된다.
     (많은 기대심)
⑸ 丙火
  ① 다행히 丙火가 떠 있어 겨울 亥子丑 얼음이 모두 녹게 되었다.

| 戊己
調候 | ②丙火가 결정적이며 현재의 戊(나)가 있게끔 하는 요소가 되며 戊土를 살려 주고 있다.
③丙 偏印으로 인해서 얼음이 모두 녹아 들고 나무를 키우는 데 충분히 감당이 되는 것이다. |

```
甲 戊 丙 己      63 53 43 33 23 13  3
寅 寅 寅 酉      己 庚 辛 壬 癸 甲 乙
                未 申 酉 戌 亥 子 丑
```

(6) 寅月

① 寅月이기 때문에 甲 나무들은 아직 어린나무들이다.
② 그러므로 戊土가 甲 나무들을 充分히 감당할 수 있는 것이다.
③ 만일 午月, 未月이라면 戊土가 굉장한 부담을 느끼게 된다.
④ 寅月이기에 어린나무들이며 개수만 많은 형국이 된다.
※ 여기에서 旺과 多는 다른 의미가 되는 것이다.
⑤ 따라서 北方運으로 가도 戊土가 끄떡없는 것이다.
⑥ 丙火가 있기 때문에 水運이 와도 오히려 吉 作用을 하게 되는 것이다.
⑦ 易學(丙偏印)을 하였기 때문에 이 水를 다 빨아들이고 나무를 키울 수 있게 된 것이다.

| 戊己
調候 | ⑧易學을 하였기에(丙) 水運도 괜찮은 것이다. 水를 녹여 나무를 키울 수 있게 되는 것이다.
⑨寅月이 아니고 午月이었다면 木 나무들을 감당할 수 없었을 것이다. 寅月 어린나무이기에 戊土가 감당할 수 있게 된 것이다.
⑩水運에 재물을 오히려 많이 모으게 되었다.
※일반적 통변: 일반적으로는 官殺 旺에 水 재운이 들어와 직장도 없이 논팡이 짓을 한다고 볼 수도 있다. |

(7) 43 辛酉 大運

```
甲 戊 丙 己      63 53 43 33 23 13  3
寅 寅 寅 酉      己 庚 辛 壬 癸 甲 乙
                未 申 酉 戌 亥 子 丑
```

① 丙과 辛金의 관계가 일어난다.
　㈎ 즉 무엇인가 뜻을 이루기 위해서 丙 易學을 통해서 辛 무엇인가 뜻을 이룬다.
　㈏ 또 무엇인가 말을 들을 수도 있다.
② 시비, 구설이 따르더라도 결실(辛金)을 이루게 된다.

(8) 辛 大運
① 丙辛合이 이루어지고 甲木을 건드린다(傷官見官).
② 그러므로 직장을 그만둘까 망설이게 된다.
③ 직장 생활이 하기 싫게 된다.

| 戊己
調候 | ⑼53 庚申 大運
①甲 偏官이 傷處를 입게 된다.
②寅月에 태어나서 가을, 겨울을 넘어서게 된다.
　庚, 辛金을 이루게 된다(열매).
　㈎戊+庚은 무엇인가를 만들어 내고 성취를 이루게
　　된다. 단, 甲木이 있으면 안된다.
　㈏이것은 53 大運 庚申이 오면 직장, 조직에서
　　퇴직하게 되는 것이다. → 직업 변동.

```
甲 戊 丙 己    63 53 43 33 23 13  3
寅 寅 寅 酉    己 庚 辛 壬 癸 甲 乙
              未 申 酉 戌 亥 子 丑
```

⑽庚 大運
①庚金이 甲木을 딱 가두어 버린다.
⑾寅月 甲木으로 태어나 申酉戌로 넘어가면 가을
甲木이 되지 않는가?
①甲木이 성장한 가을이 된다.
②하지만 戊土의 역할은 계속 나무를 키우는 것이다.
⑿戊土의 강약
①戊土는 가을로 가는 것과 상관없이 강약이 없다.
　㈎戊, 己土는 강약이 없다.
②자연에서는 戊, 己土는 항상 그대로 있다.
　㈎봄, 여름, 가을, 겨울 중에서 戊己土는 강약과
　　상관없이 그대로 존재하고 있다. |

| 戊己
調候 | ※戊, 己土는 사계 변화에도 그대로 있다.

甲 戊 丙 己　　63 53 43 33 23 13 3
寅 寅 寅 酉　　己 庚 辛 壬 癸 甲 乙
　　　　　　　未 申 酉 戌 亥 子 丑 |

⒀ 辛酉 大運
  ① 甲木은 성장이 멈추어져 버린다.
  ② 寅月 甲木
    ㈎ 태생적으로는 寅月이다. 이것은 본질적인 것이다.
    ㈏ 또 運(四季:大運)의 향방에 따라 변화하게 된다.
  ③ 酉 大運
    ㈎ 본질적으로 타고난 것은 寅月의 어린 본질적인 것이다.
    ㈏ 어린나무들이 酉 大運에 들어가면 성장이 멈추어지게 된다.
    ㈐ 여기에 丙火가 辛金과 결합하게 되는 것이 있다.
  ④ 命造의 甲木
    ㈎ 甲木의 역량은 여기에서 판단이 나 버렸다.
  ⑤ 辛酉 大運

　　　　별도의 관계
역량　　　　　　　　　　　戊 日干과 辛金과의 관계는
甲 戊 丙 己 乾 辛　　　　甲木과 상관없이 별도로 보는
변화　　　　　　　　　　　것이 된다.
寅 寅 寅 酉　　酉
　봄　　　　　　가을

7. 庚論

庚+甲	(1)甲木이 庚金을 만나 쇠뭉치에 박살 난다. 　①庚金이 甲木을 박살 내는 것이다. (2)재물을 다스리지만 재물이 박살 난다. 　①偏財를 지킬 수 없다. 　※偏財:유동의 財, 뒤에 갚아야 할 財(빚), 　　偏官:당장 갚아야 할 財(빚) (3)庚金이 甲木을 가두어 버린다. 　①甲木 입장에서는 庚을 보아 순간적인 충격이 발생. (4)庚+甲,乙木=木에 충격 자체는 더 심할 수 있다. 　→죽기까지는 아니다. 　辛+甲,乙木=木에 충격 자체는 크지 않다. 　→木을 서서히 말라 죽인다. (5)庚이 甲,乙木을 만나면 木의 成長이 멈추어 버린다. 　①庚이 甲,乙木을 가두어 버린다.
庚+乙	(1)새가 새장에 갇혔다. 庚이 乙을 통제한다. (2)온전한 재물을 가진다. (3)庚+甲,乙木=木에 충격 자체는 더 심할 수 있다. 　→죽기까지는 아니다.
庚+丙	(1)丙이 庚을 보는 것과 같다.

庚+丙	(2)庚을 과실로 보고 해석을 하면 편하다. → 조후 개념이 들어간다. (3)庚은 쭉정이, 씨앗이다. 과일로 생각해라(석류) 　①봄, 여름에 알이 맺히기 시작하고, 　②봄, 여름에 태어난 庚이면 　　→丙이 庚을 키워 주는 것이고 반가운 것이다. 　　→庚이 成長한다. 　③가을, 겨울에 만났다. 즉 가을에 태어난 庚이면 　　→丙이 庚을 터뜨려 버린다. 庚이 터진다. 　　→일을 그르치게 된다(겨울 庚+丙은 터지지 않는다).
庚+丁	(1)丁火에 의해서 庚의 모양이 다듬어져 辛이 된다. 　①보검, 그릇, 보석이 된다. 　②즉, 상품화가 되므로 좋다. (2)庚+寅月=庚金은 쭉정이다. 　→ 상품가치가 떨어진다.(약함) → 합금  (3)庚+酉月=庚金이 단단하다. 　→ 상품 가치가 높아진다.(단단함) → 순금
庚+戊	(1)큰 산에 있는 바위(광석, 광맥)라 좋다. 　단 天干에 木이 없어야 한다.  (2)土와 金의 조합은 모두 좋다. 단, 天干에 木이 없어야 한다.

庚+戊	(3) 庚, 戊의 주체가 누구냐에 따라 달라진다. ①庚金이 戊土의 도움을 받는다(庚 主體). ㈎주변에 甲, 乙木이 있건 없건 괜찮다. ㈏庚金 입장에서의 상황이기 때문이다. (庚金 입장에서는 甲, 乙木이 돈이 된다) ②戊土 입장에서는 甲, 乙木이 없어야 한다(戊 主體). ㈎戊土는 甲, 乙 나무를 키우는 것이 目的이다. ㈏나무가 庚을 만나면 甲, 乙木이 자라지 못하기 때문이다. ※자연을 관망하는 눈으로 바라볼 때 易이 보이기 시작한다.
庚+己	밭에서 큰 바위(광석, 광맥)가 나왔다. 發福이다. ①단, 木이 없어야 한다. ②天干에 木이 없어야 한다.
庚+庚	경경하다. 큰 쇠 두 개가 부딪힌다. 갱갱하고 소리가 난다. 경쟁한다. 구설, 시비가 일어난다. ⑴큰 쇠 두 개가 부딪힌다. "갱갱" 소리 난다. ①둘 중 하나는 깨어진다(兩金相殺). ②경쟁한다. 구설, 시비가 일어난다. ⑵과실수 2개가 서로 충돌한다.-바람직하지 못하다.

庚+庚	①부딪혀서 깨어진다. ②사고 수, 수술 사 발생 많다. ③경제적 관계 유발된다.
庚+辛	(1)庚이 辛을 꺾어 버린다. 　①따라서 庚剋辛으로 剋한다(庚이 辛을 돕는다고 보지 마라). 　②큰 쇠뭉치가 보석을 박살 낸다. 　②同 五行에서 庚辛만 특이한 관계로 중요하다. (2)원석과 다듬어진 보석이 부딪힌다. 　큰 쇠뭉치로 보석을 깨 버리는 것이다. 　①庚金이 辛金을 깨어 버린다. 　②따라서 庚剋辛으로 剋한다. (3)金이라는 比劫의 관계에서는 기운을 보태 주는 관계이지만 　①庚이 辛을 보는 관계는 서로 충돌하는 관계가 된다. 　※오빠가 여동생을 때려 기절하게 되는 것이다. (4)유독 庚辛만 특이한 관계로 중요하다. ※他 五行의 관계 정립 및 숙지 필요 　甲-乙, 丙-丁, 戊-己, 庚-辛, 壬-癸
庚+壬	(1)壬이라는 맑은 물에 庚을 씻어 내니 빛이 난다. 좋다. 도세주옥(淘洗珠玉)

| 庚+壬 | (2) 五行에서는 金生水의 관계이지만 자연의 세계에서는 壬水가 庚金을 씻어 준다.
① 庚金 立場에서는 최고이다.
　㈎ 壬水라는 맑은 물에 庚金을 씻어 내니 빛이 난다. 좋다
② 辛金 역시 壬을 보면 씻어 주는 것이니
　㈎ 食傷(壬)의 德을 많이 보는 것이 된다.
　㈏ 壬水 傷官을 보아서 오히려 좋다(淘洗珠玉).
　㈐ 癸水 食神은 나쁘다.
(3) 庚이 癸를 보면 열심히 일했으나 결과가 좋지 못한 일이 생기게 된다.
① 또는 잔머리 돌리고 일 했는데 결과가 좋은 경우도 있다.
　㈎ 辛+壬의 관계인 경우이다.
② 辛+癸의 관계는 일하고 욕 얻어먹는다.
※ 六神 관계와 十干 관계가 서로 충돌하게 되는데 그 무게 중심은 十干에 더 주어야 한다.
六神보다 十干이 더 우선적이다. |
| 庚+癸 | (1) 癸水에 의해 庚金이 녹슬게 된다.
→ 나쁘게 作用한다.
(2) 庚+癸가 되면
① 癸 傷官을 만나면 癸 傷官으로 인해 庚에게 망신 |

| 庚+癸 | 당할 일이 생긴다.
②癸 傷官을 만나면
　　庚은 녹이 슬게 되고 과실수가 떨어지게 된다.
③아주 곤란한 일이 생기게 된다.
⑶癸는 庚, 辛 모두에게 녹슬게 하므로 나쁘게 작용한다.
※食傷을 보면 무조건 좋다고 말할 수 없다.
　　天干을 알기 前에 함부로 말하면 안 되는 것이다. |

예-1

| 庚 | 庚 | 庚 | ○ | 乾 |
| 午 | 寅 | 申 | ○ | |

(1) 庚과 庚의 관계
(2) 庚 일간이 월간 庚을 보았다.
(3) 庚 일간의 남성이 부모 형제 庚과 재산 분쟁으로 다투더니 소송까지 하였다.

예-2

| 庚 | 辛 | 庚 | ○ | 坤 |
| ○ | 酉 | ○ | ○ | |

(1) 庚과 庚의 관계.
(2) 兩金相殺, 투쟁, 갈등.
(3) 부모, 자식과 원수지간 되었다.

庚 日干	(1)甲寅生이나 乙卯生의 甲, 乙을 만나면 그 상대자를 통째 가두어 버린다. 　①庚金이 아주 권위적으로 군림하게 된다. 　②甲乙을 통제하려 한다. (2)丙生을 만나면 　①庚이 성장을 받을 수 있고(Feed back을 받을 수 있고) 　②너무 익어 터져 버릴 수도 있다(이 시기의 大運 적용). (3)丁生을 만나면 　①庚이 보석, 보검 辛으로 거듭날 수도 있고 　②보석이 되지 못하는 경우도 있다. (4)癸生을 만나면 　①庚이 녹슬게 된다.
庚金 四季	(1)봄, 여름: 庚+丙 　①여름에는 丙이 없어도 열기가 있어 과실이 잘 익는다. 　②여름에는 庚이 丙의 도움을 받아도 고마움을 잘 모른다. 　③봄에는 庚이 丙의 고마움을 크게 느낀다. (2)가을, 겨울:庚+丙 　①庚 과실이 터져 버린다.

例示	②가을, 겨울에는 丁火가 와서 庚을 상품(辛)으로 만들어 주는 것이 좋다. ③丙火는 과실을 길러 주고 丁火는 과실에 상표를 붙여 주는 것이 된다. ㈎가치가 올라간다. ㈏브랜드 가치가 올라간다.
| | ```
戊 庚 乙 甲  乾 辛      61 51 41 31 21 11  1
寅 午 亥 辰     巳      壬 辛 庚 己 戊 丁 丙
                       午 巳 辰 卯 寅 丑 子
   丙  丁  壬        丙
              沖              朱雀投江
```<br>⑴亥月에 태어났기에 庚金이 단단한 상태이다.<br>　①日支 午 中 丁火가 탁 튀어 나와서 庚金을 건드려 주면 좋을 것이다.<br>⑵午 中 丁火가 나오는 것은 참 좋다.<br>　①運에서 子가 오면 午 中 丁火 투출되어 좋다.<br>　②문제는 子 中 癸水가 같이 투출되니 丁火가 癸水에게 가서 자멸하게 되어 버린다.<br>⑶庚金의 역량은 충분하여 무엇인가 해 보려 했다.<br>　①하지만 癸水 때문에 엉망이 되어 버렸다.<br>　②뭔가 일을 하려는데 자주 가로막히게 된다(癸水).<br>　③寅午合을 해서 뭔가 나올 법도 한데 문제는 寅 中 丙火가 튀어 나와서 庚金을 터뜨려 버린다.<br>　㈎옷을 벗겨 버린다. |
```

| 庚金
四季 | ※四柱의 구조와 계절이 중요한 것이다.
⑷冬至 기준
　①子月이면 아예 子中 癸水가 더 있는 것이 된다.
　　子月이 父母宮이 되니 부모님께 이 庚金의 길을
　　막고 있는 것이 된다.
⑸大運
　①寅卯辰 大運으로 흘러가면 丙火가 힘을 받게
　　되어 아주 낭패를 보게 된다.
　②庚 日干은 본래 亥, 子月이라 強한 金으로 태어
　　났다.
　　大運이 가면서 本人 스스로 나약해지게 된다.
　③51 辛巳 大運이 오면
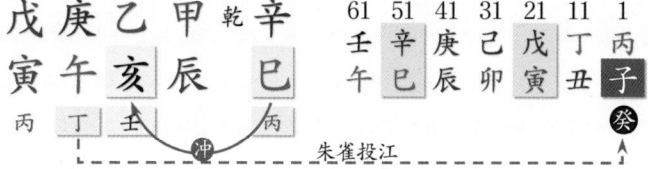
　㈎巳亥冲하여 亥 月支의 壬 食神이 튀어나온다.
　㈏壬水가 丙火를 제어해 주므로 壬 食神을
　　귀하게 쓴다.
※用神, 格局이 아닌 自然 그대로 살피는 것이다.
　④月支 亥 中 壬水가 戊寅, 辛巳 大運 透出되어
　　쓰게 되는데 丙火를 제어하는 것인가? |

例示	日支와 인연(合, 刑, 冲)이 없는데 어떻게 작용이 되는가? ⑸乙亥月 巳(戊, 庚, 丙), 亥(甲, 壬)가 서로 乙 正財와 작용하여 ①공동 투자 ②부모 형제의 조력 ③처가의 조력이 적용되는가?

8. 辛論

| 辛+甲 | (1)辛金이 甲을 살살 도려낸다.
　　①甲 재물을 살살 도려낸다.
　　②辛 입장에서는 돈맛을 본다.
　　③辛甲(심각)한 財, 돈을 벌기는 벌었는데
　　　 뭔가 심각하고 찜찜한 돈이다.
　　④女子를 만나도 辛甲(심각)한 女子이며
　　　 어떤 女子인지 알 수가 없다.
　　⑤죽이지도 않고 새털을 다 뽑아 버리는 것과 같다.
(2)辛甲하다. 즉 심각하다.
　　①칼로 도려내고 있어 木은 피곤해지고 신경이
　　　 날카로워져 심각하게 된다.
　　②甲이 女子라면 甲 女子는 기분이 아주 더럽다.
　　③甲은 충격은 작지만 말라 죽는다. |

| 辛+乙 | (1)辛이 乙꽃, 乙새를 잡았다. 날아가는 새를
　　화살로 잡아 버린다. 사냥한다.
　　①辛이 재물을 잡는다.
　　②乙의 생사권이 박탈된다.
(2)辛+甲, 乙은 지속성에 차이가 있다.
　　①辛+甲의 경우
　　　 ㈎甲의 돈을 만질 때는 오래간다. |

辛+乙	(나)甲의 일부만 베어 먹는 것이라 甲이 살아 있어 오래간다. (다)甲은 차라리 날 죽여라 할지언정 살아 있다. ②辛+乙의 경우 　(가)乙의 돈은 오래가지 못한다. 지속성이 없다. 　(나)피어 있는 꽃을 싹 뚝 잘라 죽여 버려 일시적이다. → 乙이 死亡한다. ③甲乙의 입장:辛이 아주 싫다. 　辛의 입장:甲, 乙 둘 다 財物이 되기 때문에 좋다. ⑶나의 日干이 무엇인가에 따라서 기준(十干 관계)이 달라진다. ①乙+辛:白虎猖狂, 날아가는 새가 화살을 맞은 것이다. ②辛(白虎):아주 잔인한 호랑이가 된다. ③乙+辛:흰 호랑이(白虎)가 미쳐 날뛴다. 乙木이 꺾여 버린다. ※글이라는 것은 기운을 불러들인다.
辛+丙	⑴丙이 辛을 볼 때 丙이 辛을 상품의 가치화를 시킨다. ①단, 꼭 구설이 좀 동반된다. ②辛이 丙을 볼 때도 동일한 현상(구설)이 나타난다. ⑵丙+辛의 관계(日干 주체에 따라)

辛+丙	①丙火가 辛金을 볼 때는 ㈎丙 내가 뭔가 일(辛)을 도모하여 빛을 내게끔 한다. ②辛金이 丙火를 볼 때는 ㈎辛 내가 빛이 나는 것이다. ㈏구설은 동반이 된다. ⑶丙+辛은 본분을 망각하고 돌아다닌다 했다. ①이것도 역시 女子이면 男子에 빠져서, 사랑에 빠져서, ②하여간 뭔가에 이러지도 못하고 저러지도 못하는 상황이다. ③구설, 시비를 동반한다. ⑷辛金에게 丙 大運 혼사 일어난다. ⑸계절에 따라 과일의 변화가 많아 吉凶이 다르게 된다.
辛+丁	⑴보석인 辛이 丁에 의해 녹아 버린다. 丁에게 辛이 가면 안된다. ⑵丁이 辛을 볼 때에는 辛을 녹여 엉망으로 만들어 버린다. ①辛이 丁에 의해서 박살 나는 것이다. 　없던 피부병 발생하게 된다.

辛+丁	②보석인 辛이 丁에 녹아 버린다. 丁에게 辛이 가면 안 된다. (3)辛日柱 사람은 丁年이 오면 丁띠의 사람을 만나면 큰일 난다. (4)辛金이 丁火를 만나면 일을 망치는 것이 된다. ①辛 本人의 실체를 잃어버린다. 신세 망친다. ②자기의 분신, 본인을 잃어버리는 나쁜 기운이기에 만나면 안 된다. ③천당과 지옥을 왔다 갔다 하는 것처럼 정신이 없게 된다.
辛+戊	(1)보석이 산속에 버려져 있다. 달리 보면 戊土 포대기로 아기 감싸고 있는 형국. ①자식 辛金을 보호한다. 辛金은 戊土의 보호를 받는다. ②辛金 입장에서 새로운 보금자리 찾아서 이동, 이사하게 된다. (2)乙이 戊土를 만나면 戊土는 꽃병이 되어 꽃병에 꽃(乙)들이 되니 꽃(乙)의 가치가 더 높아지게 된다. (3)辛金이 戊土를 만나면 辛 보석이 戊 보석함에 들어가는 것이 된다. ①상품의 가치가 더욱 올라가게 된다. (4)辛(女子)+戊(보석함)은 戊는 육친상 印綬가 된다.

辛+戊	①印綬運인데도 女子의 경우는 시집을 가게 된다. 보석함을 만드는 것이다. ②시집갈 때 가마 타고 가는 것이다. 아니면 동거하게 된다. ③辛 日柱 女子가 戊土를 만나면 "잘하면 혼사 있겠다"
辛+己	⑴辛 보석이 밭(己)에 떨어져 있다. ①辛 보석은 보석함(戊)에 들어 있어야 가치가 올라간다. ②보석에 먼지, 흙 오물(己)이 묻어 빛이 나지 않아 신분이 뚝 떨어지게 된다. ㈎오물이 묻어 구설, 오해, 누명 등이 생기게 된다. ③壬에게 씻으러 간다. ④辛이 오물(己)이 묻으니 壬(일:食傷)을 찾아 돈 벌러 가게 된다(淘洗珠玉). ⑵辛이 己 偏印을 만나면 壬 돈벌이하러 가게 된다. ①辛이 己運을 만나면 壬 재물을 벌려고 한다. ②辛이 己를 만나면 오물이 묻으니 辛이 돈벌이(壬)하러 간다. ③己에게 壬은 돈이다. 辛에 壬은 傷官이라 일하러 즉 돈 벌러 나간다. ④壬이 己를 만나면 구정물이 된다. 己土濁壬

辛+己	(3)己가 年干인 男子가 辛 日干의 女子를 만나면 女子가 돈벌이 나가니 좋다. ①男子 己生이 대접을 받게 되고 조금은 편하게 (맞벌이) 된다. ②대인 관계에서도 마찬가지이다. 己生이 辛 日干을 만나면 辛 日干이 잘 챙겨 준다.
辛+庚	(1)辛이 친구 庚에게 한 방 맞아 꺾이게 된다. 庚이 辛을 만나면 辛金을 꺾어 버린다. ①辛 입장에서 친구, 형제, 동료를 만나면 자신이 꺾이게 된다. ㈎辛 日干+상대 年干을 본다. ㈏辛金이 친구 庚金에게 한 방 맞아 꺾이게 된다. 庚剋辛이다. 시비가 일어난다. ㈐辛金 일주는 庚金 일주에게 당한다. 즉 교통사고나 쇠에 다치는 일이 발생한다. ②五行에서 劫財 관계라 도움을 줄 수도 있겠으나 辛+庚은 원수 관계가 된다. (2)辛+酉月과 庚+寅月이 만났다면 ①오히려 辛+酉月이 이기게 된다. ②무조건 庚金이 辛金을 이기는 것이 아니다. → 旺相休囚를 잘 보아야 한다. ■旺相休囚로 세력을 따진다.

辛+庚	③庚金이 먼저 辛金을 건드리게 되나 결과는 酉月 辛金이 이기게 된다. 庚金은 자기가 죽을지도 모르고 달려들게 된다.

辛+辛	⑴칼날이다. 칼 두 개가 부딪힌다. 칼싸움한다.
	①경쟁 관계 발생, 대립 관계가 발생하게 된다.
	⑵庚+庚의 兩金雙殺과 같이 辛+辛도 칼 두 개가 서로 부딪힌다.
	⑶辛 日柱가 辛年이나 辛 띠와 사업을 하면 안된다.
	①대립 관계 발생하므로 서로 대립하기 때문이다.
	②경쟁, 대립 관계가 괜찮은 日干:
	  乙,乙 / 甲,甲 / 壬,壬 / 戊,戊 → 동업 가능
	③서로 물어뜯는 관계의 日干:
	  癸,癸 / 己,己 → 동업 불가
	④대립 관계의 日干:
	  辛,辛 / 庚,庚 → 동업 불가

辛+壬	⑴辛金이 흐르는 강물에 씻겨져 보석이 반짝반짝 빛이 나고 있다. ①淘洗珠玉 되어 辛에게 좋다. ②壬 傷官이지만 상당히 좋은 기색이 된다. 씻어준다. ⑵보석이 아주 맑고 깨끗해진다.
辛+癸	⑴천하의 보검이 비를 맞아 녹슨다.

| 辛+癸 | (2)癸가 食神임에도 불구하고 辛金이 녹슬게 된다.
①녹이 슬어 좋지 않게 된다.
②몸에 무엇이 난다(피부병 발생).
→온천(壬) 가면 치료 된다.
②질병이 생긴다. 누명을 쓴다. 구설이 동반된다. |

예 - 1

```
甲 辛 ○ 戊  乾
午 卯 ○ 子
```

(1) 辛과 甲의 관계
(2) 辛 일간이 시간 甲을 보았다.
(3) 辛 일간의 남성이 처 甲과 결혼하여 처에 대한 辛 甲의 관계로 처에 대한 집착이 강하였다.
(4) 돈 때문에 심각하다. 돈을 만지지만 뭔가 심각하고 찜찜한 돈이다.

예 - 2

```
己 辛 ○ 庚  乾
丑 巳 ○ 申
```

(1) 辛과 庚의 관계.
   庚이 官星 역할한다.
(2) 辛 일간이 연간 庚을 보았다.
(3) 辛 일간의 남성이 고교 시절 불량 학생 庚의 괴롭힘을 이기지 못하고 학교를 그만두었다.

예 - 3

```
○ 辛 庚 ○  乾
○ 巳 ○ ○
```

(1) 辛과 庚의 관계
(2) 辛 일간이 월간 庚을 보았다.
(3) 辛(칼)이 庚(도끼)에 박살 난다. 관재구설 (庚이 관성 역할 한다)
(4) 부모 형제덕이 없다. 兄弟間 사이가 좋지 않다.

辛四季	(1) 봄, 여름: 丙(○) 길러 준다, 丁(×) 녹인다, 壬(○) 씻어 준다. (2) 가을, 겨울: 壬(○) 씻어 준다, 丁(×) ①단, 겨울 壬水는 얼게 되니 丙, 丁이 다 필요하다. ②丙丁이 辛金과 떨어져야 한다. 壬水 물만 녹여 주면 된다. ※水가 用神이라 해도 겨울이 되면 火가 절대 필요하다.
例示	丙辛己庚　中節氣　丙辛戊辛　61 51 41 31 21 11 1 申亥丑子　➡　申亥子丑　乙甲癸壬辛庚己 　壬　壬　　　　壬　壬 겨울　未午巳辰卯寅丑 (1) 丑月(子月)이나 이미 丙火가 있으므로 별도의 丙을 필요로 하지는 않는다. 辛은 사계에서 항상 壬水를 필요로 한다. 　①丙이 官星이고 자식궁이니 남편과 자식 때문에 큰 뜻을 펼치지 못한다. 　②내가 가는 길에 장애 요소가 된다. 　가는 길: 亥, 丙火는 가는 길을 방해. (2) 亥 中 壬水를 丙으로 녹여 주면 좋은데 丙이 辛에 너무 붙어 있어 좋지 못하다. 　①남편, 자식이 도움이 되는 것 같다. 　壬水를 녹여 주기 때문이다.

| 예시 | ②한편으로는 장애 요소가 된다.
⑶大運

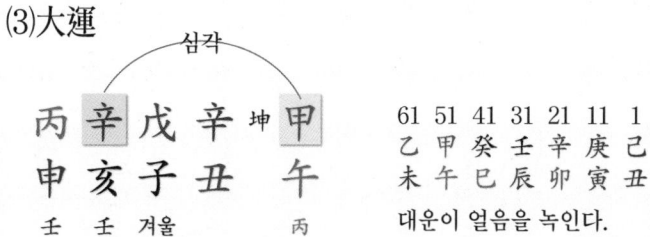

①51 甲 大運 돈은 돈인데 뭔가 심각한 가운데 돈이 조금씩 들어오게 된다.
⑷四柱 命造
①四柱는 辛金 子月生으로 단단한 金으로 태어났다.
②丙火가 굳이 큰 쓰임새는 없었다.
　㈎大運이 흘러가면서 자연스럽게 얼음이 녹게 되었다.
　㈏壬水 얼음이 저절로 녹아 辛金을 씻어 내게 된다.
③庚, 辛 大運에 힘들게 되는데 주변인에 의해서 이다. →庚, 辛
④31 壬 大運부터 주변의 상황이 많이 바뀌게 된다.
　㈎辛辛이 壬水로 서로 돕는다.
⑤癸 大運, 巳 여름이 되어 물이 녹아 辛金이 일하는 듯 보이지만
　㈎癸水가 辛金을 녹슬게 해 버린다.
　㈏즉, 하는 일에 불필요한 오해를 만들게 되고 난처해진다.

9. 壬論

壬+甲	(1)壬이 甲을 떠다니게 하고 甲은 壬를 먹고 자란다. 　①壬이 甲(乙)을 길러 준다. 키워 낸다. 　②水生木이다. 木이 자란다. 비로소 꽃을 피우는 것이다.(火) (2)일에 보람을 느끼기 시작한다. ※癸水는 甲, 乙木을 키울 수 없다.
壬+乙	(1)壬이 乙을 만나도 壬+甲과 마찬가지다. 　①키워 주면서 띄워 주는 역할도 한다. 　②두 글자를 읽으면 임을 → "인물", 인물이 좋다. (2)壬水 日干에 옆에 乙木이 있으면 인물이 좋다. 　①핸섬하거나 똑똑하다. 　②선남선녀이다.
壬+丙	(1)壬이 나무를 길러 주는데 태양이 뜨면 더욱 좋다. (2)망망대해에 태양이 있다. 심기일전하는 기색이 있게 된다. 　①새로운 일 시작, 출발이다. 　②壬은 태양에 의해 빛이 난다. (3)壬 강물은 丙 태양을 훼하지 못한다. (4)壬水가 나무를 길러 주는데 太陽이 떠서 도와주니 더욱 좋다.

壬+丁	(1)丁火가 壬水를 만난 것과 비슷하다. 　①선비가 술 한잔하고 갓을 삐딱하게 쓰고 밤길을 　　비틀비틀 걷는다. 　②본분을 망각하고 주색잡기를 한다. (2)본분을 잃어버린 상태, 본분을 잃어버리는 행동을 　한다. 　①학생은 반드시 학습 지도가 필요하다. 　②공부하지 않고 컴 야동에 빠져 있기 쉽다.
壬+戊	(1)壬戊를 읽으면 임무(任務)이다.  　①임무를 띈다. 임무를 부여받는다. 　②일할 준비, 태세를 갖추었다. (2)저수지이다. 　①저수지 물로 산에 木을 키운다. - 임무 (3)흘러가는 壬을 戊가 막는다. 　①戊가 壬의 쓰임새가 있게 해 준다. 　②壬은 戊를 만남으로써 자기(壬)의 일을 할 수 있다.
壬+己	(1)壬이 己로 인해 구정물이 된다.  　己土濁壬(己:뻘 흙). 　①밭에 물이 들어오면 구정물이 되어 버린다. 　　壬은 구정물이 된다. 　②壬이 밭을 엉망으로 만들어 버린다. 　　己는 壬에 의해 뻘 흙이 된다.

壬+己	(2) 壬 日干 女子가 己生 男子를 만나면 男子 때문에 머리가 복잡해진다. ① 남편 때문에 본인이 己土濁壬 되어 버린다. 인연이 밝지 못하다(壬女+己男). ② 밖에 戊 애인을 두면 壬 女子가 "비로소 내가 女子구나". 安定이 된다. ③ 남편하고 살 때는 자기(壬) 자신의 존립성을 모르고 있다가 戊 애인을 만남으로써 비로소 자신이 여자임을 느끼게 된다.
壬+庚	(1) 壬水인 내가 庚金을 씻어 내어 깨끗하게 하고 빛이 나게 한다. ① 庚辛金이 壬水를 만나면 깨끗이 씻어 주는 것이다. ② 壬水가 庚辛(偏印, 印綬)을 맑고 깨끗하게 씻어 주게 된다. ③ 공부를 좋아한다. 법조인이 많다. ④ 보람 있어 좋다. (2) 壬 日干은 공부를 하게 되면 ① 공부(庚, 辛)를 빛이 나게 한다. ② 결과가 좋다.
壬+辛	(1) 이것 역시 씻어 내어 보석이 반짝반짝 빛나게 한다. 도세주옥(淘洗珠玉)

壬+辛	①보람을 느끼고 보람이 있어 좋다. ②壬水가 庚辛(偏印, 印綬)을 맑고 깨끗하게 씻어 주게 된다. 공부를 좋아한다. ③법조인이 많다. (2)壬 日干은 공부를 하게 되면 ①공부(庚, 辛)를 빛이 나게 한다. ②결과가 좋다.
壬+壬	(1)壬이 壬을 보면 망망대해로 물이 출렁이며 흘러간다. ①물(壬)을 만난 것이다. 江江이다. ②물이 출렁이면서 흘러간다. 좋은 모습이다. (2)서로 협력해서 잘 간다. (3)망망대해, 표류하다 → 방황, 후회, 오판
壬+癸	(1)비(癸)가 와서 강물(壬)을 구정물이 되게 한다. (2)壬 日干은 잔잔한 사람인데 癸라는 비가 내려서 땅에 있는 온갖 찌꺼기들이 다 올라온다. ①壬은 癸를 만나면 속에 있는 것이 퍽 터져 버린다. 폭발한다. → 사고 친다. ②壬水에게 천불 나는 일이 생긴다. 癸水가 부추겨서 사고는 壬水가 치게 된다. (3)壬이 사고 친다. (4)壬 日干에 時干이 癸이면 자식으로 인하여 속 터진다.

| 壬+癸 | ⑷壬 日干에 時干이 癸이면 자식으로 인하여 속 터진다.
①癸水로 인해서 내(壬)가 더럽혀지게 된다.
　癸水는 사고 발생 원인 제공자이다.
②비(癸)가 와서 강물(壬)을 구중물이 되게 한다.
③친구(癸:머리가 좋다)로 인해서 내가 더럽혀지고 엉망이 되는 것이다.
⑸壬은 조용히 흐르는 강물로 癸運이 오면 癸 때문에 壬이 "펑" 터지기 시작한다.
①壬 日干이 癸띠, 癸運을 만나면 癸로 인해 壬이 터져 버린다.
②癸가 들어오면 壬이 한 번씩 사고를 치게 된다.
→ 감정 조절을 잘해야 한다.
※중요: 癸水는 壬水를 더럽힌다.

예-1

○ 壬 戌 ○ 乾
○ 寅 ○ ○

(1) 壬과 戌의 관계
(2) 壬 일간이 월간 戌를 보았다.
(3) 임무, 책임감, 직책이 주어진다. 運路에서 오면 승진 가능하다.
(4) 저수지 물로 甲木을 키운다. 壬의 쓰임새가 좋아진다.

예-2

戌 壬 丙 ○ 乾
申 寅 辰 ○

(1) 壬과 丙의 관계
(2) 壬 일간이 월간 丙을 보았다.
(3) 壬 일간의 남성은 처 丙의 금전 지원으로 법학 전문 대학원을 졸업하여 변호사가 될 수 있었다.

예-3

乙 壬 壬 ○ 坤
卯 午 ○ ○

(1) 壬과 乙의 관계
(2) 壬 일간이 시간 乙을 보았다.
(3) 壬 일간의 여성은 초등학생 乙을 가르치는 교사 직업을 하였다.

예-4

○ 壬 壬 ○ 乾
○ 寅 ○ ○

(1) 壬과 壬의 관계
(2) 壬 일간이 월간 壬을 보았다.
(3) 망망대해이다.
(4) 방황, 후회, 오판한다.

10. 癸論

癸+甲

(1) 癸가 甲나무를 키우기 위해 努力은 많이 하지만 甲乙木은 크지 못한다.
　① 노력을 해도 결과가 없다.
　② 癸는 木을 키우고 싶어 하지만, 단지 자기 생각일 뿐이다.
(2) 내리는 비는 甲을 키울 수 없다.
　① 비가 내리면 나무는 성장을 멈춘다.
　② 비가 와서 병충해가 더 많아져 오히려 힘들어진다.
(3) 내린 비가 땅에 고이면 이 물(壬)로 나무는 자랄 수 있다.
　① 땅에 고이거나 흐르는 물이 壬이다.
　② 癸+戊 = 壬 (戊는 癸를 만나 沃土가 된다)

癸+乙

(1) 나는 새는 비가 오면 날지 못하고, 꽃은 비를 맞아 처량해진다.
(2) 癸가 乙을 키우고 싶어 하지만 그것도 자기 생각일 뿐이다.
　① 癸 日干인 사람은 키우려고 한다.
　　그래서 선생님이 많다.
　② 사회에서 상담해 주는 사람도 癸 日干이 많다.
　③ 그런데 결실은 올라오지 않는다.
　　癸는 열심히 하지만 나무를 못 키워 준다.

癸+乙	⑶물론 클 수 있는 방법은 있다. 癸에 흙 戊가 오면 壬이 된다. 壬은 甲, 乙을 키워 준다. ⑷癸가 제대로 하려면 戊○ 大運, 戊○生 이런 사람들과 동업을 하면 잘된다. ※사주는 이렇게 보는 것이다. 인연도 이렇게 본다.
癸+丙	태양이 뜨면 비가 들어가고 비가 오면 태양이 들어간다. 공존할 수 없는 관계이다(丙-丁, 癸-丙). 떨어져 있어야 본분을 다할 수 있다. ⑴태양이 뜨면 비가 들어가야 한다.(癸+丙) 　①비가 오면 태양이 들어가야 한다.(丙+癸) ⑵공존할 수 없는 관계이다. 　①공존 불가 관계: 丙+丁, 癸+丙 　②떨어져 있어야 본분을 다할 수 있다.
癸+丁	⑴癸水는 가만 있는데 丁火가 와서 스스로 죽는다 (朱雀投江). 　①癸水 日干 男子가 있으면 나는 가만 있는데 丁年生 女子가 와서 추근댄다. 　②가만히 있는데도 돈이 들어온다. 　　癸는 밖으로 말하지 않으나 내심 끼를 가지고 있다. 　③즉, 가만히 옆에서 보면 얼렁뚱땅 노는 것 같은데도 돈을 번다는 것이다.

癸+丁	④그래서 癸水 입장에서는 財라는 측면에서는 괜찮다. (2)丁이 癸를 보면 朱雀投江이 된다. 丁이 癸에게 뛰어들어 自滅한다. ①癸(물레방아) 빙글빙글 돌아가 방아 찧는 소리에 안에서 무슨 일이 있는지 모른다. ②癸水는 제비 역할을 한다. 여기에 丁火가 잘못 걸려들어 일이 터지게 된다. (3)등사요교:癸가 丁을 보는 것은 뱀(癸)이 교태를 부리는 것이다. ①丁 입장에서는 모르고 달려드니 주작투강이 된다. ②癸가 丁을 보면 돈이 들어오는 것이다.
癸+戊	(1)癸가 戊를 만나면 沃土(옥토)가 된다. 기름진 땅이 된다. ①癸가 戊를 만남으로써 癸가 壬으로 바뀐다. →사람답게 살 수 있다. ②비로소 나(癸)도 무언가 일을 할 수 있다는 것을 깨닫게 된다. ③하는 일은 癸가 戊(沃土)와 함께 木을 길러 낸다. ④癸가 戊를 만나면 교육자의 길로 많이 간다. (2)뭔가 일을 하려고 한다. 큰 산이 비를 막는다. ①戊가 癸를 만나도 옥토가 된다.

癸+戊	(3)戊에 의해 癸가 淨濟(정제)된다. 　①癸가 안정감을 찾게 된다. 　②癸 日干은 戊 띠, 戊運을 만나는 것이 좋다. (4)戊와 癸는 떨어져 있어야 本分을 다할 수 있다.
癸+己	(1)己는 연약하고 부드러운 땅이다. 　①비가 내리면 밭(己)이 패여져 엉망진창이 된다. 　②癸가 뭔가 일을 하려고 하는데 癸에 의해 己가 난타당한다. 　③따라서 己가 제 역할을 못한다. 　④癸 日干에게 장가간 己生 男子는 욕보게 된다. 　→ 병고에 시달리거나, 사업 실패를 한다. (2)戊를 만나는 것과 비슷하지만 일을 그르치는 면이 있다. 　①때문에 戊를 만나는 것보다 좋지 않다. 　②이것은 己가 沃土가 되는 것이 아니다.
癸+庚	(1)癸는 짙게 구름 낀 날의 비, 계곡의 안개로 庚에 녹이 슨다. 　①병이 생긴다. 누명을 쓴다. (2)공부하면 기대치와 다르게 나온다. 　①癸 日干의 사람은 공부(庚, 辛)하면 녹슬게 한다. 　②따라서 공부하면 기대치와 다르게 나온다. 　③공부한 만큼 결과가 나오지 않는다(교사 정도 한다).

癸+庚	(3)기예(技藝) 쪽으로 가는 것이 좋다. 　①戊土만 들어오면 나무(甲, 乙:食傷) 키우는 것이 좋다. 　②그래서 예술 쪽이나 학교 쪽으로 많이 간다. 　③戊土와 함께 남을 도와주는 것이 낫다.
癸+辛	辛에게 녹이 슨다. 병이 생긴다. 누명을 쓴다. 비와 서리가 함께 내린다. 비구름. (1)辛金에 녹이 슨다. 비와 서리가 함께 내린다. 비구름. 　①辛(인성)에 병이 생긴다. → 누명 쓴다. (2)癸+庚과 동일하다.
癸+壬	(1)癸水로 인해서 내(壬)가 더럽혀지게 된다. 　①비(癸)가 와서 강물(壬)을 구정물이 되게 한다. 　②친구로 인해서 내가 더럽혀지고 엉망이 되는 것이다. (2)壬 日干은 잔잔한 사람이다. 　①癸라는 비가 내려서 땅에 있는 온갖 찌꺼기들이 다 올라온다. 　②壬에게 천불 나는 일이 생긴다. 사고 친다. 　③壬 日干에 時干이 癸이면 자식 때문에 속 터진다. (3)癸가 친구들 모임에 가서 분란을 일으키는 것이다. 　①머리 좋은 癸가 원인 제공자이다. 일(사고)을 부추긴다.

癸+壬	②壬은 癸로 인해 일(사고)을 일으키는 사람이 된다. ※重要:癸水는 壬水를 더럽힌다.
癸+癸	⑴癸와 癸가 만나면 장마 비가 된다. 　→癸의 힘이 더욱 強해진다. ⑵癸 혼자 사고 치는데 癸가 하나 더 왔다. ⑶癸의 병패가 더욱 심해진다. 　①일을 하는데 잘되지 않는다. 　②예술, 전산 방면으로 길을 열어 주면 좋다. 　③癸 日干 직업 방향 　　→예술, 논리적인 일, 전산 방면이 좋다.

예-1

庚 癸 ○ 庚 乾
申 亥 ○ 戌

⑴癸와 庚의 관계
⑵癸 일간이 년간과 시간에 庚을 보았다.
⑶癸 일간의 남성은 학업인 庚을 녹슬게 하는 등 인연이 없어 학창 시절 하위권을 면치 못하였다.

예-2

乙 癸 ○ ○ 坤
卯 卯 子 辰

⑴癸와 乙의 관계
⑵癸 일간이 시간 乙을 보았다.
⑶癸 일간의 여성은 乙 식신을 보아 어린이 집을 운영했지만 癸는 乙을 낳지 못하게 하므로 어린이들을 학대한 것이 알려지게 되었다.

壬癸 調候	(1) 壬水 조후 　①봄, 여름 　　㉮ 壬水가 왕성하다. 　　　물의 수량이 넉넉하게 흘러간다. 　　㉯ 壬水가 필요하다. 　　㉰ 壬水의 역할은 나무 기르는 것이다. 　②가을, 겨울 　　㉮물이 마르기 시작한다. 　　㉯丙火가 필요하다. 　　㉰겨울에는 丙火가 없다면 丁火라도 있어야 좋다. 　　　단, 丁火는 나무 옆에 있으면 안 된다. (2) 癸水 조후 　①봄, 여름 : 癸水가 왕성하다. 　②가을, 겨울 : 비가 좀 덜 온다. (3) 교육자, 예술가 　①癸水는 戊土가 있어야 나무를 키울 수 있다. 　　己土는 癸水에 의해 난타를 당하게 된다. 　②癸水는 나무(木)가 없다면 빙빙 돌리기만 한다. 　　㉮생각이 많고 실천력(木)이 많이 떨어진다. 　　㉯여기에 庚, 辛 金運이 들어오면 괜히 癸(나)가 　　　일을 건드려서 망치게 된다. 　　　→庚, 辛金을 녹슬게 만든다.

| 例示 | 丙 癸 庚 己 <small>乾</small>
辰 巳 午 酉 | 癸가 午月에 나서 癸는 장마 비가 된다.
아주 세차게 울게 된다.
이 사람이 태어날 때 아주 強하게 태어났다. |

사례 - 1   辛 - 壬

```
  인수  씻어준다
        상관    상관
   戊   辛    壬   壬   坤
   子   卯    子   辰
  장성  육해  장성  화개
```

■日干이 辛金인 여명이다.
  ① 辛金에게 壬水는 상관이 되는데 상관을 이용해서 더욱 좋아지는 것이다.
  ② 구술, 예능을 통해서 더욱 좋아진다는 의미가 된다.

사례 - 2   辛 - 壬

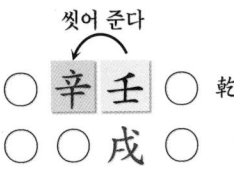
```
       씻어 준다
  ○   辛   壬   ○   乾
  ○   ○   戌   ○
```

■戌月의 辛金이다.
  ① 이 사주를 보면 戌月의 辛金이고 (가을 辛金은 힘이 있다) 壬水를 만났으니 '좋다' 하는 것이다. 이것만 봐도 좋다.
② 戌月의 辛은 관대이니 빈 쭉정이라 경거망동하는 경향은 있지만 月干에 壬水가 있다.
③ 冠帶가 있다는 말은 부모로부터 조력을 받는다는 것이다. 또 壬水가 씻어 준다.
④ 위와 같이만 봐도 "사주가 괜찮네"가 되는 것이다. 이러니 왕자급이고 대접을 받고 자란다.

사례-3 丁-庚

■日干이 丁火인 여명이다.

정재	정재	겁재	
庚	丁	庚	丙 坤
子	未	寅	寅
재살	반안	지살	지살

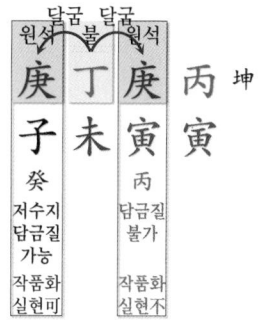

①時干 庚金은 日干 丁火가 불로써 달구어 주고 時支 癸水 저수지에 넣어서 담금질하면 더욱 단단하게 단련시킬 수 있다.

②月干 庚金은 日干 丁火가 불로써 달구어 주어도 주변에 물이 없으니 약하다.

③그러니 내가 2개를 성장시킬 것인데
　㈎하나는 작품으로 만들지만
　㈏하나는 원석 그대로 남을 수 있겠다.

④작품으로 만드는 자리가 자식 자리이다.
　㈎즉 부모 자리는 내가 달구어 내더라도 큰 보람을 가지지 못하지만
　㈏자식은 작품을 만드는 것이다.

⑤또 이분은 여자이니 시집을 간다.
　㈎그러면 日支와 時柱는 시집 자리가 된다.

㈏時干 庚金이 正財로 남편이니 이 正財는 官을 生하는 위치이니 시외삼촌이 된다.

⑥그러니 이분이 시집을 간다면 ㈎시외삼촌을 작품으로 만든다. 만약 그 사람이 몸이 아프다면 病을 낫게 해 준다든지 해서 인간으로 만들 것이다.

㈏또한 자식 자리이기 때문에 자식이 작품으로 하나 나온다.

⑦이분은 성장하면서 부모 형제들을 가르치려고 할 것이다. 작품을 만들려고 노력할 것이다. 그러나 완전히 만족스런 작품은 아닐 것이다 라는 것을 알 수 있다.

六神 - 회화론

甲이 甲을 보았는데 또 다시 甲이 오면 어떤 作用이 일어나는가?

(1) 甲+甲+甲 → 甲 3個가 나란히 경쟁한다.
(2) 甲+甲+乙 → 甲甲 2명에게 乙이 와서 甲甲 2명이 이용 당하고 있다.
　　　　　　 → 乙이 甲甲 둘에게 가서 뜯어먹는다.
　　　　　　 → 甲甲은 뻔히 알면서도 어찌하지 못한다.
(3) 甲+甲+丙　丙 하나에 甲甲이 나란히 成長을 하고 있다.
(4) 甲+甲+丁　앞 甲도 丁에게 희생, 뒤에 甲도 丁에 희생하게 된다. 甲 친구 둘이서 丁 친구 한 명에게 봉사하고 있다.

스토리 전개(十干關係)

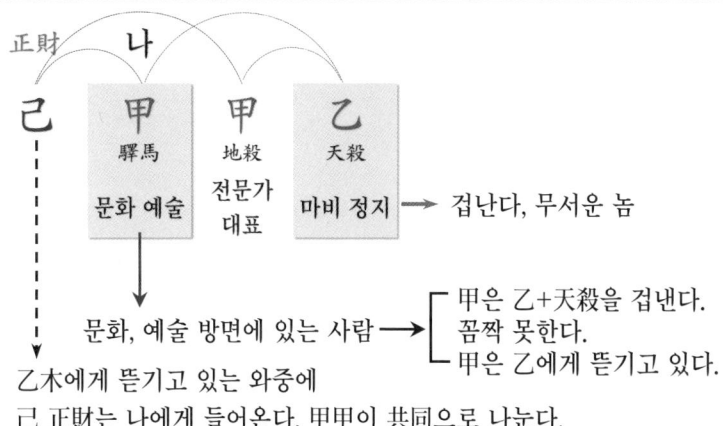

乙木에게 뜯기고 있는 와중에
己 正財는 나에게 들어온다. 甲甲이 共同으로 나눈다.

▶십간+십간+십간   1,000개의 관계
  (1)스토리를 읽어야 인간과 인간 관계에서 스토리를 알 수 있다.
  (2)스토리를 읽을 수 없다면 통변이라 할 수 없다

사례 - 4   戊 - 丙, 甲, 己

```
  편관    편인  겁재
  甲   戊   丙   己   乾
  寅   寅   寅   酉
  겁살  겁살  겁살  장성
  암류  암류  암류  암류
  甲   甲   甲   辛
  丙   丙   丙
```

(1)土는 만물의 어머니로서 나무를 길러야 한다.
  ①戊土가 甲寅寅寅의 나무를 길러 내고 있다.
  ②丙 偏印으로써 나무를 키우고 있다.
(2)甲 偏官 조직을 항상 가지고서 나무를 길러 내고 있다.
 ①그래서 개인 지도를 하지 않는다.
 ②항상 그룹 형태의 스터디 모임을 선호한다.
    → 조직 형태를 좋아한다.
(3)甲 偏官이 도구가 되니 항상 조직 형태로 무엇인가를 진행해 나간다. ※時:도구
(4)己 劫財가 甲과 甲己合을 하고 있다.
 ①꼭 방해꾼이 한 명 있다.

天干	(1)十干 회화론이 우선. 五行的 생극제화로 보면 정확치 않다. (2)合, 生, 剋 六神 표출을 위해서 사용. 천간에만 있다.
地支	(1)合 地支에 合은 있지만 生剋은 없다. (2)刑, 冲, 破, 害, 怨嗔 地支에는 合, 刑, 冲, 破, 害, 怨嗔이 있다.

■天干에서 회화론과 生剋의 차이점을 아래에서 알 수 있다.

⑴丙 日干이 壬을 보는 경우

①五行 生剋論으로 보면
 ㈎壬水가 丙火만나 水剋火하므로 丙이 凶하다.
 ㈏丙과 壬은 나쁜 관계이다.

②회화론으로 보면
 ㈎바다에 태양이 떠오르는 모습으로
 ㈏하루 시작을 나타내어 새로운 출발의 의미라서 좋은 관계가 된다.
 ㈐丙과 壬은 좋은 관계이다.

⑵庚 日干이 癸를 보는 경우

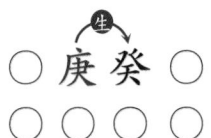

① 五行 生剋論으로 보면
  ㈎ 庚金이 癸水를 만나 金生水하므로 좋다.
  ㈏ 庚과 癸의 관계는 庚이 癸를 生하는 관계이다.

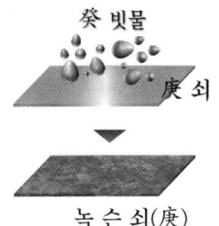

② 회화론으로 보면
  ㈎ 庚金 쇠에 癸 빗물이 닿아 쇠가 녹쓴다.
  ㈏ 癸가 庚을 剋하는 癸剋庚 관계가 된다.
  ㈐ 庚과 癸는 나쁜 관계이다.

> 天干 통변은 生剋보다 회화론을 우선으로 해야 한다.

⑶ 丙 日干이 癸水를 보면

① 五行 生剋論으로 보면
  ㈎ 丙 태양이 癸 비를 만나 水剋火하여 丙이 凶하다.
  ㈏ 丙과 癸은 水剋火되어 나쁜 관계이다.

② 회화론으로 보면
  ㈎ 하늘에 丙 태양과 癸 구름이 공존할 수 없다.

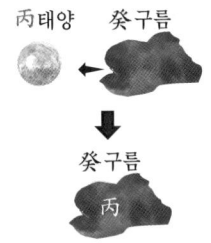

㈏ 태양이 있는데 구름이 와서 丙이 보이지 않게 된다.

㈐ 癸 남편 만나 아이 낳으면 부부 이별하게 된다.

㈑ 그러므로 丙과 癸은 이별하는 관계이다.

⑷ 丙 日干이 壬辰年을 만난다면

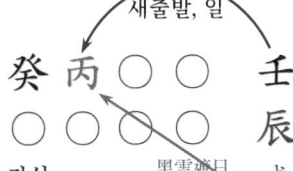

① 丙이 壬을 만나므로 새로운 일을 시작하게 된다.

② 壬辰年이라 辰 中 癸水에 관한 일이 생긴다.

㈎ 丙이 癸를 만나므로 도중하차하는 일이 생긴다.

③ 壬辰年에 새로운 일을 시작하지만 도중하차하는 일이 생기게 된다.

天干은 五行의 合生剋으로 보는 것보다
十干끼리의 회화론으로 보는 것이 더 정확하다.
十干 회화론은 자연의 현상을 그대로 보여 주고 있다.

■地支에 支藏干이 있고 天干의 글자로 되어 있다.
따라서 支藏干은 合生剋을 한다.

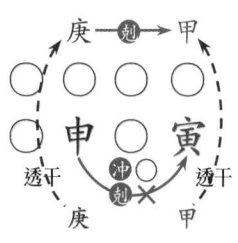

①申이 寅을 剋하지 않는다. - 地支는 合生剋이 없다(冲과 剋은 다르다).
②寅申冲을 하므로 申의 正氣 庚과 寅의 正氣 甲이 透干 되어 天干에 庚과 甲의 관계로 庚剋甲을 하는 것이다.

■寅과 戌이 地支에 같이 있다면

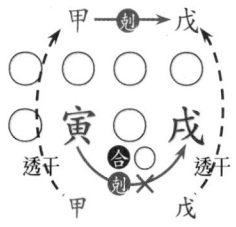

①木剋土를 하지 않는다. 地支에는 生剋이 없다.
②그러면 寅 中 甲과 戌 中 戊가 올라와 木剋土한다.
③地支에서 寅과 戌은 寅戌 半合을 한다.

회화 四柱學(十干 關係論)

十神	比, 食, 財, 官, 印	원시적 시각		세포 : 전체의 예측 불가
五行	比, 食, 財, 官, 印	원시적 시각		

↓　　　　　　　↓ 계체별 기능적 분열

十干	十干으로 분열	구체화된 모습		분열 시 예측 가능

■**五行과 十干** : 五行과 十干의 모습은 엄연히 다르다.

五行	十干	비 고	五行	十干	비 고
木	甲 / 乙	서로 전혀 다른 것이다. 원시적 시각에서는 같은 것으로 보일 수 있다.	영장류	인간 / 침팬치	뿌리는 같을지 모르나 진화하여 전혀 다른 개체가 되었다.

■**원시 모습과 통변**

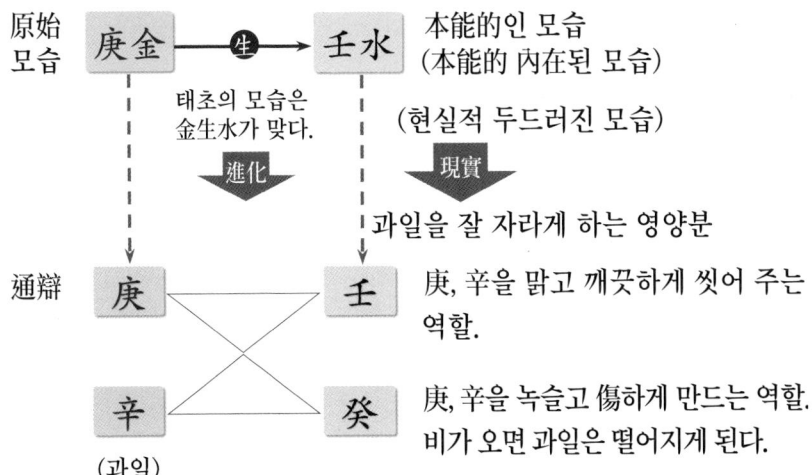

(1) 태초의 모습은 金과 水의 모습만 있다.
(2) 진화를 거쳐 4가지 유형으로 세분화하게 되었다.
(3) 그러나 태초에 가지고 있던 五行의 소스는 내재적으로 가지고 있다.
(4) 그래서 十神의 관계와 十干의 관계를 모두 다 알고 있어야 한다.
(5) 원시적 모습의 金生水의 관계에서 현실적으로 진화된 모습은 완전히 다른 모습으로 변화하였다.
통변에서는 五行의 내재된 모습에서 진화된 十干의 개념으로 통변을 한다.
(6) 十干論 즉 회화 사주론은 기문둔갑의 십간대응결에서 근원을 찾는다.
→ 自然의 모습이다.

■ 기준점
(1) 一年의 기준 : 동지, 입춘
(2) 一月의 기준 : 중절기, 본절기
(3) 一日의 기준 : 子時 - 야자시 및 조자시
(4) 대운 수의 기준 : 7, 3, 1(삼재 대운 수), 일반 대운 수

※ 삼재 대운 수

7	3	1
生	旺	墓
申	子	辰
亥	卯	未
寅	午	戌
巳	酉	丑

■ 동지 : 陽遁(양둔)의 시작(陽氣의 始生)
(1) 정자, 난자 잉태 시 이미 生命의 시작이다. - 동지 기준
(2) 출산 시 사람이다. - 입춘 기준

■기문둔갑에서 동지가 되면 양둔의 시작이라 본다.
⑴동지에서 하지 前까지 --- 양둔(陽)
⑵하지에서 동지 前까지 --- 음둔(陰)

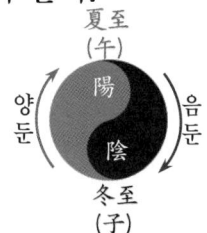

■月將(동지, 중절기 기준으로 보면 월장의 흔들림이 없다)

月將	子	丑	寅	卯	辰	巳	午	未	申	酉	戌	亥
동지,중절기	丑	子	亥	戌	酉	申	未	午	巳	辰	卯	寅

⑴四柱 : 世應, 動靜을 알아야 한다.
　　　　動靜을 쓰고 月將을 쓴다.
⑵月杖(월장)
　　月支의 合을 天에, 時支를 支에 두고 본다.

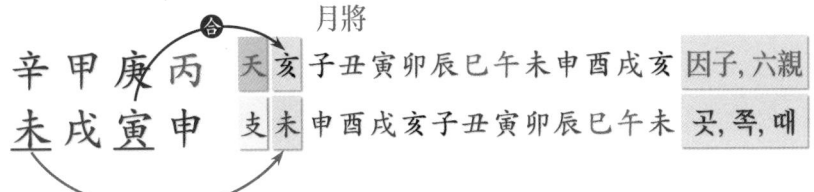

㈐天:六神
　　支:곳(장소), 쪽(방향), 때(시간, 일, 월, 년)
　※因子는 회화론과 因子論를 참조할 것.
　②害는 月將을 건드리는 것이다.
　　月杖을 충동질하고 자극하는 것이 害이다.
　　→ 害가 만들어진 理由이다.

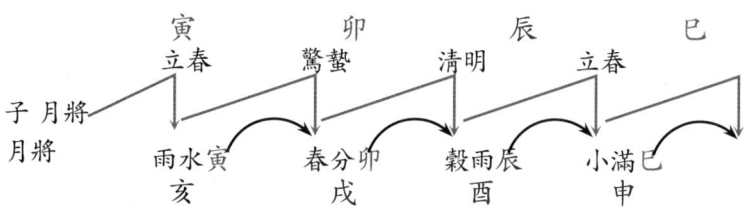

■立春 기준으로 보면 월장이 한 칸씩 밀려 버린다.
  중절기로써 月을 기준하는 것이 바른 것이다.
▷월장은 六合의 관계로, 태양이 위치할 때의 달의 위치를 정의한 것이다.
  一年의 시작, 月의 시작점은 동지가 된다(年月日時의 기준은 子이다).

■易 = 陰陽 = 自然 = 태양, 달
■人의 時期
  女 : 잉태부터 자식을 인식 (子) - 만물의 시작(子)
  男 : 출생부터 자식을 인식 (寅) - 만물의 발생(寅)
  사람이 끝나는 시기 : 호흡, 맥박이 멈추는 시기
■十干의 모습이 현실화되다.

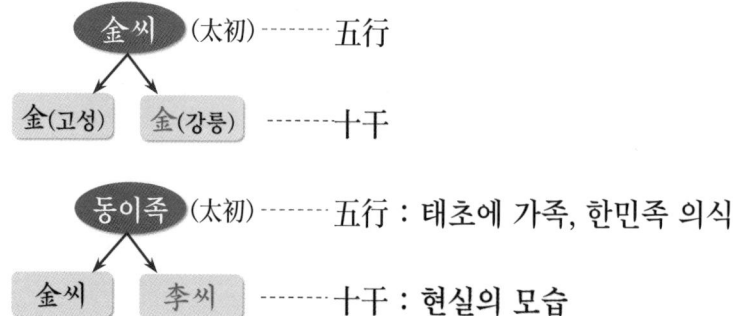

⑴ 東洋學
　①存在(있다)라는 것을 전제로 두고서 동양학은 시작한다.
　②兄孫財官父가 기존적인 六神의 관계이며 여기에서 발전된 것이 比食財官印이며
　③이 比食財官印에서 발전된 것이 현대 命理學의 육신론이다.
　④現代 命理學에서 망각한 것이 십간 관계론(회화론)이다. 이것은 기문둔갑의 육의삼기에 남아 있다.
　　六儀(육의):戊 己 庚 辛 壬 癸　　三奇(삼기):乙 丙 丁

⑵ 十干 관계
　①甲 日干+乙 세운: 乙
　　乙 劫財가 甲에게 먹을 것을 찾아서 오게 된다.
　②壬 日干+乙 세운:
　　인물(壬乙) 좋다, 뭔가 하는 일이 잘 되는 상황이다.
　③丙 日干+乙 세운:
　　乙 문서를 키워 주는 일이 있다.
　④癸 日干+乙 세운:
　　乙 食神을 보아서 뭔가를 하려 하지만 생각만큼 乙이 성장하지 못한다. 노력을 남보다 더 많이 해야 한다.
　　癸 日干은 굉장히 지략적이고 머리가 좋고 문화, 예술, 수리적, 분석적으로 활용하면 좋은 日干이 된다

(3) 地支
　① 子:펼쳐진 것
　　 丑:자갈밭
　　 寅:계곡, 골짜기
　　 卯:풀밭, 엉덩이, 알
　　 辰:濕地(습지)
　② 自然 ┌ 陽 - 자유로워진다 → 성장, 발전
　　　　 └ 陰 - 쇠퇴해진다 → 수축, 응축
　③ 丁 달빛
　　 ㈎ 寅卯辰巳午未(陽)로 흘러가면서 달빛이 기울어져 가기 시작하고
　　 ㈏ 申酉戌亥子丑(陰)으로 가면서 달빛은 빛을 發하게 된다.
　④ 壬 물
　　 ㈎ 寅卯辰巳午未(陽)로 흘러가면 물을 유용하게 쓸 수 있을 것이지만
　　 ㈏ 申酉戌亥子丑(陰)으로 흘러가면 물을 활용하기가 힘들어진다.
　　　 특히 亥子丑으로 가면 꽁꽁 얼어서 쓰지를 못한다.
　　 ㈐ 五行의 개념에서는 旺의 기운을 얻게 되는 것이나 인간사에서 물이라는 존재로 남아 있을 때에는 다른 양상의 모습을 보이게 된다.

▶天上 : 五氣의 모습과 물질(地支)의 모습은 서로 다른
　　　　모습이다.
　㈎五氣의 모습 → 五星　㈏물질의 모습 → 木火土金水
　五行의 모습과 十干의 모습은 방향이 다르다.
▶궁통보감(窮通寶鑑)
　丁火가 申酉戌 亥子丑에 旺하다고 설명을 해야 된다.
　壬, 癸水는 亥子丑으로 흘러가면 얼어서 쓸 수가 없다.
　(亥子丑+癸 … 눈, 서리)
　자연의 법칙대로 적용하는 것이 올바르다.
▶계절, 자연
　㈎육친:원천적 모습을 적용(원천적 기능)
　㈏十干:일이 발생하여 결과적 모습(결과)
　㈐比肩으로 六親과 十干 비교

六親	十干의 회화론	
나를 도와주고 자존심이 되고 나의 동조자가 된다.	㉠丙丙:	丙 比肩이 나를 도와줄 것 같으나 한집에 주인이 둘 되는 꼴이다.
	㉡庚庚:	兩金相殺 比肩이라도 도움이 되지 못한다.
	㉢乙甲:	乙 날아가는 새가 큰 나무에 둥지를 틀고 쉬고 있다. 乙이 甲을 보아 이득을 보게 된다.
	㉣甲乙:	甲이 乙을 보면 지나가는 사람 乙이 나(甲)에게 연결되어 오히려 손해를 끼치게 된다.

▶天干 : 六神法 →十干 관계론
　地支 : 확장과 수축의 반복이다.
　地支와 天干 사이에 生剋 관계가 성립되지 않는다. 많은 역학자들이 잘못 이해하고 있다.

운기론	명조내	세운	비　　고
天干	○ ①가능 □ 　　③불가		天干 對 天干, 地支 對 地支는 작용 가능. ①, ②
地支	④불가 ● ②가능 ■		세운 干이 命造 支에 작용 불가, 세운 支가 命造 干에 영향을 줄 수가 있다.

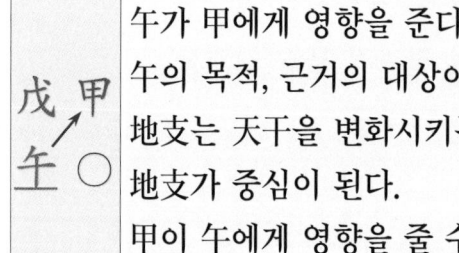

午가 甲에게 영향을 준다.
午의 목적, 근거의 대상이 甲이다.
地支는 天干을 변화시키는 원동력이다.
地支가 중심이 된다.
甲이 午에게 영향을 줄 수 없다.

⑤地支

　天上의 木火土金水가 土인 地支 생명체로 내려와서 五行을 형성하고 있다.

　이 五行은 12地支의 궤도로 흘러가는데 이것을 12경락이라 한다.

▶天干=地藏干 : 같은 하늘에 해당한다.

■ 六神

甲이 甲을 보았는데 또다시 甲이 오면 어떤 作用이 일어나는가?
⑴ 甲+甲+甲　　甲 3個가 나란히 경쟁한다.
⑵ 甲+甲+乙　　甲甲 2명에게 乙이 와서 甲甲 2명이 이용
　　　　　　　당하고 있다.
　　　　　　　乙이 甲甲 둘에게 가서 뜯어먹는다.
　　　　　　　甲甲은 뻔히 알면서도 어찌하지 못한다.
⑶ 甲+甲+丙　　丙 하나에 甲甲이 나란히 成長을 하고 있다.
⑷ 甲+甲+丁　　앞 甲도 丁에게 희생, 뒤에 甲도 丁에 희생
　　　　　　　하게 된다. 甲 친구 둘이서 丁 친구 한 명에게
　　　　　　　봉사하고 있다.

■ 스토리 전개(十干관계)

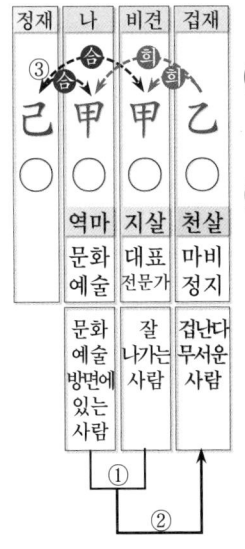

▶ 十干+十干+十干 → 1000개의 관계
⑴ 인간관계에서 나오는 스토리를 읽어 준다.
　　 인간과 인간관계에서 스토리가 나온다.
⑵ 스토리를 읽을 수 없다면 통변이라 할 수
　 없다.
　① 둘 다 乙+天殺을 겁낸다. 꼼짝 못한다.
　② 둘 다 乙에게 뜯기고 있다.
　③ 乙에게 뜯기고 있는 와중에 己 正財는
　　 나에게 들어온다.
　　 甲甲이 공동으로 나눈다.

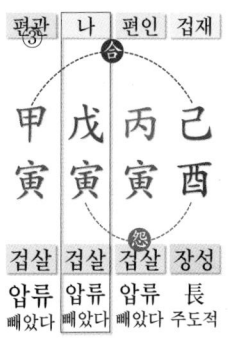

戊 日干

⑴土는 만물의 어머니로서 나무를 길러야 한다.
　①戊土가 甲寅寅寅의 나무를 길러 내고 있다.
　②丙 偏印으로써 나무를 키우고 있다.

⑵甲 偏官 조직을 항상 가지고서 나무를 길러 내고 있다.
　①그래서 개인 지도를 하지 않는다.
　②항상 그룹 형태의 스터디 모임을 선호한다.
　　→ 조직 형태를 좋아한다.

⑶甲 편관이 도구가 되니 항상 조직 형태로 무엇인가를 진행해 나간다(時:도구).

⑷己 劫財가 甲과 甲己合을 하고 있다.
　①꼭 튀는 사람이 한 명 있다. 꼭 초치는 놈이 한 명 있다.
　②조심하려 해도 뻔히 알면서도 꼭 말썽이 일어난다.
　　(甲己合, 寅酉 怨嗔)
　③어쩔 수 없다.

⑸寅寅寅 골짜기에서 酉 목탁, 요롱 소리가 울려 퍼지고 있다.
　寅:山神, 골짜기, 계곡, 호랑이, 대리인

⑹寅 다리 → 태권도를 열심히 하였다.
　申酉 空亡: 칼을 쫓아간다. → 내가 지향하는 것.
　태권도로 시작하여 검술 쪽으로 운동을 바꾸었다.

■참고문헌

- 진여명리강론 5권/ 신수훈
- 명리강론/ 신수훈
- 사주첩경/ 이석영
- 자강진결/ 이석영
- 삼명통회/ 만민영
- 명리정종 정해/ 譯 심재열
- 연해자평 정해/ 譯 심재열
- 명리요강/ 박재완
- 명리대전 정해/이해형
- 적천수 천미/ 임철초
- 궁통보감/ 譯 최봉수 등
- 궁통보감/ 譯 김기승
- 계의신결/ 譯 최국봉
- 계의신결원본 4종/ 작자미상
- 심명철학1.2.3/ 최봉수
- 심명철학 上.中.下/ 최봉수
- 심명철학강의록1.2.3/ 최봉수
- 만리천명/ 변만리
- 육신활용대전/ 변만리
- 통변대학/ 변만리
- 설진관강의록(上,下)/ 설진관
- 설진관의 사주비결강의/ 김분재
- 팔주법 필사본 2종/ 작자미상
- 사주추명술밀의/ 장요문 등
- 명리진수전서/ 이정래
- 격국용신론전서(上,中,下)/ 엄윤문
- 사주실록/ 류래웅
- 홍연활요/ 류래웅
- 기문둔갑신수결/ 류래웅
- 기문둔갑비급법/ 제갈공명, 譯 한중수
- 기문둔갑비경/ 오택진
- 명리학강론/ 박일우
- 방향을 바꾸면 운이 열린다/ 박일우
- 사계단법 관련자료 6종
- 천고비전 사주감정법비결집/ 신육천
- 사주자해 월령도 야학운명결
- 월령도/ 譯 백동기
- 월령도/ 譯 강태호
- 마야감정록 필사본
- 아부태산전집(사주추명학)/ 아부태산
- 자평진전 번역본(1991~1993년 월간역학 연재)
- 설진관 명리학 야학신결/ 윤경선 김초희 김재근 조소민
- 사주 명리학 통변술 설진관 추명가 해설/ 박상호, 이지선
- 인연법 필사본 5종 및 그 외 필사본 자료 등 30종

현장 역술가들을 위한 실전형 역술 교재

명리학을 공부해서 실질적으로 사주를 보는 것이 목적이라면 통변력을 길러 주는 실전 명리학을 공부해야 합니다. 뭐니뭐니 해도 이제는 통변 실력을 향상시켜야 합니다. 여러분의 명리학 통변 실력을 향상시켜 줄 최적의 교재를 소개합니다.

1. 신수훈 선생님의 진여명리강론 시리즈입니다.

사주 명리학을 기초에서부터 대가에 이르기까지 모든 이에게 필요한 이론들이 총망라되어 있어서 현장 술사, 강사, 교수 등 모든 이들에게 유용한 자료가 될 것입니다. 대학원 동양학과에서 논문 지도하시는 교수님들이나 논문을 쓰려는 석박사 과정에 있는 분들에게는 훌륭한 참고 서적입니다.

판매처: 교보, 알라딘, 예스24, 부산영광도서 등
　　　　창조명리 구매 홈페이지

구입가 각 권 50,000원 (전 5권 25만원) 낱권으로도 판매

2. 사주 명리학과 인연법 진여비결 해설(설진관 저)

명리학자 모두가 궁금해 했던 인연법 공식 46가지에 대하여 해설해 놓은 책입니다.

대학원 동양학과에서 논문 지도하시는 교수님들이나 논문을 쓰시려는 석박사 과정에 있는 분들에게는 훌륭한 참고 서적입니다.
현재 진여비결에 대한 동양학 박사가 배출되었습니다. 이 이론은 석박사 논문을 쓰는 데 좋은 논문거리가 될 것입니다.
이 진여비결은 현정 신수훈 선생님이 수십년간 역술 현장에서 경험하면서 발견한 인연법 이론입니다. **현재 이 진여비결이 부부 인연법, 처자 인연법, 배우자 인연법 등으로 알려진 사주명리학 이론 중 하나이고, 이 교재는 그 진여비결의 이론을 모두 해설한 도서입니다.**

진여비결이 한때, 박도사 인연법이라고 잘못 알려져 있었습니다. 이는 저자 설진관 선생님께서 과거 PC통신 하이텔에 인연법을 연재하면서 박도사 인연법이라고 명명하면서 생긴 실수였습니다. 그 이후 잘못된 것이라며 오류를 잡았지만 아직도 박도사 인연법이라고 잘못 알고 계시는 분들이 많습니다. 인연법은 신수훈 선생님이 진여비결이었습니다. 이 진여비결은 부부, 연인, 친구, 동업, 형제, 부모자식, 거래처 등 대인 관계 그리고 나라, 지역 등 모든 인연 관계를 들여다볼 수 있는 현존하는 최고의 명리학 이론입니다.

판매처: 교보, 알라딘, 예스24, 부산영광도서 등
　　　　창조명리 구매 홈페이지

구입가 38,000원

3. 설진관 명리학 야학신결(윤경선, 김초희, 김재근, 조소민 공저)

이 책은 부산 설진관 선생님이 글로벌사이버대학교 동양학과에서 통변술 이론인 실용 명리 과목으로 강의하던 것을 편저자(윤경선, 김초희, 김재근, 조소민)들이 강의 내용을 워딩한 것을 기본으로 하여 추가할 것은 추가하고 삭제할 것은 삭제하는 등 오류를 바로잡아 세상에 내놓은 교재입니다.

역술, 역학 실무 현장에서 비밀리에 전수되어 사용되던 이론들이 상당수 수록되어 있으며, 역술의 대가들이 후학들에게 전하지 않고 숨겨 두었던 비술도 상당수 포함되어 있습니다.

완전히 실무가들을 위한 실전 교재이므로 역술 현장에 종사하는 분들에게는 더할 나위 없는 반려자가 될 것입니다.

판매처: 교보, 알라딘, 예스24, 부산영광도서 등
       창조명리 구매 홈페이지
구입가 38,000원

4. 사주명리학 통변술 설진관 추명가 해설 (박상호, 이지선 공저)

이 책은 부산 설진관 선생님이 수십 년간 외우고 **통변에 활용했던 사주명리학 이론이 압축된 통변기법들입니다.** 한 구절 한 구절 하나도 빠뜨릴 수 없는 현장에서 꼭 필요한 것들만 모은 것입니다.

편저자 박상호, 이지선 선생님은 한 구절 한 구절 정성을 다하여 해설하였기에 만세력과 이 추명가 해설서만 호주머니에 넣어 다니면 든든한 스승님을 동행하는 것과 같은 심리적 효과가 있을 것이고, 책자가 소형으로 제작되어 호주머니에 넣어 다니기 좋을 뿐만 아니라 상담 현장 즉석에서 이론을 확인할 수 있는 큰 장점이 있습니다.

판매처: 교보, 알라딘, 예스24, 부산영광도서 등
　　　　창조명리 구매 홈페이지
구입가 25,000원

5. 인상12강명요(신수훈 저)

이 책은 현정 신수훈 선생님의 명리학, 관상학, 인문학 이론의 핵심이 정리된 엑기스입니다.

- 사주 명리가에게는 통변에 필요한 **사주 명리학 이론**의 핵심이 정리되어 있어서 명리학 핵심 교재로 삼아도 되며,
- 관상가에게는 실제 현장에서 꼭 필요한 적중율 높은 **관상학 이론**이 정리되어 있어서 관상학 핵심 교재로 삼아도 되고,
- 정치인, 경영자, 학부모, 교직 등에 종사하시는 분들에게는 **대학의 인문학적 지혜**가 정리되어 있어서 인문학 교재로 삼아도 됩니다.
- 그중에 가장 최선은 명리학, 관상학, 인문학을 **하나로 융합하여 활용하는 것**입니다.

판매처: 교보, 알라딘, 예스24, 부산영광도서 등
　　　　창조명리 구매 홈페이지

구입가 18,000원

6. 실용 육효학(박재범 고윤상 공저,)

역술 대가들의 숨겨 온 필살기는 바로 육효학입니다.
실용 육효학은 역술 현장에서 내방객이 질문하는 그 어떠한 물음에도 막힘 없는 답을 할 수 있는 학문입니다.
초학에서부터 전문가에 이르기까지 누구나가 혼자 공부하여 습득할 수 있도록 내용이 구성되어 있습니다.

사주첩경을 저술한 이석영 선생님도 육효의 대가이셨습니다.
우리나라 역학의 메카라는 부산에서는 대가들이 대부분 육효의 고수라는 것은 공공연한 비밀이었습니다.

역술 대가들의 숨겨 온 필살기 실용 육효학을 익혀서 여러분도 역술 대가의 반열에 오르시기 바랍니다.

판매처: 교보, 알라딘, 예스24, 부산영광도서 등
　　　　창조명리 구매 홈페이지
구입가 33,000원

야단법석 명리학 실무 대강 2권

정가 35,000원

초 판 인 쇄 : 2023. 06. 26.		발　　　행 : 2023. 06. 26.	
편 저 자 : 설진관		발 행 인 : 김초희	
표지디자인 : 김분재		편집디자인 : 윤경선	
교　　　정 : 문태식			
펴 낸 곳 : 창조명리			
주　　　소 : 대구 남구 명덕로 64길 20, 금융프라임빌 801호			
출판신고번호 : 제2016-000010호			
전　　　화 : 053- 767-8788			
팩　　　스 : 053-471-8788			
홈 페 이 지 : www.cjmyeonglee.co.kr			
changjomyeonglee.itrocks.kr			
이 메 일 : tiger9100@hanmail.net			

ISBN 979-11-977894-2-7 (93180)
CIP

명리학[命理學]

●이 책의 무단 전제 또는 복제 행위는 저작권법 제 98조에 의거 5년 이하의 징역 또는 5,000만 원 이하의 벌금에 처하거나 이를 병과할 수 있습니다.
●잘못된 책은 바꿔 드립니다.
●본서는 한양해서, 서울남산체, 서울한강체, 나눔바른고딕, 나눔명조, 한컴바탕, 범정체, 조선중간명조체 등 프로그램으로 제작되었습니다.